NEW MEDIA

21世纪新媒体专业系列教材

段鹏 等／著

智能媒体传播

APPROACHING INTELLIGENT COMMUNICATION

中国人民大学出版社
·北京·

总　序

周锡生

当今世界充满变革与创新。在阐释当今世界变革特征的时候，“新媒体”被时常提及，尽管人们对它的定义还有不少争议。

20多年来，随着数字技术、信息技术的飞速发展，以互联网为代表的新媒体从诞生到逐步发展壮大，深刻改变了旧有的新闻信息传播方式，系统重塑了新的媒介生态和传播格局。在旧媒体时代，新闻信息的传播速度还曾与交通工具竞争；在新媒体时代，昨日甚至数小时、数十分钟之前的新闻，都可能瞬息即逝，转眼间“轻舟已过万重山”。在旧媒体时代，“受众”这个词体现了公众被动接受各类新闻信息的地位；在新媒体时代，媒体人已经不再是专属的职业称号，自制互动、共享交流成为普遍行为。在旧媒体时代，内容占据着绝对的核心地位，其他各个环节只是附属；在新媒体时代，内容为王的观念在被继续强调的同时，网络、渠道、平台和终端的作用和价值日渐凸显，服务与市场的理念正在逐步深化。可以说，当今的新媒体已经跨越了媒介形态的界限，跨越了时空的拘囿，甚至也跨越了文化的隔阂。在这种态势下，建设新媒体、发展新媒体，成为传统媒体求生存、寻突破、谋发展的必由之路。

滚滚而来的新媒体浪潮绝不仅仅改变了传媒业本身，更深刻渗入世界的政治、经济、文化、科技等各个领域。“世界是平的”引发人们无限遐想，平的世界创造了无限的空间。放眼全球，新媒体已经成为世界政治较量的重要因素，成为各国执政者了解社情民意的重要手段，成为社会公众参政议政的重要平台，网络动员、网络聚集、网络拷问在社交媒体上成为常态，新媒体的运用和掌控能力日益成为执政水平的重要衡量标准。与此同时，以互联网产业为核心，逐步形成了包括媒体业、电信业、IT业等在内的比较完整的新媒体产业链，产业体系也日趋完善，有力地推动了文化创意产业的发展，成为国民经济的有机组成部分，且生机盎然，潜力巨大。新媒体的文化价值也在不断迸发当中，随着平板电脑、电子阅读器的迅速普及，数字阅读、数字出版势不可当，新媒体的文化传播和社会建设功能日益强大，跨界文化交流与合作的作用更加突出，极大地丰富和满足了人们的精神文化生活需求。从这个层面来说，建设新媒体、发展新媒体，已经不再单单是传媒业的职责，更需要从历史发展的宏观视野与现实的综合因素层面加以考量与谋划。

在全球加速向网络化社会、数字化生存转型的过程中，我国的新媒体建设也与世界同步，与时代同行。2021 年，我国的网民数量已经超过 10 亿，手机用户突破了 16 亿大关，均位居世界第一位，且还处于强劲增长当中。如此庞大用户规模的背后，是我国近年来新媒体征程中一个个开拓的脚印与卓然的成效。在当今中国，我们可以看到，新媒体的作用被普遍认可，新媒体的影响被广泛重视，新媒体的理念深入人心，传统媒体加快向新兴媒体战略转型，各类新媒体机构不断涌现且各具特色。从网络、手机、平板电脑到户外大屏、流动媒体，从主流新闻网站到各类商业网站和专业网站，新技术不断涌现，新功能不断被挖掘，新产品不断推出，呈现出万马奔腾、一日千里之势。

当然，新媒体在我国发展的时间还比较短，在采编、经营、技术、市场、管理、人才等方面还处于探索的阶段，在实践过程中出现了诸多困惑与迷思，存在着各种矛盾与冲突，远未成熟。尽管如此，新媒体的蓬勃生机让我们对它的未来充满信心，而这蓬勃生机正来自创新。创新是新媒体时代永恒的主题，谁能够加强创新，谁就能把握未来。新媒体本身就是创新的产物，创新是新媒体的生命力所在。为此，必须根据党和政府提出的新要求，适应时代的新特点，着力把握受众需求的新变化，着力把握技术突破的新契机，着力把握媒体发展的新态势，进一步创新思想观念、创新体制机制、创新内容生产、创新方式手段，加快新兴媒体建设，大力发展新兴业务，从而更好地贯彻落实中央战略部署，为加强国际传播能力建设、构建先进强大的现代传播体系做出贡献，为促进社会主义文化大繁荣、大发展发挥更加显著的作用。

新媒体是推动社会进步的重要力量，同时也要看到，新媒体是一柄双刃剑，随着新媒体地位和作用的日益增强，其所应承担的责任也越来越重要。从某些意义上讲，新媒体所应承担的社会责任甚至比传统媒体还要重一些。多年来，我一直强调的一句话就是“网络无改稿”。传统媒体的稿件签发后发现了错误，还有时间和可能予以纠正，而新媒体的稿件一旦签发，几秒钟之内就可与全球不计其数的受众见面，根本没有时间和可能对稿件进行改正。因此，新媒体的把关责任十分重大，这既是对社会公众负责，也是对新媒体本身负责。在强调和开发新媒体的“媒体功能”的同时，有必要进一步强化其“媒体责任”。

新媒体领域日新月异的发展实践，以及在此过程中出现的矛盾与问题，要求理论研究总结规律、升华认识，并从理论层面加以阐释和指引。中国人民大学新闻学院有几位多年来潜心研究新媒体的专家学者，由他们领衔撰写的这套新媒体丛书，对新媒体的理论、技术、经营管理、业务流程、最新发展动态进行了全面深入的研究，反映了国内外新媒体研究的最新成果，对新媒体的管理者、研究者、学习者及业界从业人员都具有重要的参考价值。本套丛书的出版，相信会有助于推动我国新媒体的快速健康发展。

（作者曾任新华社副社长兼常务副总编辑、新华网董事长）

前言

近年来，随着人工智能（artificial intelligence，AI）技术的飞速发展和应用普及，其在传媒领域日益彰显出巨大的引领性价值。一方面，智能信息技术革命催生了新的媒介形态，传播格局变化促使媒体行业探索转型；另一方面，在智能媒体新生态下，传播学相关研究领域面临着更多的机遇和挑战，故而让媒体用户对这一新型媒介形态建立科学的基本认知可谓当前传播学“通识教育工作”的题中应有之义。然而，纵观国内外相关知识领域，智能媒体传播概念和应用在研究过程中呈现火热之势却在教学实践中相对缺位的问题仍然未能得到有效解决。

“推进国际传播能力建设，讲好中国故事”，既要重视造船远航，又要注重借船出海。为了填补传播学教学领域相关教材空白，为智能媒体传播人才培养提供前沿理论和实践指导的系统知识，本书延续了中国传媒大学在智能融媒体传播领域的深耕与探索，依托媒体融合与传播国家重点实验室（中国传媒大学），集合学研力量，对涉及智能媒体传播的一系列相关问题进行系统性、针对性的梳理与整合。

基于传播学专业，兼具跨学科属性，本书由传播技术的更新迭代出发，以“智能”为方向，以“传播”为特色，聚焦人工智能背景下各类传播媒介的主体画像、行为特性、内容流通、制作分发和传播意义等内容。其主要特点在于以下几个方面。

一是前沿性教学资源匹配智能化传播发展趋势。

伴随着大数据、机器学习、计算机视觉、物联网、5G、云计算等新技术和应用的蓬勃发展，现有媒介形态和传媒格局呈现出智能化发展趋势。这就要求高校相关教学资源建设密切关注实践发展态势，将前沿理论与动态实践结合，克服内容相对陈旧固化的问题，化繁为简、改革创新。

二是媒介素养提升体系适应交叉学科培育要求。

智能媒体及其技术取得的巨大成就依赖于不同学科的交叉融合。我国智能媒体相关素养的提升不能单一地停留在实践与技术原理的微观讲解上，也不能仅限于媒体发展现状与理论的宏观描述，而应多层次、多角度地进行全面梳理，由浅入深、交叉整合。

三是智能科学媒介思想因应人类传播环境变迁。

相较于以往的大众传播，智能媒体传播的技术因素更显复杂，这也意味着人与“媒介物”的互动将更加深刻。智能科学媒介思想倡导人们结合对工具理性和价值理性的理解，深入思考新技术语境下“人”与“物”之间的关系，进而从容应对悄无声息的人类传播环境变迁。

全书围绕智能媒体传播的相关议题，在概念特性、技术应用、文化传播和融合传播等层面展开回应。采用归纳和研判的方法，将智能媒体传播放在人类传播的变迁史中加以考察，帮助读者对智能媒体传播概况形成基本认知，进而理解“智能化”转向对于人类传播的划时代意义。

全书从结构上来看，共分为以下几个部分。

绪论。本书在绪论部分探讨人类传播历史的演进过程，溯古源今，兼顾人类传播的历时性与共时性，并带领读者在技术视域下重新理解传播、理解媒介。

第一部分，包括第 1 章和第 2 章。当人工智能技术介入人类传播活动后，一切传播关系、传播境况和传播格局都需要被重新审视。本书在第一部分将带领读者认识智能媒体传播及其与以往人类传播活动相比的新特征，以及它所创造出的新型传播方式与连接关系。

第二部分，包括第 3 章至第 5 章。这部分的内容包括：虚拟现实技术通过计算机模拟虚拟环境直接为用户带来感官体验，给人以环境沉浸感；未来影像作为智能媒体传播语境下的新型传播形态，将加速创造多元一体的智能传播格局；5G 技术和人工智能技术的叠加和普及，使得信息传播内容出现高度融合趋势。智能媒体传播以上述内容为切入点，介绍其技术原理和应用产品，及其传播特征和未来发展的可能性。

第三部分，包括第 6 章和第 7 章。人是社会动物，社会交往是最基本的人类活动，借助传播媒介，人类形成了社会网络。在当代智能数据世界，社交网络平台风头最盛，它也正在变得越来越智能化。在这部分，本书将着重论述关于用户身份的新认知、无处不在的智能社群和社交网络新生态。

第四部分，包括第 8 章和第 9 章。新闻业是当代社会的灯塔，处于大众传播体系的核心位置。智能技术也在新闻业中得到了广泛的应用，本书从新闻采集、新闻生产、新闻分发、新闻消费四个环节来具体分析智能媒体技术对新闻业的影响。从媒体融合、“四全”媒体到智能融媒体，媒体的融合发展一直未停下脚步。在这部分，本书将通过对智能媒体的畅想与反思，沿着媒体未来发展的可能性路径继续摸索，进而寻求智能媒体传播的未来方向。

本书的每一章都将学习要点列出，帮助读者快速学习和理解该章的内容。每一章都穿插着知识窗和案例，以及在结束时列出思考题。知识窗和案例结合了与智能媒体技术相关的事例和经典理论，有利于读者更好地将理论层面与实践层面相结合。思考题则促使读者将本章的概念和应用相结合，把学习到的知识内化为日常中可以运用的信息。

在目前的学术实践中，“媒体”一词与“媒介”一词常混用，对此，本书将不做区分。

本书的部分观点来自文中列出的参考文献，在此对做出积极贡献的国内外学界和业界同人们表示深深的敬意和真挚的感谢。本书旨在引导读者多向度思考，锻炼跨学科思维，提升专业媒介素养，使读者获得必要的观察判断能力、价值分析能力及实践应用能力。本书可以作为高等院校基础课和专业课的教材，也可以作为智能媒体传播研究者和一线工作者的案头书，还可以作为智能媒体传播爱好者的参考用书。由于人工智能技术与应用日新月异，且自身研究视域有限，书中难免有错漏之处，敬请读者诸君批评指正。

段鹏
2022 年 2 月 22 日
于中国传媒大学明德楼

目 录

绪 论

本章学习要点

1. 理解人类传播的四个发展阶段
2. 了解、掌握促进智媒技术理论发展的七位学者的重要观点
3. 重新理解“媒介技术决定论”

自古以来，传播一直都是人类的基本活动和基本追求。然而，人们不得不面对频繁出现的“交流的无奈”：不被理解的意义、不被重视的反馈、谣言的流布与干扰、信息与知识的匮乏，甚至话语权被剥夺等。当面对复杂多变的跨时空社会传播时，这种传播的不平衡问题更加突出。与此同时，新媒介技术与实践不断提高和扩大了信息传播、接收、转发、反馈的速度与广度。技术进步带来了人们的媒介使用与消费行为的改变，并由此引发了一系列认知结构转型。此外，多元的个体心理因素，复杂的社会结构，经济、文化和政治场域的交互影响，也营造了与以往不同的特殊媒介环境。

第一节 理解人类传播

技术发明不是凭空而来，也并非一蹴而就。在人类传播发展的漫漫长河中，技术、文化与社会相互交织，产生了隶属于不同时空的独具特色的媒介形态。故而，我们惯常以媒介技术的形式和功能发生重大变革的历史时代为中心来展开人类传播学的知识图景，而人类史上每一段锣鼓喧天般的“传播革命”都离不开媒介技术，尤其是近现代工业革命以来，对人类传播中“技术的意义”的探讨日益勾起学界对现代与后现代性差别的集体反思。

弗里德里希·克罗兹（Friedrich Krotz）认为媒介化与全球化、个体化、商业化相互关联，一同被看作影响社会、文化、政治和民主等人类长期生存环境的“元过程”（meta-process）。[①] 作为常态存在的“媒介化”如何在日常生活、文化与社会仪式中发挥作用，又如何在历史的作用下逐渐形塑不同阶段的传播主体、形式、模式、效果与意义等，是一个历久弥新的话题。从远古媒介（口语传播）、书写媒介、印刷媒介，到影像技术、无线电广播、数字媒体与互

① Krotz F. The Meta-process of “Mediatization” as a Conceptual Frame [J]. Global Media and Communication, 2007, 3 (3): 256-260.

联网，再到近些年人工智能的广泛应用，这一串发展轨迹无不蕴含着媒介与技术对历史文化与社会的交互进程产生的意义与影响。

过去或大或小、或远或近、或私密或公开的无数信息流动行为（过程）构建了人类传播发展的整体进程，亦构建了媒介与技术的交互演进历程。从媒介变迁角度审视人类传播历程，大致可将其分为四个前后相继的阶段：口语传播阶段、手写传播阶段、印刷传播阶段和包括数字传播与网络传播在内的电子传播阶段。① 这四个阶段虽依时间先后出现，但其间并无明确边际划分，甚至呈现相互补充与叠加状态。裹挟而来的传播状态、时空观念、媒介效果等交替演进，在激发人类认知方式迭变的同时，也重塑着人们生活的细微之处与社会现实的整体变迁。

一、口语传播

口语传播，也称有声语言传播或口头传播，是指传播者（讲话者）通过口腔发声并运用由特定的语词、语法结构和非语言符号构成的辅助手段，与接收者（聆听者）交流和向其传递信息的一种传播方式。众所周知，在漫长的人类进化史上，人超越一般哺乳动物的根本原因在于学会了使用工具并能凭借语言组织社会。人类驾驭了语言工具，也就拥有了一般动物所没有的“语义世界”。德国哲学家汉斯-格奥尔格·伽达默尔（Hans-Georg Gadamer，见图 0－1）认为，语言本身就是一种世界观。可以说，人类有了语言，才有了“世界”，同“世界”才有了一种“关系”，从而对世界产生了一种特殊的态度。②

图 0－1 汉斯-格奥尔格·伽达默尔

语言是有意义的形式，是信息的载体，其产生发展与人类信息传播需求紧密相关。正如马克思所说：“语言……由于和他人交往的迫切需要才产生的。”③ 原始社会时期，人类个体生存与生产能力低下，而作为交流交往的主要手段的口语传播促使松散的人类个体逐渐凝聚为相对强大且具有协作能力的部落或社

① 李彬．全球新闻传播史［M］．北京：清华大学出版社，2005：1－50.

② 雷克劳尔，洛蒂．人类行为与社会环境：生物学、心理学与社会学视角（第 2 版）［M］．王宏亮，李艳红，林虹，译．北京：中国人民大学出版社，2005：1－50.

③ 马克思，恩格斯．马克思恩格斯选集：第 1 卷［M］．3 版．北京：人民出版社，2012：161.

区组织。在具备了相当条件的历史语境下，口语传播提升了社会成员之间的有效黏合度，并在此基础上延展了人类文明赖以存在的社会协同属性。从这个意义上讲，作为人类传播史上一个重要的阶段性起点，语言媒介的出现真正拉开了人类传播文明的帷幕。

就人类传播活动而言，最古老、最简洁、最基础的传播形式便是口语传播。口语传播形态多样且应用广泛，不管是窃窃私语、坊间传言，还是行吟说唱、口传民谣，抑或是布道讲学、公开集会……口语传播以对话形式存在于两人之间或三人及以上群体内的语言交谈中，并产生意义。同时，人们还可以用目光、身体语言、面部表情、声音特质与空间距离等非语言行为来辅助语言阐释。

二、手写传播

语言的产生使我们的祖先从一般动物群体中脱颖而出，文字的发明更是在此基础上成为人类社会由原始向文明飞跃的里程碑。在文字传播阶段，听觉符号让位于视觉符号，这使语言在一定程度上脱离了身体的桎梏，变得相对独立和有形化。如果说语言是事物的直接符号，那么文字则是事物的间接符号。文字作为人类文明的标志，是记录人类语言、思想的书写符号，不同于口语传播可以自然习得，它更需要主体发挥能动性去获取书写、识字能力，这种人为特性给文字传播增添了更加明确的目的性。诸如泥板、石头、树叶、甲骨、羊皮等最原始的文字媒介基本上都与图画共生，与文字共进，人类历史从此进入手写传播阶段。

时空视域下的文字媒介使信息传递产生了巨大突破，在很大程度上弥补了口语媒介的局限性。文字传播提供了一种相对独立的储存、积累和传递信息的路径，使人类的记忆、经验和知识可以不再仅仅依赖于人的大脑而存在，其存续时间被大大延长了。而语言在获得文字符号的加持后，挣脱了口语传播在距离与环境上的束缚，不断拓宽着人类交流交往的生活边界与社会空间。同时，随着文字符号的广泛运用与逐步规范，传播内容的准确性得到极大提升，这在某种程度上抑制了口口相传时期谣言与虚假信息的肆意蔓延。可以说，文字媒介对时空限制的突破改变了人类社会整体发展进程。例如，文字的统一有助于形成有效的律法和政治体系，从而使规模化的集权统治成为可能；跨地域的经济交往也变得简化和高效，从而促进了区域性商品经济的发展；等等。

文字除了具备工具属性外，还呈现出鲜明的文化特性。按照传播学鼻祖威尔伯·施拉姆（Wilbur Schramm）的说法，不同文化的起点和异同都可以在多元语系及其文字中得以显现。[①] 文字以一个子系统的身份参与文化系统整体运

---

① 施拉姆，波特．传播学概论（第2版）[M]．何道宽，译．北京：中国人民大学出版社，2010：1-50.

作，同时作为一种符号表达形式串联起各个子系统，形成其特征、属性和内容。从这个意义上讲，具有稳定内部结构的文字可以被认定为一种文化的专用表达形式，帮助我们不断靠近、感受和理解纷繁复杂的多元文化。

《说文解字》中有云：“盖文字者，经艺之本，王政之始，前人所以垂后，后人所以识古。”文字的发明及其在文献记录中的应用是人类传播史上的一大创举，它改变了只有依靠口耳相传的神话或传说才能将人类历史传于后代的局面，人类社会由“野蛮时代”迈入“文明时代”。尽管在生产力与技术水平的限制下，文字或书写媒介无法摆脱传播时效低、传播速度慢、信息容量小、传播范围有限，以及人工操作偏差等诸多弊端，但不可否认的是，书写文化的出现为多元文明贡献了一种更加稳定、长久且合理的呈现方式，从而加快了人类社会文明的进程，为真正意义上的大众传播的诞生奠定了初步基础。

三、印刷传播

实际上，人们经历了一段漫长的手抄文字时期，较高的媒介成本无形中设置了一定的文化门槛，客观上将传播的主动权限制在了上流社会，这样的局面直到印刷革命之后才逐渐有所改变。以扩大传播范围的意识为先导，印刷媒介顺应社会大众对规模化文本的需求与接受的能力，凭借专业印刷工对复制文本技术的掌握，成为继语言和文字之后人类传播发展史上的第三大里程碑，它标志着真正的大众传播时代的来临。

中国的印刷媒介起源于公元前 16 世纪至公元前 11 世纪的印章媒介和公元 3 世纪的拓印媒介，随后雕版印刷术、胶泥活字印刷术、木活字印刷术等技术广泛流传。可以说，它点亮了人类向印刷文化远航的灯塔，为世界文明和人类社会的发展做出了不可磨灭的贡献。然而，历史上真正被视为“媒介革命”的是 1450 年由德国工匠约翰内斯·古登堡（Johannes Gutenberg）发明的金属活字印刷术（见图 0－2），它利用西方拼音文字系统所固有的字符组合的便捷性，使文字信息的机械化生产和大批量复制成为可能，提高了人类传播的整体质量。伴随着欧洲工业革命的发展，信息传播节奏在电力和机械动力的助推下显著加快。

图 0－2　15 世纪 50 年代德国工匠古登堡发明金属活字排版印刷

印刷机的出现和机械化造纸催生了近代报刊，带来了文学作品和各类信息迅速传播的繁荣景象。与此同时，专门的传播组织和体制出现，通过相对系统且严谨的媒介传播流程整合零散的自然传播行为，从而大大提升传播效率。伴随着大众读写能力的普及，印刷媒介开始在日常生活甚至社会变革中扮演重要角色。印刷技术的进步不仅使复制文字信息成为可能，更塑造出一种不同于口语或手写时代的新文化形态，也在政治、教育、商业等领域产生了深远影响。

正如施拉姆所指出的那样，教科书使得举办大规模公共教育成为可能，报刊则在人们对权利分配普遍感到不满时为人们提供了了解和参与政治的渠道。随着印刷媒介的普及与人们读写能力和文化水平的提升，出版与言论自由思想逐步被唤醒，西方自由民主思想也得以滋养萌发。芝加哥学派代表学者查尔斯·库利（Charles Cooley）在《社会组织》（*Social Organization*）一书中断言“印刷意味着民主”，从媒介决定论立场出发强调传播对于社会发展的重要意义。① 实际上，印刷媒介不仅终结了少数人的知识垄断与传播特权，为民众冲破中世纪封建桎梏提供了强大的思想武器；还促进了不同国家、民族、阶层之间的交流和沟通，赋予了人性和道德发展延伸的空间。马歇尔·麦克卢汉（Marshall McLuhan）认为，“作为一种新媒介，印刷物有着结束心灵和社会、空间和时间上狭隘的地域观念和部落观念的作用”②。在媒介传播史上，大众传播时代与印刷媒介时代几乎同步开启、共时共进，加速了人类社会的现代化启蒙进程。

知识窗

媒介近用权

媒介近用权（the right of access to mass media），也称接近使用媒介权，其基本内涵是“一种法律上可强制执行的权利，一般私人可根据该权利无条件或在一定条件之下要求媒体提供版面或时段，允许私人免费或付费使用，以表达个人意见”③。1967 年，杰罗姆·A. 巴隆（Jerome A. Barron）在《哈佛法律评论》上发表了《近用媒介：一项新的第一修正案权利》一文，首次提出了“媒介近用权”的概念。1973 年，他又出版了《为了谁的出版自由？——论媒介接近权》一书，对“媒介近用权”概念进行了系统论述。④

---

① Cooley C. Social Organization：A Study of the Larger Mind [M]. New York：Charles Scribner's Sons，1909：1－50.

② 麦克卢汉．理解媒介：论人的延伸 [M]. 何道宽，译．北京：商务印书馆，2000：1－50.

③ 林子仪．言论自由与新闻自由 [M]. 台北：元照出版社，1999：20－40.

④ Barron J A. Freedom of the Press for Whom?：The Right of Access to Mass Media [M]. Bloomington：Indiana University Press，1973：75－77.

四、电子传播

广义的电子媒介指向一切依靠电流传播信息的媒介，既包括私人化媒介如电报、电话、手机等，又包括公共性媒介如广播、电视、网络等；而狭义的电子媒介则专指公共性媒介。[①] 电子媒介的发展经历了从电报、广播、电视到互联网的跨越，在这一过程中，人类传播活动发生了巨大的变化，整个社会信息系统在迭变中不断完善，甚至形成了一个相对独立的传播体系。时间追溯到1837年，美国人塞缪尔·摩尔斯（Samuel Morse）发明了世界上第一台实用电报机（见图0-3）。七年后，摩尔斯从华盛顿向巴尔的摩发出第一封电报，电报内容为《圣经》中的一句话："上帝啊，你究竟创造了什么！"而这句话恰到好处地展现了人们对于进入电子媒介时代的感叹。电报的出现克服了口语、文字、印刷媒介在空间上的传播缺陷，信息的传播广度、频次与时效开始大幅度提升，为社会与个人生活带来极大便利。

图0-3 美国电报之父塞缪尔·摩尔斯及其发明的电报机

19世纪西方科学技术革命兴起，加之帝国主义对外扩张和维系殖民统治的需要，广播媒介在此时代背景下产生并快速发展。它不仅可以真实记录、复制和保存人类的声音，还具备传递信息迅速及时、通俗易懂、时空限制小等诸多优势，这使信息传播的范围与速度再次实现质的飞跃。

知识窗

世界上最早的无线广播

1906年12月16日晚上8点钟左右，美国匹兹堡大学教授威廉·皮特·费森登（William Pitt Fessenden）通过马萨诸塞州布朗特岩的国家电器公

---

① 李彬．传播学引论［M］．2版．北京：新华出版社，2003：1-50.

司 128 米高的无线电，成功地进行了第一次广播（见图 0-4），这是世界上最早的无线广播。

图 0-4 费森登于 1906 年在美国发出世界上最早的无线广播

影视媒介是包含声音和移动图像的大众媒介，它们声像兼备、视听兼顾，具有双通道视听优势与良好的在场参与感。电视媒介大致经历了半个世纪的实验，才逐步由科学家、发明家及无线电爱好者摆弄的小众产品走向社会，成为一种大众传播媒介。电影的诞生早于电视，它在光学、声学和机械学上实现了巨大突破。总之，影视媒介的出现使声音信息系统和影像信息系统不再与人类的身体捆绑在一起，它们不仅独立存在、便于保存，还为人类集体记忆提供了更生动的呈现方式。由此，社会文化与历史延续具备了更丰富的表现和承载形式，知识积累与文明传承的效率与质量也获得较大提升。

电子技术的发展引领和推动了数字媒介时代的来临。经过不断完善与演化，互联网终于搭建起了一个前所未有的“乌托邦式”虚拟世界，并对现实世界产生了越来越显著的反作用力。数字媒介的出现和应用增强了传播过程的双向性，单向线性模式升级为多向嵌套模式，传受双方或多方可以进行充分且实时的线上交流互动。数字媒介还融合了多种媒介形式——文字、声音、画面、影像等均被整合到一个有机互联的传播平台上。此外，在信息传播全球化的时代背景下，媒介资源的极大丰富在一定程度上打破了少数媒介组织对信息资源的垄断。

20 世纪 70 年代，网络世界中的社交媒体诞生。90 年代，伴随计算机和互联网技术进步，社交媒体得到快速发展。随后，用户自制内容（user generated content，UGC）模式日渐成熟，社交网络服务（social networking service，SNS）兴起，并逐渐成为一股不容忽视的媒体力量。受众在传统大众传播过程中的单一被动地位被逐步扭转，媒介话语权被重新分配，接收信息的一方也可作为表达的主体，而“受众”这一表述也逐步被“用户”取代。近年来，各类社交媒体与自媒体平台涌现，其草根、多元、互动、原创等特征极大地刺激了信息时代公众的传播欲望，用户可以自由地利用媒介接触多样化信息、阐述观点并进行有效传播。随着“媒介近用权”的实现，社会公众参与意识不断增强，自我身份认同、群体归属感和社会责任感也被逐渐强化，用以维护社会公共利益与公共福祉的网络公共空间被建构起来，类似“微博问政”“网络求助”等新的社会参与形式亦不断涌现。

当下，智能媒体传播正在广泛而深入地渗透到人们生产生活的方方面面。基于人工智能、信息技术和大数据等共同组成的智能媒体，不仅能够感知用户，解构和重塑社会形态和人们的生活方式，还能将客户端与服务端更好地结合在一起，为用户营造出体验感极佳的媒介使用环境。显然，人类已开启传播新纪元，进入了崭新的智能传播时代。智能传播不仅延续了数字传播时代信息资源的重要地位，更是将信息搭载于智能技术之上，以人的主体性为线索建构了一个与现实社会共同呼吸的、极具生命力和创造力的传播生态环境。

加拿大多伦多学派先驱哈罗德·伊尼斯（Harold Innis）曾说：“一种新媒介的长处，将导致一种新文明的诞生。”① 纵观整个技术与传播媒介的演变过程，我们不难发现，传播媒介的迭变历史实际上是社会信息系统不断纠错、不断完善、不断活跃的历史。媒介与技术经历了一个从无到有、从低级到高级、从简单到复杂的过程。其中，新旧媒介之间并非一次性地、整齐划一地更迭交替，而是呈现出“你中有我、我中有你”的融合态势。技术的进步使得传播媒介不再游离于人群之外，亦不再仅仅作为一种中介物存在，而是以个体感知和体验世界的方式组合渗透进社会的整个机体，从而潜移默化地影响和重构着人们的思维模式、生活状态甚至社会现实。因此，关于媒介形态更迭的思考不能仅仅停留在传播技术的层面，而要准确把握技术、文化与社会的互动关系和意义，如此才能真正理解人类传播发展的脉络和其中蕴含的规律。

第二节 理解媒介技术

在对人类传播的古往今来进行历史梳理的过程中，人们不免会产生这样一个疑问：“技术是否决定了社会变迁？”对该问题不能给予一个简单的肯定或否定答案。简单的技术决定论无法解释技术、文化与社会之间复杂的互动关系，实际上，过往诸多学者立足于不同角度、选取不同路径对这一互动关系进行了大量考察与研究，并建立了一幅较为完整的知识图景。即便如此，科学技术对媒介和社会发展的影响也不容一丝忽视。在科学、技术与社会研究领域（science，technology and society，STS），有学者认为“认知竞争是指决定哪些真

① 伊尼斯．传播的偏向［M］．何道宽，译．北京：中国人民大学出版社，2003：28.

理可以被认为是显著和重要的，就像决定哪些主张可以被认为是正确或错误的一样，这些决定具有重要的结果”[①]。这类论述的重要意义是吹响了重视媒介之于社会意义、技术之于传播效果的醒世号角，提醒我们用一种新思维方式来看待和理解现代甚至后现代传播引发的诸多社会问题。故而在此，我们有必要对媒介技术理论做一番回溯。

一、哈罗德·伊尼斯

回溯媒介技术理论的起源，哈罗德·伊尼斯（见图0-5）是一个无法被忽略的名字。他是加拿大经济史学家、经济理论家、传播学者，是“第一位获得国际声誉的加拿大本土社会科学学者”，也被冠以“加拿大经济史之父”的头衔。伊尼斯对媒介如何改变整个社会文明保有浓厚兴趣。作为一位泛媒介主义者，他曾试图从历史学角度出发，通过陈述大量事实和例证，对贯穿于整个世界历史的关于传播与政治、经济和宗教之间的相互关系的问题进行对比调查研究，而这种动态的演绎分析的研究路径也被麦克卢汉、尼尔·波兹曼（Neil Postman）等媒介环境学派学者继承。

图0-5 哈罗德·伊尼斯（1894—1952）

作为伊尼斯传播思想最重要的一部分，“传播偏向论”为文明的生长、发展和衰落与某种传播形式及其所依赖媒介的发轫、流布和变异找到了一种关联性的解释。[②] 伊尼斯认为，传播媒介自身以及攀附于媒介之上的信息、知识与权力的耦合造成了传播的偏向。传播媒介根据其特点可分为有利于空间上的延伸的媒介（如纸张、电报等轻便但难以保存的材料）和有利于时间上的延伸的媒介（如羊皮纸、石头等笨重但耐久的材料）。媒介偏向的不同导致传播方式

① Sismondo S. Pushing Knowledge in the Drug Industry: Ghost-managed Science [M]//Sismondo S, Greene J A. The Pharmaceutical Studies Reader. Oxford: Wiley-Blackwell, 2015: 31-48.

② 徐雁华. 传播技术学派先驱哈罗德·伊尼斯传播思想研究 [D]. 上海：上海大学，2012.

产生了差异，如传说、神话、戏剧等表达文化表现出了口头传播的偏向，而以报纸、书籍等印刷媒介为基础的文化则偏向书面传播。

伊尼斯认为，在媒介与传播的偏向性影响下，文化与制度内在的一致性和连贯性出现了断裂。他认为媒介技术可以跨越时间和空间进行延伸，但是很难达到平衡，其中延伸时间的媒介更倾向于鼓励社会坚守传统，而延伸空间的媒介则鼓励社会扩张和急剧变化。如古希腊时期的城邦和社区就是基于口头传播形成并蕴含着特定的精神和道德；而书面传播则疏离了人与人之间的关系，单向性的传播路径导致权力集中化，在空间上得到极大掌控权的古罗马帝国由此兴起。

作为媒介环境学派的领军人物，伊尼斯不仅将媒介从孤立的、单一的工具性视角解放出来，清晰地描绘出了媒介与整个社会系统之间的互动关系，也提醒人们在使用媒介时要保持相应的平衡以促进社会正向发展。伊尼斯思想中渗透出的对口语文化的热衷和怀恋，为当今人们忽视现实交流而沉溺于“虚拟化生存”，甚至将虚拟现实（virtual reality，VR）看作一种生活方式的状态提出了人文警示。

二、马歇尔·麦克卢汉

20 世纪 60 年代，马歇尔·麦克卢汉（见图 0-6）可谓炙手可热的学术明星，在彼时，传播理论界掀起了独树一帜的风潮。《纽约先驱论坛报》（*The New York Herald Tribune*）曾刊文称他是继牛顿、达尔文、弗洛伊德、爱因斯坦和巴甫洛夫之后最重要的思想家；学院派和保守派则攻击他是“通俗文化的江湖术士”“走火入魔的形而上巫师”。如今，数字媒体时代的来临使麦克卢汉再次走上神坛，媒介环境学派也从传播研究领域的次边缘地带重新进入人们的视野。

图 0-6 马歇尔·麦克卢汉（1911—1980）

我们耳熟能详的“媒介即讯息”“媒介即人的延伸”“热媒介”“冷媒介”等概念和理论构成了麦克卢汉媒介观的主要思想。其中，“媒介即讯息”指的是媒介技术改变了个体感知和思考世界的方式，因此也改变了人类集体思考和行动的方式。在《古腾堡星系》（*The Gutenberg Galaxy*）一书中，麦克卢汉认为媒介技术——字母书写、印刷机和电子媒体——改变了个体意识，进而改变了更大的社会构造。因此，他认为真正有意义、有价值的“讯息”并非各个时代的传播内容，而是这个时代所使用的传播工具的性质、它所开创的可能性及其带来的社会变革。借此，麦克卢汉强调了媒介形式的重要性，并将其视为影响人们行为和社会生活的重要因素，并通过对媒介环境隐藏性的揭示延伸出将媒介视为环境的研究视野，这成为媒介环境学的核心脉络。

“媒介即人的延伸”是指任何媒介都不外乎人的感觉和感官的扩展和延伸，媒介和社会发展史同时也是人的感官能力由“统合”到“分化”到“再统合”的历史。按照这一说法，媒介指向一种传播技术，北美媒介环境学派认为媒介不仅包括报纸、广播、电视、互联网等大众媒介，还包括羊皮纸、石头、服装、数学、广告、散文、货币等。伊尼斯在《帝国与传播》（*Empire and Communications*）中列举了十几种媒介，麦克卢汉在《理解媒介：论人的延伸》（*Understanding Media*：*The Extensions of Man*）中甚至列举了 26 种媒介。麦克卢汉认为，媒介的延伸打破了人体感官的平衡，认知形成中的感官比例由此发生改变，从而使完整的人变得麻木和碎片化。[①] 媒介的感官偏向观点的出现是继媒介的意识形态偏向、前后区偏向和时空偏向后对整体媒介偏向理论的又一次丰富。

麦克卢汉将人类文明视为技术的产物，他关注的是人类环境如何以不完整的延伸形象被重现和塑造。他坚信延伸具有将力量从起源物转移到延伸物的特殊属性，由此就媒介分类提出了两个概念：“热媒介”和“冷媒介”。前者传递的信息较为清晰明确，接受者不需要动员更多的感官和联想活动就能够理解；而后者则恰恰相反。虽然这种分类没有一贯标准，局限性也较明显，但它却打开了对于媒介、技术与社会极其重要的想象空间。

麦克卢汉曾预言电子媒介技术凭借对人类大脑中枢的延伸，将使人的意识从机械世界的枷锁中解放至自由宇宙中。当前，智能媒体语境下的“未来影像”，即是通过实现人类全方位感官的延伸来实现现实世界和虚拟世界的重叠，进而达到客观世界和主观世界的恰当交融。随着影像所营造的拟态环境在尝试无限接近人的意识，麦克卢汉的预言或将成为现实。

三、保罗·莱文森

保罗·莱文森（Paul Levinson，见图 0-7）的理念在智能媒体环境下引起了集中的关注和宽泛的接纳。身为媒介环境学派的接棒人，他的观点涉及媒介

① 麦克卢汉．理解媒介：论人的延伸［M］．何道宽，译．北京：商务印书馆，2000：100-120.

演化的议题，如媒介演化的三阶段玩具—镜子—艺术，以及他提出的“人性化趋势”和“补救媒介”理论等，在某种程度上被智能媒体研究者奉为圭臬。莱文森认为，媒介的进化是持续、动态的，这种进化会受到社会中一切人物和环境的影响，从而让媒介效果持续发挥效用。最终，媒介将带着受众和社会赋予的期望完成人性化的演进。① 同时，技术之间的互相补充，也使人类的需求通过媒介得到满足，最后会同当下复杂的社会环境形成高度一致的态势。伴随着媒介不断变化发展，媒介必要的科技操作与人类活动所产生的必要传播之间的关联会变得越来越紧密，双方会渐渐趋于融合。

图 0-7　保罗·莱文森（1947—　）

莱文森曾旗帜鲜明地指出，媒介在一定程度上依赖人类本身的渴求与欲望完成进化，这使得媒介具有人类的属性和人类传播的形态。他还认为，媒介的进化会使媒介技术在形式上渐渐融为一体，所有的设备也将趋于融合，协同配合处理来自社会环境中的各类特质的信息，最终形成一个整齐划一、多元立体的信息分析加工系统。② 作为技术乐观主义者，他倾向于相信人类的理性和主观能动性可以完成对技术的控制，人性化是媒介发展的未来趋势。而进入智能传播时代，不仅是媒体，而且社会生活中的一切都将变得愈发“懂得”人类的所思所想，人与机器的距离也将持续缩短直至人机共生。未来机器势必愈发智能，莱文森又是否会对技术保持一如既往的乐观？我们拭目以待。

四、让·鲍德里亚

谈及对技术的担忧和对面对面直接交流方式的怀念，被称为“后现代主义大祭司”和“法国的麦克卢汉”的哲学家、后现代理论家、媒介和社会理论家让·鲍德里亚（Jean Baudrillard，见图 0-8）曾有过与伊尼斯相似的感叹。他在绚烂斑斓却剑走偏锋的思想研究中，对于传播媒介、技术与人类社会的思考和阐释同样不吝笔墨。

---

① 莱文森．人类历程回放：媒介进化论［M］．邬建中，译．重庆：西南师范大学出版社，2017.

② 徐利德．保罗·莱文森媒介进化理论的思想逻辑［J］．青年记者，2017（21）：27-28.

图 0-8 让·鲍德里亚（1929—1970）

鲍德里亚在对后现代社会进行探究时强调了媒介的作用力。他认为，媒介、模拟以及“赛博闪电战”（cyberblitz）建构了新的经验域、新的历史阶段和新的社会类型。在鲍德里亚晚期的学术研究中，模拟（simulation）和拟像（simulacra）、媒介和信息、科学和新技术、内爆和超现实等概念共同构建了其重要的“后现代”理论世界，并提供了作为万能和自发的社会力量的媒介如何发挥其效用的具体范式模型。20 世纪七八十年代，鲍德里亚在《拟像与模拟》（*Simulacra and Simulation*）、《象征交换与死亡》（*Symbolic Exchange and Death*）、《论诱惑》（*Seduction*）等著作中，从科技角度出发，在生物基因学、仿生学、全息理论、计算机模拟这些学科和领域里将媒介视为主要的“模拟机器”，同时描摹了由媒介生产的代码、模拟、仿真所组成的现实领域，并分析它们如何推动人类社会向新的历史阶段和社会类型迈进。他认为，大众传媒如电视等会对受众产生深远影响的媒介，经常通过大量拷贝“形象”“符号”和“符码”等来打造和支撑“超现实”。鲍德里亚宣称，媒介中符号和信息的激增，正在通过抵消和分解所有的内容来消解意义，进而消除媒介与现实之间的差别，他认为传媒的推波助澜加速了从现代生产领域向后现代拟像社会的堕落。[①]

在鲍德里亚的眼中，媒介即讯息不仅意味着讯息中介的消失，也意味着不论是内容还是形式，从一种真实到另一种真实的中间力量都将不复存在。在过去，我们尚可把媒介传播的内容当成一种对“现象”和“现实”的镜像反映，而如今大众传媒乃至智能媒体所塑造的“超现实”，无疑要比受众所认知的“现实”更加真实，这甚至将导致真实的瓦解和消融，媒介环境与现实生活环境融为一体，人类愈发迷失于虚拟与真实的边界，真相将变得无从辨认。鲍德里亚在其社会理论与媒介批评中提出的后现代社会传媒批判主要以电子传播时代的大众传媒为研究对象，但若将视角置于当下风起云涌的智能传播时代，鲍德里亚思想中的“模拟”“超现实”等思路和概念仍可作为在控制论基础上对智能媒体与平台社会进行分析研判的一个重要视角和实用工具。

① 陈力丹，陆亨．鲍德里亚的后现代传媒观及其对当代中国传媒的启示：纪念鲍德里亚［J］．新闻与传播研究，2007（3）：75-79，97．

五、尼古拉斯·尼葛洛庞帝

美国麻省理工学院教授以及媒体实验室的创始人尼古拉斯·尼葛洛庞帝（Nicholas Negroponte，见图 0-9）因长期以来一直倡导利用数字化技术促进社会生活转型，而被西方媒体推崇为“数字化预言家”，同时也是在互联网和传播科技领域最具影响力的大师之一。

图 0-9　尼古拉斯·尼葛洛庞帝（1943—　）

在 1996 年出版的《数字化生存》（*Being Digital*）一书中，尼葛洛庞帝通过专门章节梳理了社会各界运用智能媒体的现状，这在某种程度上为智能媒体发展勾勒出了蓝图。例如，尼葛洛庞帝对虚拟现实产生强烈现场感的背后动因——双眼视差——进行了阐释，指出了影响拟真效果的两个最关键因素——图像质量和响应时间，而这在当前仍是虚拟现实技术的主攻方向。

我们现在常见的基于算法的媒体内容分发机制，也在尼葛洛庞帝早期的撰述中出现过。他认为，电子介质的报纸将以比特的形式被传播到受众群中，而界面代理人会如一位知你懂你的数字化亲戚一样对信息进行筛选和分类，并最终推送给读者最适合其阅读的信息，而实现这一目的的正是现在备受关注的人工智能技术。尼葛洛庞帝曾在《数字化生存》的序言中写道，“预测未来的最好办法就是把它创造出来”，其实他只是将未来的可能性提前公布于众，而这诸多可能性中的一部分在我们的手中变成了现实。

六、曼纽尔·卡斯特

曼纽尔·卡斯特（Manuel Castells，见图 0-10）学术涉猎广泛，从 20 世纪末开始重点关注信息技术对社会的影响，被英国《经济学人》（*The Economist*）杂志称为“虚拟世界第一位重要的哲学家”。卡斯特聚焦于传播与社会之间的互动关系，通过《网络社会的崛起》（*Network Society*）、《认同的力量》（*The Power of Identity*）等著作建构了“网络与信息社会理论”，引发了学界的有益讨论。他指出了信息资本主义和数字鸿沟等现象，揭示了信息技术与社会变迁的内在逻辑，并展示了社会结构变迁的主要进程。

图 0－10 曼纽尔·卡斯特(1942—)

卡斯特认为，网络社会的文化具有“真实虚拟性”，体现出“流动的空间”（space of flows）与“无序的时间”（timeless time）两大特征。在网络信息化时代，传统的意义与地点场所相系的空间概念被拆解和重组到虚拟的功能网络之中，形成一种特殊空间形式。他将这种发轫于信息时代的“流动的空间”视为社会的表达而非单纯的镜像反映，即空间是社会本身而不是拷贝。网络社会中的空间组织了时间，流动空间中的事件不再以线性时间顺序相继排列，一种未分化的时间由此建立起来。在此基础上，卡斯特提出“无序的时间”这一概念，并以此解释例如网络工作时间弹性化、“网生人类”生活周期等新问题。

网络社会塑造了新的传播形态和新的权力类型，信息时代的社会运转依赖于强大的网络传播体系，卡斯特认为对信息、话语、符号的控制就是直接的权力控制。由此，网络信息时代的传播使权力超越了国家和民族的边界，媒介近用权的获得使得统治阶级对话语权的掌控遭遇冲击甚至瓦解，最终导致传播“平权化”。由此可见，卡斯特的思想饱含着对技术、文化和权力等要素交织的探索，为审视网络社会的发展提供了独特的视角，而他的时空观念、传播权力与媒介权力的论点在智能传播时代又获得了全新的研究语境，值得我们进行深入探索与思考。

七、凯文·凯利

美国《连线》(*Wired*) 杂志的创始主编凯文·凯利（Kevin Kelly，见图 0－11）被看作“网络文化”的发言人和观察者，亦被称为“游侠”。他的《失控》（*Out of Control*）、《必然》（*The Inevitable*）、《科技想要什么》（*What Technology Wants*）三部曲已然超越了互联网技术的知识领域，需要人们从多种维度进行解读。同样，凯利对未来 30 年的科技发展趋势做出了大胆预测。他认为人工智能是人类必然选择的技术手段，未来社会网络将会是动态、自动和可扩展的，类似于一种“镜像世界”（mirror world）或“网状物”（the mesh）。人类即将进入下一个沉浸式的时代，每一样东西都会有一个芯片，这样每一样东西都可能成为计算机，同时存在于虚拟世界和现实世界。由此，他认为整个世界都将被数字化，一个真正万物互联的世界即将到来。

图 0-11 凯文·凯利（1952— ）

此外，凯利认为面对面交流的价值永远不会消失，机器和科技的发展甚至能让我们更好地社交。由于虚拟技术使人们可以在屏幕上见到朋友，也能相应拥有人类最渴望的参与互动感，因此他也肯定了虚拟技术的未来前景。凯利断言，基于虚拟现实和增强现实（augmented reality，AR）的媒体环境将成为所有社交媒体中最具社交特质的存在。凯利的文字流露出对控制论、系统论、信息论、人工智能、虚拟现实等思想和技术的分析与思考，也正是通过对这些机器、系统、生物、技术以及社会的审慎思考和大胆畅想，他带领着我们一同窥视未来图景，并等待技术发展检验预言、预见未来。

小结

人类传播历程经历了从口语、手写、印刷到电子等一连串媒介物质性转向阶段，无论是“时间轴操纵”还是“空间轴操纵”，皆证实了传播可以借助科学技术消弭时间的不可逆性和空间的远距离感。在传播与技术发展的历史进程中，时间和空间不断进行着相互转化。正如约翰·彼得斯（John Peters）在《奇云》（*The Marvelous Clouds*）一书中强调的哈罗德·伊尼斯关于“传输克服空间，记录克服时间”的观点，而时间可以被转化为空间，传输问题也可以被转化为记录问题，传播可以通过技术来跨越空间和保存时间。

20 世纪 80 年代，以布鲁诺·拉图尔（Bruno Latour）为代表的科学知识社会学家曾提出“行动者网络理论”。在智能媒体传播语境下，这一社会学分析方法将人类行动者和非人类行动者，比如人工智能技术、算法技术、物联网、虚拟现实、增强现实等，以同等的身份置入互动网络，每个行动者都是平等的、去中心化的网络的节点，从而强调了非人类行动者的价值及其与人类行动者同等重要的地位。

故而我们服膺这样的观点：正是这些如钻石般闪耀的思想推动媒体的传播完成了一次又一次历史性的飞跃。最后，回到第二节开篇的问题：“技术是否决定了社会变迁?”我们的答案是，技术不能完全决定社会变迁，但技术与其他社会要素彼此联动，确实推动、影响、加速着社会变迁。

延伸阅读

段鹏. 传播学基础：理论、框架与外延［M］. 3 版. 北京：中国传媒大学出版社，2020.

麦克卢汉. 理解媒介：论人的延伸［M］. 何道宽，译. 北京：商务印书馆，2000.

凯利. 科技想要什么［M］. 熊祥，译. 北京：中信出版社，2011.

莱文森. 人类历程回放：媒介进化论［M］. 邬建中，译. 成都：西南师范大学出版社，2017.

卡斯特. 网络社会的崛起［M］. 夏铸九，等译. 北京：社会科学文献出版社，2001.

李彬. 全球新闻传播史［M］. 北京：清华大学出版社，2005.

施拉姆，波特. 传播学概论（第 2 版）［M］. 何道宽，译. 北京：中国人民大学出版社，2010.

林子仪. 言论自由与新闻自由［M］. 台北：元照出版社，1999.

伊尼斯. 传播的偏向［M］. 何道宽，译. 北京：中国人民大学出版社，2003.

徐雁华. 传播技术学派先驱哈罗德·伊尼斯传播思想研究［D］. 上海：上海大学，2012.

Barron J A. Freedom of the Press for Whom?：The Right of Access to Mass Media［M］. Bloomington：Indiana University Press，1973.

思考题

1. 从传播的历史来看，技术变革与媒体发展有何关系和规律?

2. 智能时代，如何理解麦克卢汉的“媒介即讯息”? 智能技术又为人类社会的方方面面带来了哪些改变?

第一部分

走近智能媒体传播

数字信息技术的发展以及在此基础上迭代进化出的新型媒介形式已然深刻改变了人类传播景观，当下人工智能技术，以及拓展现实、5G、物联网等关键共性技术飞速发展、普及应用，人类传播呈现出势不可当的智能化趋势，甚至呈现出超时空性、沉浸性、互动性、想象性等新媒介特性，并逐渐拉开了智能媒体传播的帷幕。从报刊、广播、电视等传统媒体到网络媒体、社交媒体、智能融媒体，过去二十余载我国媒体行业经历了近百年来未曾有过的重大变革与创新。

人工智能和智能媒体技术的渐进入场将不断拓宽传播主体的身体阈值，并使人类传播形态愈发趋向智能化、融合化。技术迭代激发平台效应、拓展媒介边界，同时重构着媒体模态与行业格局，激发出“万物皆媒，万物互联”“人机互动，人机合一”“万众参与，全民参与”的传播智能化转向。从微观到宏观，从人们的社会生活、产业发展再到国家战略，能够完成自我进化的智能媒体的影响逐渐加深，传播的智能化转向已然成为不可逆的时代浪潮。

第 1 章 何谓智能媒体传播

本章学习要点

1. 掌握人工智能的革命性与社会性，以及人工智能发展的痛点与迷思
2. 了解智能媒体技术的发展趋势，包括：物联网、传感器、5G、大数据、云计算、机器人写作、无人机、虚拟现实新闻和新闻机器人
3. 了解传播的智能化转向趋势

人们口中经常谈论的人工智能究竟是什么？它包含了哪些具体技术？当它进入传播媒介领域，又带来了哪些转向和变革？究竟什么是智能媒体传播？

第一节 智能媒体技术入场

技术哲学中的社会-政治批判传统认为，技术是一种在现代社会渗透一切的、起支配作用的“现象”。它是意识形态，是对世界的构造，是具有自主性的、不以人的意志为转移的东西，而绝不仅仅是人的工具和目的性手段。①将技术思想提升到哲学纲领的高度有助于我们理解现代科学领域所表现出的技术性趋向，并在媒介研究过程中关涉更漫长的历史和更深刻的人性根源。

一、底层技术：人工智能

瓦特的蒸汽机使人类社会进入了蒸汽时代，爱迪生的电灯开启了电气时代的大门，以原子能、电子计算机、空间技术和生物工程的发明和应用为主要标志的信息控制技术革命带动了大批新型工业和第三产业的迅速发展，尤其是电子计算机的迅速普及开辟了互联网信息时代。当下媒体处于智能化、融合化发展阶段，推动、影响和加速人类传播发生变革的技术和应用基础主要涉及人工智能技术（包括方法、模型和算法），以及物联网、5G、大数据和云计算等关键共性技术，其中人工智能技术是智能媒体传播最直接、最基本的技术基础。

人工智能（artificial intelligence，AI）是智能媒体传播赖以发展的关键技术之一。早在1950年，艾伦·图灵（Alan Turing，见图1-1）在其论文《计

① 吴国盛．技术哲学经典读本［M］．上海：上海交通大学出版社，2008：7.

算机器与智能》中就曾提出“机器智能”（mechanical intelligence）的概念。① 实际上，作为计算机科学的分支，早期人工智能研究旨在摸索并生产出一种与人类智能反应方式相似的智能系统，包括语言识别、图像识别、推理判断等功能。

图 1－1 艾伦·图灵（1912—1954）

人工智能研究旨在通过探索人类智能活动的规律，构造具有模拟智能的人工系统，从而让计算机去完成以往只有人的智力才能胜任的工作，即通过应用计算机的软硬件来模拟人类的某些智能行为。人工智能主要包括计算机视觉、自然语言处理、机器学习、机器人技术、生物识别五大核心技术。当下，人工智能技术无限拉近了人与机器（或软件程序）的距离，机器在逐步实现对人类行动能力、感知能力和认知能力的模拟，这种人机结合的出现重塑了人在传播活动中的身份角色，并形成了互动性更强的沉浸式媒介环境。

【案例】 伊莉莎、索菲亚和艾达

人工智能和机器人技术的结合可以帮助我们更好地理解人工智能。1964 年至 1966 年间，麻省理工学院教授约瑟夫·魏泽堡（Joseph Weizenbaum）创造了第一个自然语言处理计算机程序伊莉莎（Eliza）。最初，魏泽堡是为了生成可以通过图灵测试的智能程序而设计了伊莉莎，图 1－2 显示了人类与伊莉莎的对话。因为图灵曾说过，若一个人不能区分他/她是在和人说话还是在和机器说话，就说明机器表现出了智能行为。

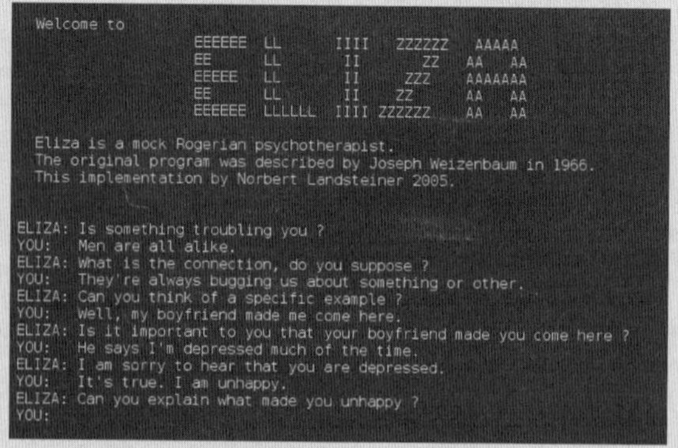

图 1－2 与伊莉莎的对话

① Turing A M. Computing Machinery and Intelligence [J]. Mind, 1950 (49): 433－460.

如今，伊莉莎已经进化成了索菲亚（Sophia，见图1-3），她是由机器人设计师大卫·汉森（David Hanson）开发的类人机器人。她不仅可以识别面部变化，还可以与人进行眼神和表情沟通，沙特阿拉伯在2017年授予她公民身份。

图1-3 机器人索菲亚

2021年，在利兹大学和牛津大学的研究人员和专家的共同参与下，艾丹·梅勒（Aidan Meller）与英国工程艺术公司（Engineered Arts）共同创造了机器人艾达（AI-da，见图1-4），一个能够利用计算机视觉和人工智能算法制作图纸和绘画的机器人艺术家。艾达——以英国数学家和计算机先驱艾达·洛夫莱斯（Ada Lovelace）的名字命名——也是世界上第一位“人工智能超现实主义机器人艺术家”。

图1-4 机器人艾达

目前，尽管学界和业界对人工智能的概念理解及其应用仍存在较多分歧和争议，但不可否认，在众多科学研究者的努力下，人工智能领域已然取得了长足发展。它不仅是重要的科学研究对象，更是用以探索世界的关键技术，甚至它的身影也逐渐出现在了人们的日常世界。

（一）人工智能的革命性

牛津大学哲学与伦理信息教授、互联网研究院主任卢西亚诺·弗洛里迪（Luciano Floridi）在其著作《第四次革命：人工智能如何重塑人类现实》中总结了人类的四次自我认知革命。[①] 第一次认知革命发生在1543年，尼古拉·哥白尼（Mikołaj Kopernik）发表《天体运行论》，让世人意识到人类并非被造物主眷顾并置于宇宙的中心，从而迫使人们重新思考人类之于整个世界的地位和角色。接下来，发表于1859年的《物种起源》带来了人类认知的第二次革命。查尔斯·达尔文（Charles Darwin）在书中驳斥了人类是万物之灵的观点，指出所有生物都来自共同的祖先，并在大自然的选择下不断进化。第三次认知革

① 弗洛里迪．第四次革命：人工智能如何重塑人类现实［M］．王文革，译．杭州：浙江人民出版社，2016.

命起源于西格蒙德·弗洛伊德（George Floyd）的精神分析思想，它将人类具备强大的自我反省意识和自我控制能力的假象击得粉碎。当下，随着线上线下大融合以及人工智能的极速发展，人类似乎已经进入所谓的“超历史时代”，迎来了自我认知的第四次革命——“图灵革命”，而人类在信息处理、逻辑推理和智能行为领域已不再是信息世界毋庸置疑的主宰。

知识窗

“中文屋实验”①

图灵测试在很长一段时间内成为人们对于人工智能是否有意志这一问题的解释工具，但美国哲学家约翰·希尔勒（John Searle）于1980年发表的论文中提出的中文屋实验多少改变了人们对图灵测试的想法。中文屋实验假设有一个不懂中文的人待在只凿了小孔的房间里，他所拥有的只有一本英汉词典和一支笔，外面的人塞进来一张写了中文的小纸条，他在里面用词典翻译好再递出去，外面的人看到翻译好的纸条就以为里面的人一定懂中文，但实际上这只是词典这一工具带来的假象。中文屋实验试图说明，人类千辛万苦地发展人工智能，到头来只不过是在完善那本词典所代表的程序，我们以为存在的“机器意志”也只不过是屋子里的人将翻译好的文字递出房间的瞬间形成的假象。

毫无疑问，“图灵革命”意味着人类进入了一个崭新时代，人工智能将谱写整个人类社会的新乐章。但直到艾伦·图灵去世两年后的1956年，在达特茅斯会议上，被称为“人工智能之父”的约翰·麦卡锡（John McCarthy）带领其所在团队正式提出“人工智能”的概念，从此这一学科领域才得以正式确立。他们将人工智能定义为“研制智能机器的一门科学和技术”，并提出“能够精确且全面地描述人类智能的学习行为及其特征，并制造出机器对其进行模拟”的研究构想。② 尽管人工智能日后被逐渐细分定义，但麦卡锡最初的概念界定助力了人工智能研究的可行目标和路径方法的确立，这使得人工智能成为计算机科学一个独立的重要分支，并获得了科学界的认可。

---

① 蒋谦．汉语汉字挑战中文屋实验［EB/OL］．（2015-09-23）［2020-05-02］．http：//sscp.cssn.cn/xkpd/zx_20145/201509/t20150922_2412456.html.

② McCarthy J，Minsky M L，Rochester N，et al. A Proposal for the Dartmouth Summer Research Project on Artificial Intelligence［EB/OL］．（1955-04-20）［2021-10-21］．http：//www-formal.stanford.edu/jmc/history/dartmouth/dartmouth.html.

知识窗

深度学习

深度学习（deep learning，DL），是对机器学习（machine learning，ML）领域的一种模型分析方法的统称，是实现“通用人工智能”的必经之路。前者比后者更复杂、更先进。深度学习首先针对用来训练的海量数据，从中发现学习模型的内在规律和表征层次，建立模拟人脑进行分析学习的神经网络，从而完成对新样本的智能识别或预测未来。它的一般模式是“通过传感器获取数据，然后进行预处理、特征提取、特征选择，再到推理、预测或识别”。其最终目的是让智能机器能够识别文字、图像和声音等数据，变得像人一样拥有学习和认知能力。深度学习主要被应用于语音识别、计算机视觉、自然语言处理、内容推荐、天气预测、基因测序等领域。

自1956年人工智能学科诞生以来，人们对人工智能的推理能力报以很高的期望，相继取得了一批令人瞩目的研究成果。然而，技术的伟大预想与实践能力的暂时脱节使得这个泡沫迅速破灭，人工智能的发展开始进入低谷期。一直到20世纪70年代初，“专家系统”的出现一定程度上缓解了人工智能技术的应用症结，但也有另一种声音，认为专家系统并非人工智能系统的一部分。而且仅仅持续了不到十年时间，人工智能就又因知识应用短板再次进入瓶颈期。借助第五代计算机技术的迅猛发展，人工智能技术和应用在90年代重新崛起。第五代计算机又称“智能计算机”，它可将信息采集、存储、处理等与人工智能结合在一起。互联网技术的发展加速了人工智能的创新研究，促进了人工智能领域的逐渐成形和技术应用的稳步发展。21世纪头十年过后，随着大数据、云计算、物联网等信息技术发展，在传感数据和显示核心等应用的推动下，以“大数据＋深度神经网络”为代表的人工智能技术飞速发展，已经成为新的智能生产力，并大步跨越了科学理论与技术应用之间的鸿沟。此间，于20世纪80年代开始流行的“连接主义”卷土重来，随着数据量和计算力的提升，以深度学习为基础的诸多人工智能应用逐渐成熟。至此，人工智能的发展经历了曲折反复的历程，呈现出明显的阶段性发展特征。

知识窗

专家系统（expert systems）

专家系统是指人类以if-then语句的形式编写的规则集合。它将人类的知识总结出来，训练机器以获得模拟专家的智能。有学者认为专家系统不是人工智能的一部分，因它缺乏自主学习外部数据的能力。事实上，专家系统代表了一种区别于人工智能的完全不同的系统，它的假设前提是人类智能可以通过规则形式化，并以自上而下的方法重新建构系统。若编制一个用来识别人脸的专家系统，那么它将检查一系列的标准（例如，是否有特定的形状，是否有鼻子，是否有两只眼睛），然后根据嵌入的规则做出判断。在依赖复杂形式的人类智能的任务中，这种系统往往表现不佳，因为这些智能是隐式的，不能轻易转化为简单的规则。这并不是说专家系统没用。IBM 著名的“深蓝”（Deep Blue）国际象棋计算机在 20 世纪 90 年代末击败了加里·卡斯帕罗夫（Garry Kasparov），它不是人工智能，而是一个专家系统。像“深蓝”这样的专家系统一直是让人工智能（或有时被认为是人工智能）在公众中更受关注的关键驱动因素。

知识窗

连接主义

连接主义（connectionism），又称为人工智能“仿生学派”或“生理学派”，其主要原理是神经网络及神经网络间的连接机制与学习算法，其研究重点在于人脑的运行机制，并将这类脑神经科学或心理学研究结果应用到人工智能的分析中。

此外，现代人工智能的重要学派还包括符号主义（symbolicism）和行为主义（actionism）。前者又称心理学派、计算机学派或逻辑主义，它基于逻辑推理的智能模拟方法来模拟人类的智能行为，其原理主要为符号操作系统假设和有限合理性原理；后者又称进化主义或控制论学派，顾名思义，该学派起源于 20 世纪四五十年代的控制论思想，但直到 20 世纪末才以人工智能新学派的面孔出现，其原理为控制论和感知-动作控制模型。

人工智能的研究目的是探讨如何用机器模拟人的智能、智慧，促使智能机器像人类一般拥有听说读写、思考交流、学习行动等发展能力。不同于与之相关的概念，如物联网、5G、大数据等，人工智能不是一个统一的术语，从不同时间阶段的进化历程及其表现特征来看，人工智能的定义需要进一步区别商榷。从横向层面来讲，不同类型的人工智能也决定了我们应该用更加具体微妙的方式来定义它。例如，认知科学家马文·明斯基（Marvin Minsky）把人工智能理解为一门“让机器像人一样运用智慧来做事情的科学”。也有学者认为，人工智能通常指能够感知周围环境并采取行动以实现最优的可能结果的智能体（intelligent agent）。① 还有研究人员延续这一思路，但更聚焦于人工智能为了达成目标而采取的行为方式。具体来说，他们将人工智能定义为“系统正确解读外部数据、从这些数据中学习并使用这些学习成果的能力”②。

我国国家工业信息安全发展研究中心指出，人工智能的发展主要分为三个层次，即运算智能（computing intelligence）、感知智能（perception of intelligence）和认知智能（cognitive intelligence）。所谓运算智能，是指计算机快速计算和记忆存储的能力，例如IBM的“深蓝”计算机战胜了当时的国际象棋冠军卡斯帕罗夫。所谓感知智能，是指通过各种传感器获取信息的能力，比如通过车载传感器接收外界驾驶环境的相关信息，实现汽车的自动驾驶功能。所谓认知智能，是指机器具有理解、推理等能力，用惯常语言来讲，即为“能理解、会思考”的能力。对此，2014年科学技术部“863计划”启动“基于大数据的类人智能关键技术与系统”项目，以科大讯飞为代表的自主创新企业也开始探索以语音和语言为入口介入认知智能等。

2017年国务院出台了《新一代人工智能发展规划》，工业和信息化部出台了《促进新一代人工智能产业发展三年行动计划（2018—2020年）》，着重强调初步建立人工智能理论与技术体系、部分领域的人工智能法律法规、伦理规范和政策体系以及人工智能产业发展方向。

知识窗

《新一代人工智能发展规划》

鉴于“人工智能的迅速发展将深刻改变人类社会生活、改变世界。为抢抓人工智能发展的重大战略机遇，构筑我国人工智能发展的先发优势，加快建设创新型国家和世界科技强国”，国家制定了《新一代人工智能发展规划》。该规划提出了面向2030年我国新一代人工智能发展的战略态势、总体要求、重点任务、资源配置、保障措施和组织实施共计六个方向的具体内容，为我国人工智能的创新发展指明了基本方向，明确了重点路径。

---

① Russell S，Norvig P. Artificial Intelligence：A Modern Approach [M]. London：Person，2009：4.

② Kaplan A，Haenlein M. Siri，Siri，in My Hand：Who's the Fairest in the Land? On the Interpretations，Illustrations，and Implications of Artificial Intelligence [J]. Business Horizons，2019，62(1)：15-25.

知识窗

《促进新一代人工智能产业发展三年行动计划（2018—2020年）》

该行动计划要求，在推动互联网、大数据、人工智能和实体经济深度融合的背景下，以信息技术与制造技术深度融合为主线，以新一代人工智能技术的产业化和集成应用为重点，推动人工智能和实体经济深度融合，加快制造强国和网络强国建设。该计划重点对2030年我国人工智能发展的总体思路、战略目标和主要任务、保障措施进行系统的规划和部署，为推动我国人工智能的长期发展指明了方向。加快产业化和应用是人工智能发展的关键着力点。

2020年世界互联网大会·互联网发展论坛“人工智能：育新机、开新局”分论坛公布，2020年上半年中国人工智能核心产业规模达到770亿元，人工智能企业超过了260家，已成为全球独角兽企业主要集中地之一。根据国际机器人联合会预测，“机器人革命”将创造数万亿美元的市场。可以说，新一代人工智能正在全球范围内蓬勃兴起，并深刻改变着人们的生产生活方式，蕴藏着巨大的价值空间。

随着数据量、计算能力等关键要素的积累和突破，人工智能正在加速拓展应用场景，日益融入人们的日常生活、工作和学习环境中。如今，人工智能早已不再是科幻小说中的专有名词，它已经突破了从“不能用、不好用”到“可以用、用得好”的技术拐点，进入了技术能力和应用场景的爆发式发展阶段。在现实生活中，无人驾驶汽车正在不断升级，智能机器人可以提供高效的社区服务，而依托深度学习算法，人工智能既可以快速诊断疾病，也能耗时一分钟完成一个安全分析师一年的数据分析工作量。

（二）人工智能的社会性

一方面，随着人工智能技术的迅速发展，以及科学理论和技术应用的逐渐契合，我们将慢慢从一个充满乌托邦色彩的互联网社会步入另一个同样饱含着人们的美好期待的智能社会。另一方面，人工智能将引领人类走向“反乌托邦”的未来这一警告似乎无处不在。从著名思想领袖到硅谷精英再到传奇科学家，都在提醒人们，若人工智能进化成“通用人工智能”（artificial general intelligence，AGI），即像人类一样有能力学习智力任务，并从事多用途的智能机器，那么人类文明将受到严重威胁。事实上，无论是乌托邦还是反乌托邦，人工智能都毫无疑问地将在人类历史中留下浓墨重彩的一笔。

知识窗

通用人工智能

“通用人工智能”又被称为“强人工智能”。它提出一种假设：人工智能可以像人类一样具备思考、学习和行为能力，即具有体验感知和自我意识的能力。这一领域主要专注于研制像人一样思考、像人一样从事多种用途的机器。与通用人工智能（强人工智能）相比，弱人工智能则不具备类人类的认知能力和个性特征，相反，弱人工智能仅限于使用软件来学习或推理完成特定的任务。因为不仅要具备计算机视觉、自然语言理解等能力，还要具备应对外界突发情况的能力，所以通用人工智能目前面临的最大问题是计算能力不足，无法承担人类智能的一般能力。若要实现假设，单靠一般计算机技术是不够的，还需人工计算的参与，正如用验证码来测试是否有人存在一般。

人工智能将有助于突破传统边界，促进开放创新和协同创新。创新资源不再以固定的组织限定边界，知识传播壁垒开始逐渐消除，创新成本持续大幅降低，信息不对称的藩篱得以突破，创新主体、创新流程和创新模式随之发生变化，众筹、众包、众智等多样化新型创新平台或将不断涌现，创新资源组织模式和创新成果转化方式或将更加网络化、开放化和便利化，开启万众创新、迭代创新、微创新的新时代。

智能社会（intelligent society）本质上意味着全社会性生产生活方式的变革，体现了生产力智能化提升带来的深远影响。随着生产效率与质量的提高，智能家居、智能教育、智能出行等都将得到普及，在广泛的社会参与下，人们的生活品质也将得以大幅度提升。“人工智能”或将成为与土地、劳动、资本等基本生产要素具有同等重要地位的新要素，生产生活方式将出现以智能化为标志的新变革，国际产业链布局和分工体系受智能化引导，将形成新的格局。与此同时，生产模式亦将出现智能化引领的重大变革。以“智能”为核心特征的各类新兴科技正在加速融合创新、聚变发展，人类社会将日益逼近新一轮变革的临界点，社会形态将逐渐产生全面而系统的演变，这将成为人类历史上一次全方位的变革。

知识窗

智慧城市与智能社区

城市交通研究显示，在人口密集的CBD地区，大约30%的车辆在找停车位。为了减少车位搜索时间，同时缓解交通拥堵和空气污染等负面问

> 题，智慧城市（smart city）所采取的一般做法是选择特定承包商来进行全权设计和部署相关信息技术，并将数据发送到手机应用程序上，指导司机寻找停车位置。然而，智能社区（intelligent community）处理同样问题时一般会寻找当地教育机构、相关企业家和成熟的公司，与之建立合作关系，并将该问题作为一个创新项目来共同制订执行计划。除了针对性找出问题的答案之外，智能社区还将寻找周边问题及其引发的创新点，例如有什么相关专业知识能帮上忙，公众的参与意见如何，等等。准确来讲，智能社区选择了一条更加复杂的路径，但这条路径将带来“更多”受益、“更多”节约、“更少”浪费。更重要的是，它鼓励社会公众参与建设，并将其带到一个新的机会水平。

例如，虚拟现实技术逐渐走进人们的视野并为人们所熟知，甚至成为人们认识世界、了解世界的新方式。对于一些偏远山区的人们来讲，“北京”只能被描述和定义为一个模糊的名字，“逛天安门”并不是轻易可实现的梦想。但借助日益普及的移动互联网和虚拟现实技术，天安门升国旗的全过程可以在手机上尽显眼底。智能技术可以让偏远山区的孩子们“亲自”来到心之所向的城市，甚至身临其境般地参与某些重大活动。它让知识信息脱离文字书本，摆脱地理空间的束缚，进而带动社会认知方式和教育方式的综合改革和全面升级。

智能社会是继农业社会、工业社会、信息社会之后的一个新概念，伴随着全球智能化浪潮的兴起，它将作为一种更先进的社会形态加速到来。正如美国国家科学院院士斯塔尼斯拉夫·乌拉姆（Stanislav Ulam）所指出的那样，不断加速的科技进步，及其对人类生活模式的改变，似乎把人类带到了一个可以称之为“奇点”的阶段。此后，我们所熟知的人类社会、艺术、生活和生产模式将逐渐改变，并日渐远去。智能社会将迎来人类社会发展历程中的一次全方位、系统性变革，其发生规模、影响范围和复杂程度远超以往，这将彻底改变人们的生产生活方式，重构个人、企业、政府、社会之间的互动关系，改变社会治理模式和国际竞争格局，给人类社会发展走向带来持续且深远的影响。

1. 人工智能与教育

实际上，鉴于人工智能的技术性质，许多重要进展来自高校或科学研究机构，这一情况在未来还将持续下去。例如，我们提到的计算机科学家约翰·麦卡锡教授从教于斯坦福大学；2014 年被谷歌收购的英国人工智能公司 DeepMind 由三名科学家联合创建，而其中两人在伦敦大学学院工作时便开始合作，击败人类职业围棋选手的计算机围棋程序 AlphaGo 正是源于这一合作。与此同时，为了简化教学、便捷管理，分析型人工智能还被应用于大学教育管理系统。例如，美国佐治亚理工学院让一款名为吉尔·沃森（Jill Watson）的人工智能聊天机器人担任虚拟助教，负责日常解答学生们惯常提出的问题。德国柏林工业大学和美国卡内基梅隆大学等也对智能聊天机器人的使用进行了类似的测试。此外，在线教育引入了可以收集和分析学生面部微表情数据，并进行情绪识别和注意力观察的人性化智能机器。

但人工智能并不仅仅局限于教学领域。全球出版巨头英国励讯集团借助人工智能实现了系统性学术文献综述的自动生成，还可以通过检查剽窃、滥用统计数据等行为来支持论文审查。不仅如此，人工智能还可以帮助人们整合跨学科文献资料，从而大大减轻研究工作者的负担。一些研究人员建议，大学应该引入一门关于人工智能和人类的课程，负责对公平、伦理、隐私和数据所有权等问题进行讲解。①

2. 人工智能与企业

人工智能的影响可以渗透进影响企业价值和产业链转型升级的每一个环节，尤其是服务行业。例如在营销和销售环节，人工智能被用来识别数量巨大的用户心理类型，并有针对性地创作与其偏好产生共鸣的信息；在客户关系维系环节，人工智能机器人可以通过社交媒体或邮件渠道自动发送和回复信息，而谷歌的Duplex甚至可以扮演顾问，与客户进行电话通话，其以假乱真的能力使客户很难将其与真人对话进行区分。此外，在金融行业，人工智能被用于对金融交易数据的分析；在线上零售业，人工智能被用于库存管理和运输规划；等等。此外，网飞（Netflix）、声破天（Spotify）和潘多拉（Pandora）等在线媒体公司已经在使用人工智能技术提供个性化的音乐和电影推荐。

乐观地讲，人工智能可为能够精准感知需求的信息共享平台提供柔性制造的智能生产线，并为将生产要素配置方式转变成以消费为中心的逆向整合提供基础条件，从而推动生产制造从提供产品向提供服务转变，从一次性产品交易向长期性服务交易转换，从低附加值制造向高附加值服务延伸，并助力于在研发设计、效能提升、交易便捷等多个维度探索增值的可能。进而，生产模式日益呈现出的开放、共享、协同等特征，促使扁平化、网络化、去中心化加速成为企业组织方式创新的重要方向。

3. 人工智能与政府

未来智能机器人是否可以获得公民身份？从这个问题出发，人工智能研究注定要直接或间接地进入政府工作范畴。例如使用人工智能来管理智能路灯，街道摄像头负责收集交通和行人移动情况并将数据反馈给前端，以此决定每个路灯的亮度，从而实现节能城市的智慧管理。在国内，覆盖全社会的个人征信

---

① Keating J，Nourbakhsh I. Teaching Artificial Intelligence and Humanity [J]. Communications of the ACM，2018，61（2）：29-32.

体系的建立离不开智能系统的参与。

此外，人工智能领域的监管问题和政府干预方式不容小觑。鉴于人工智能的快速发展，一些人主张在本土和全球层面分别采取积极的监管补救措施，但也有人担心监管措施可能会限制创新，减缓甚至阻碍人工智能的发展。持相对中间立场的人主张制定通用的标准和规范，而不是监管技术本身，就像对实体产品进行消费者回访和安全测试一样。这种规范包括对人工智能算法的测试和透明度的要求，并与开发主体的承诺和自律相结合。

那么，我们该如何更好地打造智能社会，迎接不久的将来呢？

首先，通过技术创新构建全栈式技术创新能力，打造包括人才、技术、资本等要素在内的全产业链格局，并着重于产业分工式布局。其次，打造信息资源集约布局、互联互通的社会共享数据平台。加强全社会数据化应用，全面整合公共基础数据，优化共享机制，完善共享平台，推动各方面数据向共享交换平台汇聚。再次，树立以人为本、全民参与的智能社会发展理念。智能社会离不开覆盖性全民参与，它必将是全民共建的社会。最后，建立集智能交通、智能治理、智能医疗等为一体的智慧社会标准体系，强化标准在社会各领域的应用实施，实现跨领域的横向、纵向间的信息资源共享与业务协同。

当人类迎来万物皆媒、人机合一、自我进化的智媒时代时，尤其需要用价值理性去平衡工具理性，理解技术发展既要满足人对于媒介技术的需求，同时更要符合社会和人类整体发展的要求。只有理性思考、理智判断当代人类的价值方向何在，并据此调整技术的取向、工具的功能和人类的行为，确保智能技术带来“向善”的应用，进而更好地服务人类、服务社会，才能走向我们共同期待的属于智能时代的未来社会。

（三）人工智能的痛点

正如青少年在成长中必然面对“成长的烦恼”，人工智能也有其发展路径上亟待解决的“痛点”，此处我们将其理解为“满足使用者最痛的需求点”。对此建立正确的认知和理解将有助于我们厘清思路、梳理脉络，从而透析问题的本质。

第一，人工智能实质上是机器对人脑智能的模拟。然而，一方面，人脑智能的产生和作用原理本身尚未被研究清楚，“神经脑科学”研究尚处于探索阶段，且研究表明，“尽管深度神经网络在语音识别和图像、视频识别等任务中显示出很大的优势，但现有的人工神经网络结构还远远不及生物神经网络结构复杂，仍然是对生物神经系统信息处理的初级模拟”①。另一方面，人工智能目前所遵循的逻辑和方法与人类智能相去甚远。这些不匹配是阻碍人工智能发展的第一个痛点，也是未来研究需要解决的关键问题。

---

① 焦李成，杨淑媛，刘芳，等．神经网络七十年：回顾与展望［J］．计算机学报，2016，39（8）：1697－1716．

知识窗

莫拉维克悖论

莫拉维克悖论（Moravec's paradox）由汉斯·莫拉维克（Hans Moravec）、罗德尼·布鲁克斯（Rodney Brooks）、马文·明斯基等人于20世纪80年代提出。莫拉维克悖论认为，与传统假设不同，计算机实现逻辑推理等人类高级智慧只需相对较少的计算能力，但要实现感知、运动等所谓低等级人类智慧却需要巨大的计算资源。

语言学家和认知科学家史迪芬·平克（Steven Pinker）认为这是人工智能研究者的最重要发现。他在《语言的本能：人类语言进化的奥秘》（*The Language Instinct*：*How the Mind Creates Language*）这本书里写道，经过35年的人工智能研究，人们学到的主要内容是“困难的问题是简单的，简单的问题是困难的”。四岁小孩具有的本能——辨识人脸、举起铅笔、在房间内走动、回答问题等，事实上是工程领域内目前为止最难解的问题。

随着新一代智慧设备的出现，股票分析师、初级翻译工作者、石化工程师以及从事可自动化或高危职业的人们都要小心他们的位置被取代，但是诸如园丁、接待员和厨师等职业至少数十年内都不用有这种担心。与之相似，马文·明斯基强调，对技术人员来说，最难以复刻的人类技能是那些无意识的技能。我们应该认识到，一些看起来简单的动作比那些看起来复杂的动作要更加难以实现。①

第二，目前人工智能计算能力仍然相对有限。众所周知，搭建人工智能需要足够大容量的图形处理器和中央处理机，相比云计算和大数据等应用，人工智能对计算力的需求要庞大得多。例如，由谷歌旗下DeepMind公司创始人戴密斯·哈萨比斯（Demis Hassabis）团队领衔研发的围棋机器人“AlphaGo”在进行深度学习时所需训练算力之大，能耗功效之高，并非普通开发团队可轻易承担。此外，人工智能的挑战之一是识别度不高、准确率不高，但若想提高识别度和准确率，就要提高模型的整体规模和精细程度，提高线下训练的频次，这需要更强的计算能力来支撑。在海量数据和算法模型的双重压力下，人工智能对计算能力的需求将越来越高。算力限制实际上也是生产成本的限制，那么，人工智能的产业细分和未来市场又将走向何方呢？

① 张玉坤，刘伟．莫拉维克悖论［EB/OL］．（2018-03-19）［2021-09-30］．https：//blog.csdn.net/R1uNW1W/article/details/79609873.

知识窗

冯·诺依曼内存瓶颈

维基百科上写道：约翰·冯·诺依曼（John von Neumann），出生于匈牙利的美国籍犹太人数学家，现代电子计算机与博弈论的重要创始人，在泛函分析、遍历理论、几何学、拓扑学和数值分析等众多数学领域及计算机学、量子力学和经济学中都有重大贡献。天才冯·诺依曼利用存储程序逻辑架构为计算机大提速铺平了道路，却也埋下了一个隐患：随着内存容量指数级的提升，中央处理器和内存之间的数据传输带宽成了瓶颈。

2020年初，阿里巴巴达摩院（Alibaba DAMO Academy for Discovery, Adventure, Momentum and Outlook）发布了《达摩院2020十大科技趋势》，在机器智能、数据计算、金融科技等领域进行了诸多前沿的探索。报告指出，将数据存储单元和计算单元融为一体，实现类似于脑神经结构的计算存储一体化架构，能显著减少数据搬运，极大提高计算并行度和能效。同时指出，冯·诺依曼架构的存储和计算分离，已经不适合数据驱动的人工智能应用需求。频繁的数据搬运导致的算力瓶颈以及功耗瓶颈已经成为对更先进算法进行探索的限制因素，计算存储一体化在硬件架构方面的革新，将突破人工智能算力瓶颈。

第三，对数据资源的依赖。人工智能需要与具体场景相结合，基于其生产的大量数据，不断进行训练学习，从而更加“智能化、智慧化”。然而，目前的产业环境并不具备这样的条件，在全维度、大批量的数据资源方面，人工智能还无法得到足够的支撑。与此同时，虽然利用无监督式强化学习模型可以省去数据标记的成本，但现阶段仍有大量的监督学习模型需要大量人力资源进行数据标记。

第四，价值判断与隐私保护的标准问题。在研发编码过程中，如何将道德判断的价值标准植入人工智能程序？智能机器人的拟合算法是否会突破人为的数据训练和结果干预，带来意想不到的结果？需要获取个人信息数据并上传云端来进行模拟训练的智能模型如何具备更强的算法能力来保护这些云端数据不被轻易泄露？

【案例】“刷脸案”

2019年10月，杭州野生动物世界取消了年卡的指纹识别功能，将其升级为人脸识别，客户需要“刷脸”才能入园。随即，早在当年4月就购买了该年卡的郭某表示不愿接受被收集人脸信息，并要求退卡。他认为，脸部识别信息属于个人敏感信息，一旦泄露，将危害其人身和财产安全。在协商无果后，郭某向杭州市富阳区人民法院提起了诉讼，该案被正式受理。最终，富阳区人民法院判决野生动物世界赔偿原告合同利益损失及交通费共计1 038元，删除郭某办理指纹年卡时提交的包括照片在内的面部特征信息等。

第五，人才资源稀缺、投入成本过高成为制约人工智能开发的又一因素。国家工业信息安全发展研究中心发布的《2020人工智能与制造业融合发展白皮书》显示，目前我国人工智能领域的专业人才紧缺，尤其"人工智能+制造"的复合型人才极其稀缺，缺口达30万人。此外，人工智能模型的可训练性导致数据结果的可移植性较差，这无疑增加了人力成本、数据获取成本、能耗成本等，影响了新兴技术的发展和传播速度。

(四) 人工智能的迷思

一是关于"乌托邦"与"敌托邦"的讨论。人工智能之于人类而言究竟是毁灭还是救赎呢？关于这个问题的争论其实早在20世纪50年代人工智能发展伊始就出现了。以人工智能概念的提出者约翰·麦卡锡为首的阵营认为，人工智能的本质是积极模拟人类的能力，最终服务于人类。而以道格拉斯·恩格尔巴特（Douglas Engelbart）为代表的阵营则坚信计算机应该被用来加强和扩展人类的能力，而不是取代或模仿这些能力，人类原本就是为了制造人工智能而存在。直到现在，伴随着技术的不断进步，虽然人工智能已经开始全面进入我们的日常生活与工作，但人类对人工智能的矛盾、不确定甚至是恐慌的心理却丝毫没有减弱。

比如，蒂姆·黄（Tim Hwang）等学者认为，通过自动化内容生成，比如分享图片、更新状态、发送推文、参与话题讨论、接受好友请求，人工智能凭借其数量和速度的优势可以被用来治愈内讧社会群体之间的断裂及弥补现存的社会差距，并通过在健康教育、冲突解决和多元文化交流等方面的应用打破不同社交用户群体之间的藩篱，重塑人类社交行为和关系形态。[①] 具体而言，人工智能可以帮助人类用户与他人建立关系网络，提升社交网络连接增长率，增加用户信息获得渠道，消除社群隔阂，检测不实信息，促进公民政治参与，以及其他有利于社会秩序建立的良好行为。

为此，蒂莫西·格雷厄姆（Timothy Graham）和罗伯特·阿克兰（Robert Ackland）开展了一次网络实验，在推特（Twitter）平台中通过追踪积极参与政治话题讨论并对人类无害的自动账号，验证了人工智能如何利用社交网络结构消除"过滤泡"和政治分裂，并积极促进社交媒体中协商式民主的发展。[②]

---

① Hwang T, Pearce I, Nanis M. Socialbots: Voices from the Fronts [J]. Interactions, 2012, 19 (2): 38-45.

② Graham T, Ackland R. Do Socialbots Dream of Popping the Filter Bubble?: The Role of Socialbots in Promoting Deliberative Democracy in Social Media [M]. New York and London: Routledge, 2017: 187-206.

而以雅赞·博什马夫（Yazan Boshmaf）为代表的部分学者对人工智能持审慎态度，将其视为一种威胁，并认为人类用户可能成为这种威胁下的牺牲品。早在 2011 年，博什马夫及其合作者就通过研究发现，脸书（Facebook）平台上存在大量人工智能程序，如虚假账户、恶意广告、病毒、网络钓鱼等，它们可轻而易举地与真实用户建立“好友”关系并下载其个人数据。① 对此，博什马夫等研究者认为人工智能易被利益集团利用，用以传播虚假信息、操纵舆论、盗窃数据、窃取公民隐私等，对整个社会技术系统的完整性充满威胁。

显而易见，以上路径下的研究者们以技术逻辑为出发点，探讨社交机器人如何通过精心设计的算法和自动化技术干预公众舆论、盗取个人信息、发布虚假信息等裹胁人类，挑战现有传播秩序、社会规范和道德伦理。

然而，人工智能目前在技术上还处于初级阶段，判断其是会造福人类还是会毁灭人类为时尚早。但一个越来越清晰的趋势是，人工智能将对社会结构产生深远影响，使其呈现出前所未有的新格局。

【案例】 韩国人工智能聊天小鸡 SimSimi 的演变之路

早在 2002 年，韩国软件开发工作室 IS-Maker 就推出了一款很有意思的名为 SimSimi 的聊天软件。这款聊天机器人的造型是一只小黄鸡（见图 1-5），用户要做的就是与小鸡聊天。SimSimi 是手机上的即时聊天机器人，它并不同于 Siri 类的语音人机聊天，因为小鸡的聊天词汇既不是由应用本身提供的，也不是由云端服务器提供的，而是全部由用户自行编辑和录入，只要你在对话框里输入文字，它就会立马从数据库中随机抽取回复。用户可以教 SimSimi 学习新的句子，它的词汇量会随着用户输入的文字而增长。

这款软件已经推出近 20 年，现已在韩国、泰国和印度拥有数百万用户。然而有个问题是，SimSimi 这种让世界各地用户来编辑和录入小鸡聊天语汇的“海纳百川”型应用架构使得它很容易学会不良用语，很多回复很粗俗，有的甚至带有种族歧视色彩。2017 年，爱尔兰共和国暂停青少年用户使用 SimSimi 并将其下架，因为它传播了辱骂和露骨的信息，助长了网络欺凌。

图 1-5　人工智能聊天小鸡 SimSimi

① Boshmaf Y, Muslukhov I, Beznosov K, et al. The Socialbot Network: When Bots Socialise for Fame and Money [C]//ACSAC'11 Proceedings of the 27th Annual Computer Security Applications Conference. New York: ACM, 2011: 93-102.

【案例】 人工智能聊天软件 Replika

Luka是一家位于美国加利福尼亚州旧金山的软件开发公司。2016年该公司开发了一款名为Replika的应用（见图1－6和图1－7），这是一款基于人工智能聊天机器人的新型聊天工具。Luka公司将它定义为“你的AI朋友，默默学习你，最终成为你的复制品”。它不像现在市面上各大厂商的人工智能助理一样具备日常效率管理的功能，而是一幅空白的画布，没有基础知识，没有历史背景，没有任何经验，用户即是画家。只有在用户的不断训练下，它懂用户的等级才会越来越高，才能与用户有更进一步的对话。但它自然柔和、温暖贴心的聊天风格，会使用户感到像在与内心平静的自己交谈，着实是chatbot中的一股清流。除了单纯的聊天场景以外，Replika还携带了四款功能。（1）回复评分：通过输入的文字、图片得分来增加成长值。（2）人格勋章采集：通过小测试收集用户性格画像。（3）Moments（简短日记）：存储用户认为值得纪念的经历。（4）回复踩赞：通过踩赞来优化用户的Replika语料库。用户是它的训练师，但与此同时，它也在训练用户如何与人工智能进行互动。就像人们经过互联网的多年驯化，对于各种屏幕和按键已经能做出无师自通的交互行为，接下来针对人工智能时代的交互方式训练，俨然已经开始了。

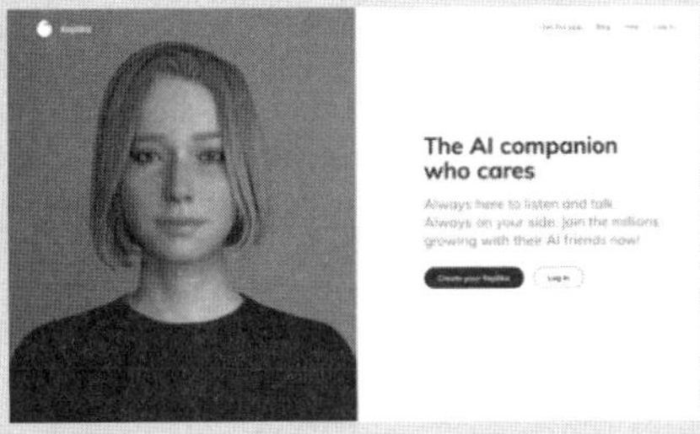

图1－6　人工智能聊天软件 Replika

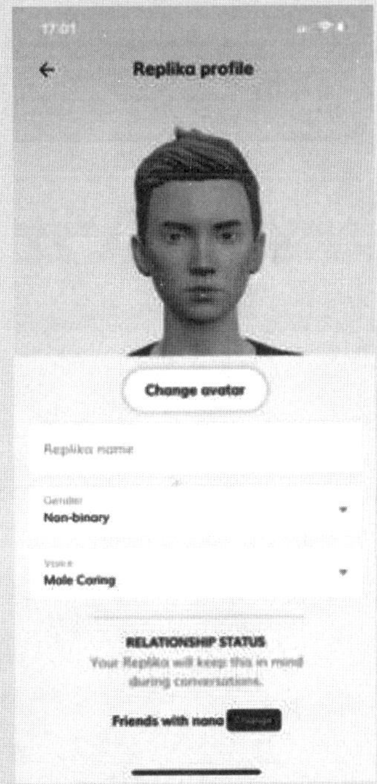

图1－7　Replika聊天机器人（用户可以根据喜好设置其性别、性格类型、人物关系）

二是关于理智与情感的讨论。在人工智能的裹挟下，理智是否会取代情感呢？由于人类之间的沟通与交流是富有感情的，因此在人机交互的过程中，人们也很自然地期望机器具有情感。这样，我们就会有另一疑问：机器可否被赋予像人类一样的观察、理解和生成各种情感特征的能力？对此，美国麻省理工学院媒体实验室（MIT Media Lab）情感计算研究组发起人罗莎琳德·皮卡德（Rosalind Picard）在多年前出版的著作《情感计算》（*Affective Computing*）里就向全世界宣布计算机可以理解人类情感，通过情感技术设计，计算机最终能像人一样进行充满情感的交流。[①] 英国自然语言处理科学家安德鲁·麦克斯泰（Andrew McStay）在《情感人工智能》（*Emotinal AI*）一书中指出，现今人工智能支持下的媒体技术越来越能够解释感觉、情绪、心情、注意力和意图，以新的方式与人们接触。[②] 那么，人工智能究竟能否拥有情感？

【案例】 皮卡德教授的人工智能情绪感知公司 Affectiva

由皮卡德参与创立的 Affectiva 是从美国麻省理工学院媒体实验室分拆出来的公司，是情感人工智能领域的先行者，其情感人工智能专利技术综合运用了机器学习、深度学习、计算机视觉和语音科学。Affectiva 创建了全球最大的情感数据储存库，分析了来自 87 个国家的 700 多万张面孔，超过 500 亿个情绪识别点数据。25%的世界 500 强公司使用 Affectiva 的技术侦测消费者与广告、视频和电视节目的交互。该公司还为全球 1 400 多个品牌提供消费者情绪分析的技术支持。2018 年，Affectiva 发布了驾驶情绪监控软件 Automotive AI（见图 1-8），它的目标是监控驾驶员的精神状态，当驾驶员出现嗜睡、过度焦虑或呈易怒状态时，自动驾驶系统会及时接管汽车，保证行车安全。

图 1-8 驾驶情绪监控软件 Automotive AI

知识窗

Automotive AI

Automotive AI 是 Affectiva 公司用于汽车的多模式车内 AI 传感解决方案，而 Emotion AI 是 Automotive AI 的基础。Emotion AI 接受了包含 700 多万张面孔的数据库训练，以识别特定的人类情绪。2018 年 9 月，Affectiva 与全球最大的语音识别公司 Nuance Communications 宣布合作，Automotive AI 将同 Nuance 的 Dragon Drive 汽车语音助手进行集成。集成后的全新解决方案将能够根据驾驶员和乘客的面部表情和声音，来识别其复杂的认知和情感状态，并做出相应调整，汽车将变得越来越聪明，且善解人意。

---

① 皮卡德．情感计算［M］．罗森林，译．北京：北京理工大学出版社，2005：1-20.

② McStay A. Emotional AI［M］. London：SAGE，2018：1-24.

目前，已有研究表明，所谓的由科学、公正、公平的大数据测量产生的传播实践远没有单纯的数字和曲线所显示的那样客观，情感则发挥了更重要的作用。因为在测量数据中，用户会感受到关于他们的身体的衡量标准，身体被反映在一种体验和情感的意义之上。① 这也意味着，自我测量往往与“机械客观性”的概念保持着距离。同样地，阿曼达·拉格维斯特（Amenda Lagerkvist）在其研究中也强调了数字的情感维度。通过对丧亲家庭的采访，她表明，在亲人去世后，社交媒体上的高分评论或回应会让人觉得是“通过数字的确认”，从而减轻了孤独感，且访客统计数字的上升可以被体验为“令人高兴”；然而，缺乏回应会被认为是残忍的。但持续的高关注度则会让人觉得“太多”，或者让丧亲者在某种程度上处于绝望的状态。②

泰娜·布彻（Taina Bucher）对社交媒体上不太明显的算法指标的情感维度进行了调查。③ 通过对媒体用户进行采访，她认为在日常接触平台和应用程序时，这些测量结果刺激了一系列不同的影响：例如，由于不断被平台按照现有的类别进行分类而产生不安甚至冒犯感、愤怒或惊奇的体验；但当算法出错并提供了一些无关紧要的信息时，人们会感到恼怒或大笑。如果界面让你想起了过去的伤害性事件（如亲人的死亡），你会感到绝望；如果算法过度展示来自你并不特别感兴趣的朋友的信息，你会感到恼火。在描绘这些反应时，布彻强调了用户对算法的认识的提高，即对“算法想象”的关注度的不断提高。这样的算法认知是与一系列情感过程交织在一起的，而不是仅仅依赖于用户的主观能动性。“技术的互动性”可能会成为一个重要的突破口。从传统媒体到社交媒体，互动性越来越成为媒介技术的一个默认状态。人工智能亦是如此，越符合人际交往的互动性，就越能提供给使用者更好的交互体验。也许未来有一天，这种互动性不仅会涉及情感，还会使得人工智能拥有人性和人格，使其更好地兼顾“理智与情感”。

【案例】 宠物型陪伴机器人 Aibo & PARO

索尼（Sony）早在1999年就已推出初代电子狗Aibo，然而初代的功能相当简单，反应僵硬，一如大众对机器人的普遍印象。随着每年不断地推陈出新，如今Aibo的功能已大幅进化，其身体拥有22个运动轴，除了可以如真实小狗般灵活行走、坐下、躺下，甚至装

① Pentzar M, Ruckenstein M. Living the Metrics, Self-Tracking and Situated Objectivity [J]. The Senses and Digital Health, 2017 (3): 1-10.

② Lagerkvist A. Existential Media: Toward a Theorization of Digital Thrwoness [J]. New Media and Society, 2017, 19 (1): 96-110.

③ Bucher T. The Algorithmic Imaginary: Exploring the Ordinary Affects of Facebook Algorithms [J]. Information, Communication & Society, 2017, 20 (1): 30-44.

死之外，鼻部更设有能辨识脸部的相机，搭配 OLED 荧幕制成的眼睛，借由眼神来传达情感（见图 1-9）。此外，Aibo 还会记录主人的行为，并在利用 AI 分析后做出回应。换句话说，随着主人和 Aibo 相处时间的增加，它会逐渐“长”出自己的性格，不再像过去一样只依循固定的模式行动。拥有“情感”的 Aibo 在日本掀起热潮，不仅销量极佳，许多“饲主”还纷纷为自家的 Aibo 开设社群账号，包下咖啡厅举办饲养交流会，有的寺庙甚至会为无法维修的 Aibo 举行超度仪式。Aibo 可以说已经成功跨越了人和机械的界限，成为许多人家中不可或缺的一分子。

初代电子狗 Aibo

如今的电子狗 Aibo

图 1-9　宠物型陪伴机器人 Aibo

由日本产业技术综合研究所研发的海豹造型机器人 PARO，拥有柔软的触感与浑圆雪白的可爱外观（见图 1-10），主要用途是陪伴安养院中的失智老人，给予他们心灵上的抚慰。PARO 身上装有触觉、声音、光、温度和姿态五种传感器，可借由这些传感器来感知人及环境的状况并做出反应，例如随着白天与夜晚光线的变化，呈现出白天时较有活力、晚上则昏昏欲睡的生理状态。它还具有学习能力，使用者在某种状况下抚摸 PARO 时，它会记住使用者的前一个动作并尝试给予相同的回应；反之，若是使用者打了它，它就会避免再次做出相同行为。PARO 已经获得相关医学认证，对于躁郁、失智等症状有帮助，且具有类似“陪伴犬”的功用，还没有活体动物咬伤人的风险，也不需训练与饲养的时间和金钱。PARO 显著的功效与方便的特性，使得许多国家政府将其纳入医疗与照看政策中。例如，在德国，使用 PARO 到家护理被纳入健康保险范围；在丹麦，也已经有 80%的地方政府因国家计划引进 PARO。目前全世界共有 4 000 只 PARO 被投入医疗照护中，日本“3·11”震灾后也曾出动 PARO 来抚慰受灾民众。

图 1-10　宠物型陪伴机器人 PARO

三是关于虚拟与真实的迷思。21 世纪前十年的后半期，技术进步赋予人工智能一种新的能力——创造。但这也带来了一个新的问题：什么是现实？什么构成了真正的人类？

【案例】 不存在的人类脸部生成网站

2019年2月创建的网站 www. thispersondoesnotexist. com，旨在提高公众对创造性人工智能的认识。每次刷新网站时，它都会创建不存在的人的照片：假的，但貌似真实的脸（见图1-11）。

图1-11 在 www. thispersondoesnotexist. com 上生成的不存在的人类的脸

这些合成的面孔，或所谓的“深度造假”（deepfake）层出不穷，已造成人们对无法区别真实与虚拟产生担忧与恐慌。比如，研究者卡佳·德·弗里斯（Katja de Vries）提出了这样的质疑：当今社会能否处理无穷无尽的深度造假？这些造假可用于政治欺骗（假新闻）、身份诈骗和网络欺凌（例如通过使用色情深度造假进行报复或勒索）。[①] 因为深度造假技术和检测技术之间的“军备竞赛”与垃圾邮件和垃圾邮件检测之间的“军备竞赛”并不一样：较新的深度造假品种不会被检测到，这使得针对深度造假的禁令只在一定程度上有效。由此，进一步产生了一个问题：如何监管具有创造性的人工智能，及其合成输出后所表达的职业和愿景？

目前，关于人工智能在区别虚拟和现实方面的争论，主要呈现出三种立场：第一，人工智能作为竞争对手；第二，人工智能作为主体；第三，人工智能作为帮助者。

首先，当人类被深度造假欺骗时，人工智能扮演了人类的竞争对手角色。但不太受公众关注的是，人工智能也可能通过生成所谓的“对抗性例子”来扮演分类机器竞争对手的角色。[②] 对抗性例子是指“攻击者故意设计机器学习模型的输入，导致模型出错，致使机器产生视觉幻觉”[③]。这样的对抗性输入包含

① De Vries K. You Never Fake Alone：Creative AI in Action [J]. Information，Communication & Society，2020，23 (14)：2110-2127.

② Szegedy C，Zaremba W，Sutskever I，et al. Intriguing Properties of Neural Networks [J]. Computer Science，2013 (12).

③ Goodfellow J，Pouget-Abadie J，Mirza M，et al. Generative adversarial nets [C]//NIPS'14：Proceedings of the 27th International Conference on Neural Information Processing Systems. New York：ACM，2014：2672-2680.

一个对人眼来说无法察觉的微小的扰动，但对特定的分类机器来说却具有重要意义。比如，医学图像中一个轻微的颜色变化就可能导致误诊；在交通标志上贴上一个小小的贴纸，就可能导致智能汽车驶出车道；而屋顶上一个位置良好的敌方图像可能会愚弄战争中的无人机，使之向医院而不是军事基地发射导弹。①

其次，人工智能将是行动的驱动主体。同样应该注意的是，主体角色的归属取决于创造者的视角，即人的观点。一个以政治欺骗为目的的政权，可能会认为自己和人工智能系统是最重要的，且人工智能系统是推动这一行动的共同主体。与此相反，政治对手可能会把中心机构归于自己，并把政权和人工智能系统描述为反对者。当人工智能作为主体时，它几乎总是会得到人类的支持：这可以是一个帮助者，也可以是一个合作者，或者是介于两者之间的任何东西。尽管“高智能”的人工智能主要依赖于无监督学习模式，这使人类摆脱了标记数据的烦琐任务，但它仍然需要大量的“数据处理”来产生有意义的东西，即需要“数据把关人”。②

最后，人工智能可以作为帮助者。人工智能可以在与人类以及分类系统的关系中扮演帮助者的角色。一个明显的例子是，在与分类机器的关系中，合成数据的产生可以增加对人类的支持，并可以成倍地增加这些系统的学习过程。比如，一个孩子不需要看到一百万只狗就可以理解什么是狗，因为他/她可以使用其想象力来创建狗的概念。同理，人工智能的学习率可以通过在训练中加入合成数据而得到指数级提高。这意味着，分类的人工智能可以变得更加强大，而且人类和人工智能能力之间的一些界限将发生变化。例如，分类型人工智能的能力是解决验证码的能力——这是区分人类和人工智能的经典图灵测试——在对混合数据进行训练后，其能力会大幅提高。因此，人工智能也可以用来加强人类对人工智能的代理。

二、从人工智能到智能媒体技术

实际上，作为新一轮全球科技革命和产业变革的核心驱动力，人工智能已经到达了可以真正走进产业并为人类服务的发展阶段，在自动驾驶、安防、医疗健康、金融、零售、娱乐、虚拟/增强现实等领域的应用也将形成新的生产力，激发新产业、新业态、新模式，成为第四次工业革命的主要推动力之一。人类社会正在飞速迈入一个由人工智能驱动的全新时代，新技术的赋能不仅在时空范畴内解放了人的身体，还使人的精神与创造力得以驰骋并不断与现实结

---

① Samuel S. It's Disturbingly Easy to Trick AI into Doing Something Deadly [EB/OL].（2019-04-08）[2021-09-30]. https://www.vox.com/future-perfect/2019/4/8/18297410/ai-tesla-self-driving-cars-adversarial-machine-learning.

② Lohr S. For Big-data Scientists，"Janitor Work" is Key Hurdle to Insights [EB/OL].（2014-08-18）[2021-10-21]. https://www.nytimes.com/2014/08/18/technology/for-big-data-scientists-hurdle-toinsights-is-janitor-work.html.

合，潜移默化地改变着传播生态与生活环境，深刻重塑着人们的生存和发展形态。本书将在第 3 章至第 9 章中对下述智能媒体技术做详细阐述。

(一) 物联网

物联网（internet of things，IoT）主要描述了被称为“物”的对象的连接网络，这些对象被嵌入了传感器、感应器、扫描器等装置和技术，并通过互联网与其他“物”进行连接和交换数据，以实现对物的智能化识别、定位跟踪、监控管理。作为新一代信息技术的重要组成部分，物联网以物与物、人与物之间的信息交互为核心，从而实现“物物相连，万物互联”的目标。物联网的应用领域十分广泛，包括家居、医疗健康、教育、金融、城市建设等与生活息息相关的领域。例如，在智能家居市场，物联网技术可以应用于建立家居智能生态系统，人们可以通过智能手机和智能音箱等对该生态系统内的设备（如照明灯具、恒温器、家庭安全系统和摄像头以及其他家用电器）进行控制。但是，物联网仍存在较大的隐私和安全问题，这需要引发大家的关注。与人工智能关联密切的物联网可以最大限度地连接世界万物，将“人的延伸”发展到极致。2021 年 7 月，中国互联网协会发布的《中国互联网发展报告（2021）》显示，物联网市场规模达 1.7 万亿元。作为物联网的基本载体，传感器在人工智能实践中充当着物理终端的角色。

(二) 传感器

在人工智能实践中，传感器包括与个人非常贴近的智能家居、智能医疗、可穿戴设备等。它不仅可以感知和回应个体生活的需求与期望，还可以在运行中记录数据，比如个人的行为轨迹和生理指标等，并以此为基础为用户提供更加智能的服务。“传感器新闻”是通过传感器获取数据信息，将之分析整合并以一定的方式融入新闻报道，进而完成“讲故事”过程的新闻生产模式。同时，它还在一定程度上扩大和丰富了信源，尤其在一些突发性公共新闻事件发生时，传感器通过即时数据处理和运算极大优化了报道效果。如今，相当一部分信息与技术公司投入了对传感器技术的研发与运用中，促进了相关技术的不断成熟与迭代；但同时，科技公司进军新闻领域，也带来了一系列亟待规范化治理的问题。

(三) 5G

在通信技术领域，5G 是指第五代移动通信技术（5th generation mobile communication technology）标准。据 GSM 协会预测，2025 年全球 5G 网络的用户将超过 17 亿。5G 之所以被称为一种“蜂窝网络”，是因为其服务区被划分为一个个地理区域，形如蜂窝，区域内的所有 5G 无线设备都将通过本地无线电波连接到互联网和电话网。5G 的主要优势在于速率高、时延低、连接广。它不仅可助力未来影像事业，为用户提供增强现实、虚拟现实、超高清视频等更具沉浸感的体验，也有助于满足移动医疗、车联网、智能家居、工业控制、环境监测等物联网的应用需求，既解决人与人通信的问题，也解决人与物通信、物与物通信的问题。总之，5G将成为助力媒体智能化转型的重要技术基础。

(四) 大数据

大数据（big data）描述了大量结构性或非结构性数据，以至于传统方法难以或不可能对其进行捕捉、管理和处理，但在新处理模式下，人们可以挖掘出更多信息资产，通过分析大数据，得出更好的决策方案和战略行动。维克托·迈尔-舍恩伯格（Victor Mayer-Schöenberger）和肯尼斯·库克耶（Kenneth Cukier）在《大数据时代》（*Big Data*）一书中指出，大数据分析指不用随机或抽样分析法，而对所有数据进行分析处理的分析方法。[①] 大数据具有容量巨大、获取速度较快、信息种类多样、价值密度低和数据真实等特征。

(五) 云计算

云计算（cloud computing）是一种分布式计算，指的是通过网络“云”将巨大的数据计算处理程序分解成无数个小程序，并通过多部服务器组成的系统对这些小程序进行处理和分析，最终将结果返回给用户。通过这项技术，人们可以在很短的时间（几秒钟）内完成对数以万计的数据的处理，从而提供强大的网络服务。[②] 云计算把大量信息数据资源存储起来，通过软件实现自动化管理，使用者可以随时获取“云”上的资源。大容量网络、低成本计算机和存储设备的可用性，以及硬件虚拟化、面向服务的架构和效用计算的广泛采用，促进了云计算网络应用的增长。

当前，智能媒体已经从一个遥远且模糊的“概念”转为随处可见踪影的“现实”，与人们的联系也愈发紧密。不管是日益火爆的虚拟现实游戏，人们每天都离不开的扫码操作，还是智能设备开机时用到的“人脸识别”，家中“会聊天”的智能音箱……智能媒体传播正在慢慢融入人们的日常生活之中。

可以确定的是，智能技术已经被应用至多种行业系统之中，如游戏、影视、设计、制造、零售、医疗、教育、艺术等。例如，在设计制造领域，智能技术的应用可以使用户以较低的成本进行模拟装配操作，不仅节省了支出，还明显提高了设计效率；在零售行业，未来影像技术与营销的结合，实现了AR看房、AR看车、AR试衣等沉浸式购物体验，促进了电子商务的发展。智能媒体还可以被应用于医疗、教育、艺术等产业领域，如医疗领域的手术仿真、模拟治疗、远程救治，教育领域的教学实验模拟操作和训练。而增强现实和虚拟现实技术也已然在艺术舞台上大放异彩。伴随着虚拟现实技术的逐渐成熟，其在未来影像相关产业的推广和应用也在加速进行。

---

① 迈尔-舍恩伯格，库克耶．大数据时代：生活、工作与思维的大变革 [M]．盛杨燕，周涛，译．杭州：浙江人民出版社，2013：123－145.

② 许子明，田杨锋．云计算的发展历史及其应用 [J]．信息记录材料，2018，19 (8)：66－67.

三、智能媒体技术对传媒业的重定向

在智能媒体应用领域，大数据和云计算等技术已被用来进行信息获取和分发，效果良好。以国内为例，智能爬虫技术在全网进行信息抓取，打造海量级的流量入口，这使今日头条等智能新闻聚合平台表现出了不可忽视的传播能力，相比之下传统新闻媒体黯然失色。同时，大数据和云计算还可以收集用户的点击与滑动行为，分析用户的需求与兴趣，甚至深层次地追踪这种需求与兴趣的转移情况。在获取足够规模的用户数据之后，用户池得以建立，在完成用户分群、模型建构的同时，可打通与其他平台之间的通道，实现数据交换和协同过滤，提升内容分发匹配度，增加用户黏性，从而带来数据利用、增值和变现的可能性。

如今，在新闻采集、生产、分发和消费的各个环节，我们都可以观察到新技术升级赋能下的传媒业所呈现出的智能化转向和技术逻辑。从机器人写作，到情绪识别、智能筛选、个性化推送，从新闻节目的人工智能主播，到娱乐节目虚拟场景再造，一个以智能化为特征的新媒介生态正在被构建起来。当前，智能媒体已不再是一个模糊的前沿性概念，而是成为驱动媒体转型和发展的根本动力。以《人民日报》、新华社、《光明日报》等主流媒体为先驱，全国各大媒体都逐步建设起以集成报道领衔的"'中央厨房'式全媒体报道平台"，在智能技术赋能下加速"融媒体"的实践征程。我们可以从以下几条线索中探索智能媒体技术对传媒业的影响，本书也将在第 8 章中对传媒业的智能化转向做详细阐释。

（一）机器人写作

机器人写作领域的研究和应用标志着人机合一、多元主体、去中心化的写作体系正在成为新闻生产的重要形态。在国外，美联社的 Wordsmith 早在 2014 年就已经为客户创造出了 10 亿多篇文章和报道，平均每秒能产生 2 000 篇。《纽约时报》（*New York Times*）的 Blossom 可以预测哪些内容具有社交推广效应，帮助编辑挑出适合推送的文章和内容，甚至可以独立制作标题、摘要文案和配图。在国内，新华社的"快笔小新"、腾讯的 Dreamwriter、今日头条在里约奥运会期间启用的人工智能体育新闻记者"Xiaomingbot"等都已受到业界和学界的认可。尽管机器人写作还处在新闻生发的第一个阶段，但其对社会生活数据的深度挖掘和系统处理的优异能力已经显现出来。

（二）无人机

无人机（无人驾驶飞机）技术的应用创新了媒体新闻采集方式，无人机目前已被用作媒体报道新闻的重要工具。首先，无人机拍摄视角独特、拍摄方式灵活，在保证清晰度的前提下可以捕捉到更大范围的画面，强化了新闻报道的真实性与客观性，为观众带来了极大的视觉冲击和直观立体感受。其次，传统的航拍主要依靠直升机进行，成本与风险居高不下，而直升机的噪声也对新闻报道质量形成了极大干扰。无人机轻便易携带，采购成本低且操作简单，画面可实时传输，进一步提高了新闻报道的时效性。最后，无人机的投入使用有效降低了记者的安全风险，在提高记者的工作效率和机动性方面发挥着巨大的作用。“东方之星”旅游客船倾覆事件、“8·12”天津滨海新区爆炸事故、深圳光明新区特大滑坡事故等突发事件中的无人机新闻报道，都是无人机在媒体报道中的应用的典型案例。值得注意的是，无人机新闻报道方式的出现无形中拓宽了新闻报道的“边界”，也引发了在新技术背景下对新闻媒体在公共事件中职责和功能问题的审视与反思。

【案例】 无人机“抗疫”

随着技术的不断进步，无人机不仅在媒体行业承担重任，在保护人民生命安全中也功不可没。在2020年抗击新冠肺炎疫情时，任务荷载可达10公斤、航程可达18公里的顺丰方舟无人机为武汉金银潭医院等多个地点运输投送了防疫物资；大疆推出无人机体温测量应急解决方案，用一根棉棒作为温度参考，将其固定在红外热成像相机视野之内，再利用额温枪对无人机的测温进行校准后即可进行体温测量；搭载摄像头、喊话器的警用航拍无人机，24小时长滞空且携带高倍变焦摄像头、热感相机、照明灯的系留式无人机等一系列新技术无人机有效规避了人与人之间的直接接触，在减少感染概率的基础上确保了信息的传播效率，覆盖面积也得到了进一步扩大，在国内外疫情防控工作中贡献出了巨大力量。

（三）虚拟现实新闻

过去新闻报道方式基本以文字、图片、音视频等语言符号为主，而虚拟现实新闻的出现使新闻不再局限于对事实内容进行传统叙事和细节陈述，而是通过还原360度全景现场，打破时空的限制，让用户沉浸于一个“仿真”的新闻场景中，从而为真实、全面、客观地表现新闻内容提供了更多技术上的可能。

此外，新闻的告知功能决定了其语言文本的叙事特性，为了便于记者写作和帮助用户迅速获知信息，新闻传播的叙事结构基本上是依循信息的重要程度从高至低排列信息且应使整体节奏紧凑连贯。尽管新新闻主义在美国兴起后，文学体裁中的写作技巧被引入新闻写作，但“倒金字塔”模式依旧是最常用也最实用的选择。事实上，这在一定程度上造成了叙事结构的单一性和传播效果的局限性。虚拟现实新闻将观众置于事件发生现场，观众不再被动接收信息，而是主动选择自己感兴趣的内容，这样的“在场感”与“交互感”的营造使新闻叙事结构被更大限度地延伸，叙事线条更复杂而且更具弹性，艺术性表达更翔实也更具质感。因此，智能技术的加入不仅为新闻的呈现方式和用户的“获得”方式带来了革命性变革，而且开创了全新的新闻形态和更具创造力的叙事新思路。未来，以多种智能应用模块赋能新闻生产，将成为新闻工作者为之努力的方向。

然而，目前运用虚拟现实技术的新闻素材在选题和画面衔接方面仍十分受限制，叙事方式也亟待调整和更新。相对而言，偏重于动态画面、视觉冲击力强的新闻内容更适于用虚拟现实技术进行表达，比如大部分娱乐节目、体育赛事或其他需要再现现场场景以辅助报道的事件类或故事类新闻，而像经济类、社科类阐释性报道并不容易发挥虚拟现实的技术优势。

【案例】 BBC新闻实验室

传感器采集、人工智能整合与写作、定制化与个性化推送等，无一不在体现着智能技术在媒体领域的深度应用。媒体智能化不仅仅是利用智能软件来写新闻稿，更意味着利用人工智能技术来分析用户数据、受众情感，甚至创建一个智能化的信息生态系统。譬如，英国广播公司（British Broadcasting Corporation，BBC）运用面部识别技术识别受众情感，通过桌面摄像头记录观看者的面部表情，就可以分析出新闻的哪部分内容触发了用户情感，或者利用人工智能技术挖掘跨平台电视观众的喜好、分析电视节目。除此之外，BBC更是着重孵化全新智能应用模块以赋能新闻生产。

BBC在2012年成立了孵化机构BBC新闻实验室（BBC News Lab），该机构专门为BBC的新闻内容生产提供技术支持，致力于提升新闻的生产效率和内容服务质量，现已涵盖了人工智能、机器学习、数据算法以及自然语义分析等多个领域。BBC新闻实验室为记者提供了类型多样的编辑工具，包括语音转文字、音频转视频、视频转GIF动图、机器翻译，以及专门负责捕获和处理UGC新闻内容的工具等。这些功能齐全、操作简便的工具极大地提升了BBC记者编辑图文和音视频新闻内容的效率，例如：具备GIF动图制作功能的Gifenator能够快速地把视频内容截取后转换成GIF动图并添加水印，然后直接迅速地上传到社交平台，响应公众的新闻内容需求。智能新闻内容聚合工具Juicer，能够自动抓取全球的免费新闻站点的新闻内容，并利用人工智能技术将新闻内容分类并贴标签，为BBC记者提供新闻素材和选题创作参考；新闻内容检索平台Window on the Newsroom能够帮助BBC记者快速检索并获得所需要的新闻素材。除此以外，BBC新闻实验室专门面向使用移动设备的年轻用户提出了“结构化新闻”项目，它旨在建立智能化的新闻生产平台，自动生成并向用户推送即时简短的日常新闻报道。当用户想要进一步了解该报道时，机器将立刻组织相关文本、图片、音视频和评论等素材，生成深度报道并呈现在终端上。

BBC希望通过优化新闻叙事的结构，拓展新闻内容的深度，让年轻人在碎片化的信息获取时代能够对新闻内容有更加深刻的理解。例如当用户希望了解新闻当中某些关键词的深层含义时，BBC的系统就会为用户弹出相关的内容解释，让用户了解更多关于新闻的背景故事。BBC新闻实验室综合利用人工智能、机器学习、大数据和语义分析等技术，并对其进行产品化和平台化调整，为BBC的新闻团队提供了一系列实用便捷的工具，切实提升了BBC融媒体新闻内容的生产效率与用户体验。

（四）新闻机器人

此外，新闻机器人的开发和应用等一系列增强受众黏性的创举，都已然成了媒体与智能技术融合的新尝试。当前，智能技术除了被广泛运用于广电等传统媒体中，与网络社交媒体的融合程度也在不断提升。在新闻信息产制方面，不仅出现了智能写稿及文字内容审核机器人，使人力从内容管理中相对解放出来，还将人工智能技术投入视频、图片等信息的处理和识别过程中。例如，脸书致力于开发识别视频中人物口型的相关技术，以分析人物语言并自动生成字幕，还可根据视频中人物的面部特征、服饰、身材、发型等识别并标记人物，方便用户日后检索。另外，图像视觉技术、自然语言技术、智能语音技术等信息识别与处理技术极大地提高了新闻的信息产制效率。

在信息传播过程中，基于用户画像的精准化，个性化信息推送得到了广泛应用，极大地提升了信息传播的精度与效度。例如，脸书将热门话题的编辑、推荐和排名全部交给算法，筛选依据是该话题的相关文章热度和帖文数量；微博则基于自身几亿用户、千亿关系和近万亿内容，描绘了一幅中国网民图谱。

【案例】 通过人机对话推送新闻的 Quartz

在用户接收信息方面，具备语音功能的聊天机器人使社交媒体变得更加“贴心”，同时也开创了人机互动的新模式。另外，用户数据的抓取及分析，也可以通过智能化技术来完成，帮助后台更加深入地了解和预测用户的心理偏向、选择意图、行为模式。例如，数字商业新闻网站 Quartz 就上线了以人机对话方式推送新闻的客户端，它会用聊天式的口吻向读者推荐个性化新闻，其互动过程完全由算法来完成。而调查显示，这样的聊天式新闻也着实大大提高了用户黏度，无论是为新闻媒体还是为社交媒体，都提出了一种全新的可能性。

第二节 传播的智能化转向

与以往人类传播活动相比，智能媒体传播有什么新特征？它创造了哪些新型传播方式与关系？

一、万物皆媒，万物互联

在智能时代，一切物都有可能变成媒介；而媒介又使得一切物均可互联，并进一步与人类相连。

数字化与智能化的社会中存在大量的媒介物，它们呈现出三种新趋势：

第一，人类社会中的媒介物越来越丰富。在每一个社会个体的周围，从手机到电脑，从耳机到智能手环，人类已经生活在媒介物的包裹中。

第二，媒介物变得越来越智能和类人。无论是苹果手机的智能助理 Siri，还是让人们在使用社交媒体时沉浸在内容之中的算法推荐，与我们打交道的传播工具仿佛具有生命活力。

第三，媒介物的更新迭代越来越频繁。一款智能手机可能两年后就会遭到淘汰，而更新换代本身已经成为理所当然之事。

在一个社会个体的身边或者身体上，存在着各种物品：文具、电子用品、衣物、装饰物、家具等。哪怕是在最简单的场景里，当代人都被数十种物品包围着。其中，有的属于典型的媒介物，如电脑、手机、平板电脑、可穿戴式电子设备，以及附属的鼠标、键盘、音箱、耳机等，它们已然成为现代人的日常陪伴物。通常，以存储、处理和传输信息为主的媒介物可以从全类物品里独立出来成为一类，与那些针对物质和能量而制造的物品有相当大的区别。因此，媒介作为“物”的存在容易被忽略，传播者只关心它所传递的信息内容，而忽略了这一渠道本身可能具有的物质性。媒介物与其他物并无二致，但却独具特色。以海德格尔的理论作为起点加以观察，它们是“用具”，同时也是“标志”。海德格尔说：“‘标志’这个词指称着形形色色的东西：不仅各个种类的标志，而且‘是某某东西的标志’本身就可以被形式化为一种普遍的关系方式……标志首先也是用具。它特有的用具性质在于显示。”①

随着媒介物越来越多、越来越智能，两个相辅相成的过程正在发生，一是媒介的物化，二是物的媒介化（见图 1-12）。一方面，媒介越来越体现为物，它不仅仅是符号的无形载体，更是有独立实体的物品或物质系统，为现代人所拥有。另一方面，大量的物开始具有了信息存储和传输的功能。可穿戴式设备，如智能手表，不仅拥有可自定义的个性化表盘，还肩负着人体健康监测的功能，同时还是手机屏幕的延展，能够显示消息通知、进行移动支付、与智能家居联动等，并且少数还有完整的移动电话功能，可以脱离手机独立使用。它拥有一套独立的嵌入式操作系统，有一个数据处理中心，需要调用通过各类传感器收集到的信息，从而成为一种具有媒介功能的物。

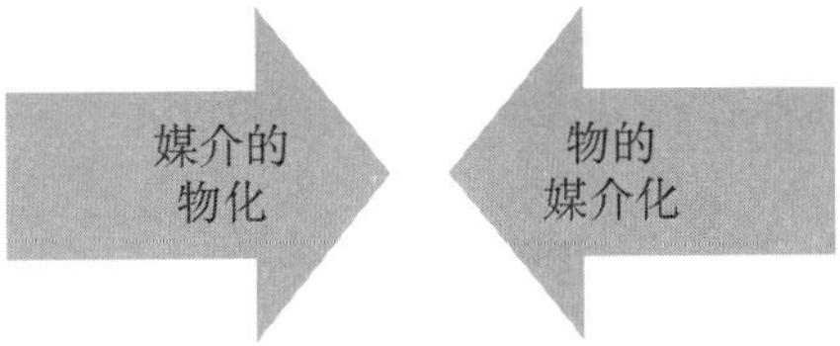

图 1-12　媒介的物化与物的媒介化

二、人机互动，人机合一

随着技术的发展，人与机器的关系在不断发生变化，人与计算机的关系问

---

① 海德格尔．存在与时间［M］．陈嘉映，王庆节，译．北京：三联书店，2014：90.

题也值得重新审视。

人与计算机等机器之间可以进行对话，这实质上也是一种传播。正如有学者指出的：

> 智能的实质就是适应性交互（不一定是自适应，还包括他适应的混合），传播是指两个相互独立的系统之间，利用一定的媒介和途径所进行的有目的的信息传递活动。传播的实质是一种信息分享过程，双方都能在传递、交流、反馈等一系列过程中分享信息，在双方的信息沟通的基础上取得理解，达成共识。把两者结合起来看，智能传播的实质就是颠覆以往的交流交互方式，包括自我、人人、人物（机）、人物（机）环境等方面，历次革命，蒸汽机、电动机、计算机（网络）、智能机、人+机，莫不如此……①

在人与计算机之间，存在着直接的模拟对话。例如，苹果设备所用的 iOS 系统附带有语音助理 Siri，用户可以通过与其对话来获知各种信息，接受各种服务。这种对话只是一种拟人化的模拟对话，它与语音识别和信息搜索整合在一起。同类对话还可能发生在人与智能音箱及其他智能设备之间。然而，人类与机器实质上的对话比以上情况要更为普遍和复杂。实际上，恰恰是通过持续不断的人机对话，计算机的各种功能才得以实现。无论是在 Word 里点击按钮，发出某种操作指令，从而改变文档的某一部分内容；还是在搜索引擎里输入关键词，获得一长串结果，并从中进行选择；抑或是在手机上按下指纹，完成一次线上支付；又或者是删掉设备中的照片、扫描一个二维码；等等：诸如此类行为，都体现了双向的传播与控制过程，这种双向的控制过程即是人机互动（human-computer interaction）。

计算机包括硬件和软件两部分，用户首先在界面中与计算机进行互动（见图 1-13），然后在应用中实现其功能。无论是界面还是应用，用户都要通过发出一系列指令来获得一系列反馈，这体现了控制论的过程。

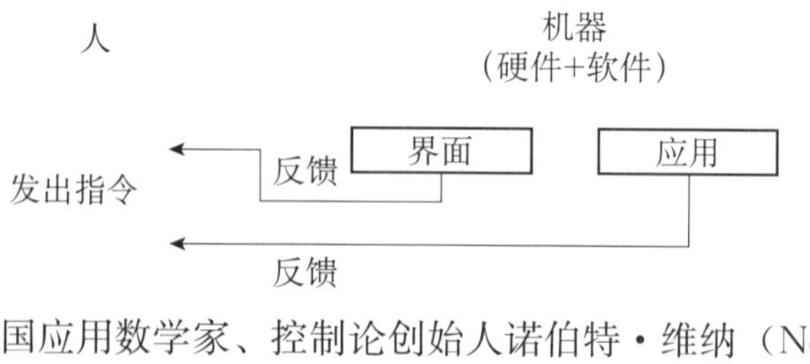

图 1-13 人机互动示意图

控制论由美国应用数学家、控制论创始人诺伯特·维纳（Norbert Wiener，见图 1-14）提出。他贡献了一个相当重要的思想，那便是“反馈”以及调整的过程。在维纳的控制论中，计算机或其他机器并不是一次性完成自己的任务，而是在获取反馈后调整自己的行为，以达成目标。这种控制论的过程，不

① 刘伟．智能传播时代的人机融合思考［J］．学术前沿，2018（24）：16-24.

就是人或其他生物体采取行动的一般性过程吗？从这个意义上讲，机器的行为和有机体具有一定的相似性。因此，我们可以把人机互动的过程理解为一种控制论的过程。

图 1-14 诺伯特·维纳（1984—1964）

目前，人和计算机不仅可以进行对话，而且呈现出了一种融合态势。因而出现了三种重要的现象：计算机的具身化、遍在化、拟人化。

具身化，指的是计算机越来越适应用户的身体。所谓“可穿戴式设备”，就是这种具身化的典型体现。在不远的未来，这些设备甚至会进入人类的身体内部。这种情况引发了传播学的理论反思。刘海龙指出，人类传播活动中一直有身体的在场，但随着新技术和新媒体的发展，身体的重要性下降，研究者才从一种空虚感中意识到身体的重要性，从而通过整合包括传播思想史、控制论、媒体考古学等在内的思想资源来重新体会它。①

遍在化，指的是计算机普遍存在于人所处的环境之中。在短短十年之前，计算机还是在特定场景下、用于特定信息和娱乐活动的工具；但现在，每个人身边都充斥着计算机或者采用了计算机系统的电子物品。这种遍在也使人更深刻地体会到了一种媒介化社会（mediated society）的存在，似乎脱离了技术媒介，人们就可能与世界失去连接。

拟人化，指的是计算机被当作类人的主体来看待。比如，语音助理会拥有自己的名字，它被想象成一个有生命之物。人工智能的机械物会被做成人形，甚至被赋予一定的生命体征。如新冠肺炎疫情期间，软银集团（SoftBank）和法国奥尔德巴伦机器人研究公司（Aldebaran Robotics）共同研发的机器人“Pepper”就被赋予了新的使命：像保安一样在机场提醒你佩戴口罩（见图 1-15）。它配备了语音识别技术以及分析表情和声调的情绪识别技术，可与人类

① 刘海龙．传播中的身体问题与传播研究的未来［J］．国际新闻界，2018（2）：37-46.

进行交流。除此之外，这种机器人还被特意画上眼睛，模拟出人的形象。机器拟人的背后，隐藏着人类渴望创造新生命或者延续生命的潜意识，同时也带来了各种伦理问题和哲学问题。

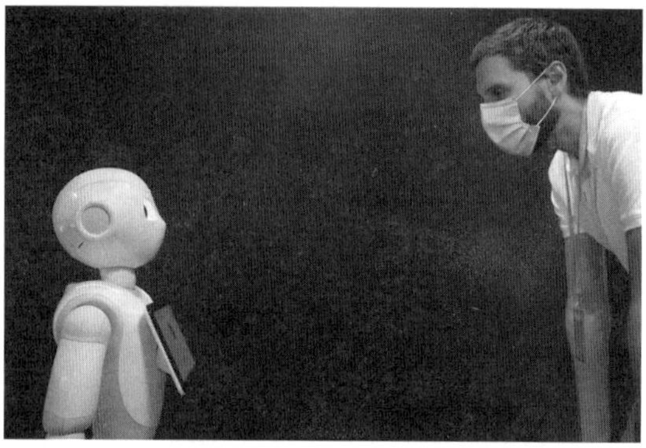

图 1-15 软银集团的机器人“Pepper”提醒他人佩戴口罩

在这种情形下，人和机器可能趋于合二为一了。一个人，若其生理功能由机械或电子装置辅助，或由此类装置独立完成，就可称为赛博格（cyborg）。该词的前半部分来源于控制论（cybernetics），后半部分来源于有机体（organism）。

赛博格的身影经常出现在各种科幻电影里。刘海龙曾通过对科幻电影的文本阐释来思考关于身体的传播理论问题，他认为“人和机器交流的困境，是由身体构造差异造成的困境”①。2019 年，电影《阿丽塔：战斗天使》在世界各地上映。它描绘了一个想象的世界，即人的身体可以被机械装置或电子设备改造。只要大脑还存在，人就不会死去，而身体的其他部位可以被置换成机械。类似的想象，在各种科幻电影和科幻小说中层出不穷。

或许有人会说：“这毕竟是幻想。”不过，风起于青蘋之末，类似的现象早已萌芽。例如，很多人体内已经有了机械装置，比如电子心脏起搏器；也有很多人安装了义肢。这已经是第一代的赛博格了。人工智能是科幻电影的永恒主题。有电影描绘了人工智能机器人对人类的反抗，甚至反过来变成了人类的主宰，难免让人不寒而栗。美国特斯拉公司的创始人埃隆·马斯克（Elon Musk）曾经警告称：不能再无限制开发人工智能了，否则，机器人反噬人类的那一天必将到来。有趣的是，他提出的解决方案是通过脑机接口拓展人类智能的控制范围。换言之，不能发展独立的机器人，但是可以发展赛博格，通过让人脑与电脑相连、人类智能与人工智能相连，来保证人的绝对控制权。

美国学者唐娜·哈拉维（Donna Haraway）在《赛博格宣言》（The Cyborg Manifesto）一文中说：“赛博格是一种控制论的有机体，是机械与有机体的混合物。它既是社会现实的产物，也是虚构的产物。”她认为，赛博格导致了三种界限的模糊：人与动物的界限、有机体与机械体的界限、身体和非身体的界限。她更认为，这种赛博格意象所代表的景象，既预示着可怖的权力控

① 刘海龙．传播中的身体问题与传播研究的未来［J］．国际新闻界，2018（2）：37-46.

制，也给女性主义、社会主义和所有反抗者带来了联合斗争的新的可能性。[①]更基本的问题是，如果出现了电影《阿丽塔：战斗天使》中的情况，人体的大部分变成了机器，那么我们是否仍可被称为人类？它究竟会带来什么样的未来？

知识窗

忒修斯之船

有一个古老的哲学故事可以帮助我们思考这个问题。忒修斯想要开船从A地到B地去，路上要航行365天，他的船只恰好也是由365个零部件组成的。忒修斯在船上准备了全套365个备用的零部件。第一天航行结束的时候，他用其中一个备用零部件，替换了船的某一部分，第二天又替换了另一个，以此类推。等365天结束的时候，忒修斯抵达了目的地，而船上的零部件也都换了一遍。最有趣的部分来了：忒修斯把换下来的零部件，在旁边又重新组建了一艘船，这艘船的365个零部件，就是出发时船上原原本本的365个零部件。两艘船并列停泊在那里，哪一艘船才是原来那艘船呢？如果一个人身上的零部件，一个个都被机器替换了，那么，这个赛博格，还是原来那个人吗？

三、万众参与，全民皆媒

随着智能终端和社交媒体的普及，当代社会进入了一个“众声喧哗”的时代。[②] 正如一句网络流行语所说：“人人都是自媒体，人人都有麦克风。”换言之，每个人都成了传播者。

其实，在日常生活中，社会中的每个个体本来就是传播者。在一场面对面的谈话中，双方都既是信息的传播者，又是信息的接收者。所以，人人都是传播者才是常态，传播者与信息接收者（或者说受众）的分化，是近代随着大众传媒的诞生才出现的。

16世纪，意大利的威尼斯出现了手抄小报，此后随着近代印刷术的成熟，以报纸为代表的近代新闻业诞生了。这也就催生了第一批以传播作为“职业”的专业劳动者，即记者和编辑。现代大众媒介使得传播者出现了三个特征，即专业化、职业化、组织化（见图1-16）。专业化，指的是传播者有了自己的技

---

① Haraway D. A Cyborg Manifesto：Science，Technology，and Socialist-feminism in the Late 20th Century [M]//The International Handbook of Virtual Learning Environments. Dordrecht：Springer，2006：117-158.

② 胡泳．众声喧哗：网络时代的个人表达与公共讨论 [M]．桂林：广西师范大学出版社，2008：20-40.

术门槛，懂得新闻采访和写作的各种技巧，也懂得相关的技术设备如何使用。职业化，指的是传播开始成为一门行当、一门职业，有人专门以此为生。组织化，则指的是这些专业人士往往附属于某个机构，与他人共同完成大众传播活动。

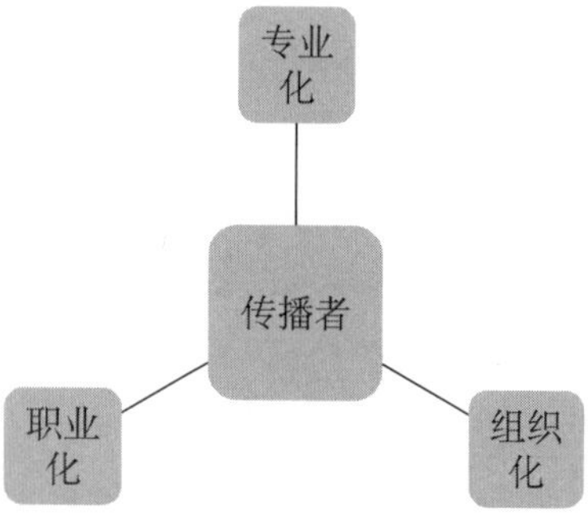

图 1-16 现代大众媒介催生出的传播者新特征

与传播者相对应的概念就是“受众”，指的是信息接收者的总和。因此，大众传播兴起后，就形成了一组二元对立的关系，即传播者与受众的关系。众多传播理论都是在默认这组关系存在的前提下形成的，比如两级传播论或者沉默的螺旋理论。

然而，互联网的发展改变了这种情形。大众传播与人际传播开始融合。例如微信这种传播工具，它既可以成为人际传播渠道，使用户可以与亲朋好友聊天，也可以成为大众传播的平台，使用户可以获取新闻，或者发出自己的声音。再如，专业新闻媒体不仅拥有自己的网站，更要在社交媒体上开设账号，跟订阅者们互动。所以，受众概念越来越不适用了，现在互联网企业普遍采用的概念是“用户”。此外，学者们也探索了各种不同的概念，如“网众”。①

与受众相比，用户概念的出现揭示了两个重要的变化。首先，信息的使用从被动变得更主动了；其次，信息的使用不是群体性的、千人一面的，而是个体化的、千人千面的。这才真正回归了人类传播的真实景况。

但这还不是最根本的变化。互联网不仅打破了大众传播与人际传播之间的界限，打破了传播者与受众之间的界限，还打破了信息生产和消费之间的界限。过去，记者写稿、编辑排版，是报纸的生产者；读者翻阅和浏览这些新闻，作为报纸的消费者存在。现在，形形色色的用户们在微博上发布帖文、浏览帖文，对它们进行转发、评论，以至于很难分清谁是生产者、谁是消费者。这种新型用户被称为“产消者”（prosumer），此概念是生产者（producer）和消费者（consumer）两个概念的结合（见图 1-17），这种生产性消费者既进行信息生产又进行信息消费，也被称为“产用者”（prouser）。②

---

① 何威．网众传播：一种关于数字媒体、网络化用户和中国社会的新范式［M］．北京：清华大学出版社，2011.

② Bruns A. From Prosumer to Producer：Understanding User-led Content Creation［EB/OL］．(2009-09-04)［2021-07-14］．http：//eprints. qut. edu. au/27370/.

图1-17 “产消者”

在社交媒体的语境下，这种情形非常普遍。例如，知乎这个网站的主体信息内容就是由一组组问题和回答构成的。这些问题是用户们提出的，对问题的回答是用户们添加的。如果把所有这些内容去掉，知乎就只剩下一个技术的空壳。

目前形形色色的互联网服务基本上都奠基于社交网络，也都依赖于产消者所做出的贡献，哪怕是技术最发达、算法最高明的互联网企业也一样。今日头条是一款国内装机率很高的新闻服务应用，正如它曾经的口号“我们不生产新闻，我们只是新闻的搬运工”所揭示的，其内容主要是依靠爬虫软件从互联网各个角落里搜集和搬运而来的新闻。如今，它已经成为最具吸引力的平台之一，大量的机构和用户都在上面开设“头条号”，主动提供各种内容。

产消者的劳动是互联网上海量内容的主要来源。互联网的内容来源可以分成三类。第一类是专业工作者生产内容，即PGC（professional generated content），例如，澎湃新闻里的绝大多数内容产品都是专业新闻人制作的。第二类是用户生产内容，即UGC，例如，豆瓣的用户在网站上发一条广播、写一篇日记、添加一个影音条目、发表一篇书评等，都是在生产内容。第三类是两者结合形成的PUGC（professional user generated content），即“准专业的用户生产内容”。例如，在哔哩哔哩网站上，有的视频上传者（“up主”）本来是一个普通用户，但他/她制作的视频内容颇受欢迎，他/她便逐渐成长为一个具有一定专业水准，并且由此获得收入的头部内容生产者，甚至还可以成立自己的工作室，以此谋生，这就是由UGC转向PUGC的典型案例。目前各大互联网企业都在大力培育这种PUGC的生产模式。

人工智能技术的进步会进一步推动这一模式的发展。以智能化的机器、技术与平台为中介，将会降低专业生产的门槛，吸引更多的用户参与到内容生产中来。这些创意汇聚在一起，就形成了“众创”（crowd creativity）的模式。

这种参与式的创造，不仅意味着普通用户能够模仿专业人士，还可能迸发出更广阔的创造力，从而改变信息和娱乐消费的面貌。此处以三个例子加以说明。第一个例子是同人写作，意指志趣相投、志同道合的人对现有的某部文学或影视作品进行“二次”写作，即用原作故事中的人物和情节设定等，重新依据自己的喜好创作一个新故事。张爱玲曾说，人生有三恨：“一恨鲥鱼多刺，二恨海棠无香，三恨红楼梦未完。”[①] 所以《红楼梦》的文学家“粉丝”们很爱给它写续集。现在，根据自己热爱的文娱作品开展创作，已经成为普遍现象。就拿小

① 张爱玲．红楼梦魇［M］．上海：上海古籍出版社，1995．

说“哈利·波特”系列来说，无论是英文世界还是中文世界，都衍生出了无数同人作品，包含各种类型、各种形态、各种风格，甚至形成了一个“文本宇宙”。

第二个例子是“虚拟偶像”。随着二次元文化的兴起，一些虚拟偶像如初音未来、乐正绫、洛天依等被创造出来。她/他们迎合了粉丝们的创造乐趣，用户可以自己写歌、编曲，让自己喜爱的虚拟偶像为自己歌唱。这是大众传媒时代无法做到的。

【案例】 虚拟偶像 Miquela Sousa

Miquela Sousa（或称 Lil Miquela）是由特雷弗·麦克费德里斯（Trevor McFedries）和萨拉·德库（Sara DeCou）创建的角色。该项目于 2016 年从开设照片墙（Instagram）个人主页开始，将 Miquela 呈现为一个 CGI 角色和模型，同时营销各种产品（见图 1-18）。作为一种营销工具，Miquela Sousa 已成功地为 Calvin Klein 和 Prada 等街头服饰和奢侈品牌的产品代言。截至 2021 年 3 月，她已拥有超过 300 万粉丝。

图 1-18　虚拟偶像 Miquela Sousa 在照片墙上的社交主页

第三个例子是社交电视，即传统电视与社交媒体深度有机融合后的产物。① 有研究结果表明，受众参与电视活动越多，他们对其喜爱的电视内容投入就越高。BBC 通过这些举措，调动受众参与，改变了传统电视独立、封闭的观看行为，为电视受众提供了多样化的选择，丰富了电视受众的观看体验。

互联网的最大创造力来自它的广大用户。智能媒体传播的作用和意义，就在于用新的工具和技术去激发这种创造力。然而，如果所有的内容都是用户们共同创造的，所有的贡献都是用户们共同做出的，那么，是否所有的成果都应该由用户们共同享有呢？在智能媒体传播的时代，我们应当努力重建“共享”的公共性文化，这可能就是万众皆媒、万众参与的意义所在。

第三节　理解智能媒体传播

对人工智能等技术应用的分析探讨是智能媒体传播研究的基础。智能媒体技术推动媒介形态发生极大变化，智能媒体传播实践正在重构着社会形态以及

① 韩霄，张磊，李智鹏. 从情感内化到表达：电视受众注意力的社交媒体平台延伸 [J]. 中国新闻传播研究，2020 (2)：158-169.

人们的认知与生活方式。在这场愈演愈烈、风起云涌的智能技术革命中，媒体发展机遇与挑战并存，智媒时代的序幕早已被徐徐拉开。

卡斯特在其著作《传播力》一书中认为，简单来讲，传播是人们通过信息交换达成的意义共享。① 无独有偶，美国著名传播学者詹姆斯·W. 凯瑞（James W. Carey）早在几十年前就提出：通过语言和其他符号形式的传递，传播构成了人类生存关系的基本氛围。由此我们可知，传播的本质是通过语言和持续变化中的媒介信息符号形式完成信息交换。随着数据科学和智能科学的发展，包括算法推荐、机器深度学习、智能语音语义识别、人机对话和人机协作、机器写作，以及大数据的内容标签化和关系画像化在内的人工智能技术和应用，将全面推动人类传播从移动社交化到智能数据化的变革，在内容生产、分发流通、渠道模式和传播价值等层面发挥创新性价值，推促人类传播形态的颠覆性变革。人工智能无处不在，它将彻底改变人类进行有效传播不可或缺的环境（场景）、对象（用户）、内容（数据）和方式（聚合），并导致传播意义变得更为模糊，效果更具不确定性。

过去，互联网让信息的采集、生产、流通与消费等变得更便捷、更快速，也更廉价。当下，面对庞杂而冗余的互联网信息，人工智能可以满足人们更高效、更智能、更个性化地使用信息的需求，换句话说，人工智能可以让信息增值。它可以被看作过量信息的滤网，而这些经过过滤、提炼、加工的信息，更容易被转换成“知识”，从而更易于理智接收和理性传播。

人工智能变革社会的浪潮袭来，技术驱动下的媒体行业正逐步走向智能化，从以广播电视为代表的传统媒体到以社交媒体为代表的网络新媒体，媒体智能化进程在逐渐深入开展。我们不禁要问：智能媒体究竟是什么？对此，国内外学界和业界尚未形成公论。理解这一概念的角度甚多，而最常见的两个切入点，一是技术，二是用户。

从技术的角度出发，智能媒体被认为由媒体、人工智能、信息技术和数据等共同构成；从用户的角度出发，常见的观点则是将智能媒体视为一种贴合用户需求的综合性媒体，它可以智能地识别用户喜好，从而在服务和信息两方面带来上佳的使用感受。

在此基础之上，有学者提出了“智能媒体化”的概念，即“以用户为中心，以满足用户需求为目的，媒体行业通过对智能技术的应用，使得媒体系统逐步具备类似于人类的感知能力、记忆，以及思维能力、学习能力、自适应能力和行为决策能力，而媒体智能化的成果就是智能媒体”②。这一定义综合囊括了用户的媒介需求和媒介的智能特性，并将智能媒体视为媒体智能化的产物。

---

① 卡斯特．传播力［M］．汤景泰，星辰，译．北京：社会科学文献出版社，2018：1－50.

② 任锦鸾，曹文，刘丽华，等．基于技术与市场视角的智能媒体发展态势分析［J］．现代传播：中国传媒大学学报，2017（10）：133－137.

依托人工智能技术，智能媒体实现了对人类传播和沟通能力的模拟，甚至是强化和扩展。在用户体验层面，智能媒体借助“神经网络＋深度学习”能力为用户提供更具人性化的优质服务，既能充分了解用户需求，又能恰当满足用户需求。

智能媒体打破了传统传播介质的界限，在移动互联网、大数据、云计算、传感器、神经科学、物联网等新理论新技术的驱动下，构建了一个对文字、声音、影像、动画等不同信息流进行整合、分享、交互传播的智能传媒系统，从而满足用户个性化、场景化、沉浸式的传播需求。可以说，智能媒体应用是社会化媒体进入深度融合发展阶段的必然要求，也是人类传播方式发生历史性变革的重要体现。智能化是媒体进化的必然趋势，智能媒体预示着“人-媒介-物”三者融为一体的发展趋势。

在智能媒体传播时代，媒体领域不仅发生了颠覆性的媒介形态转变，传播的基本模式也相应发生了从未有过的巨大变革。未来，智能媒体将构建一个庞大的“传播共同体”，每一个个体都将具备带有个性化特征的媒介属性，既是媒体内容的生产者又是传播过程的参与者，更是传播权利的享有者。在该过程中，用户的能动性和参与感被充分调动起来，网络打赏便是一个较好的例子。智能技术的赋能使得媒介与社会的融合更加深入，传播媒介所营造的“拟态环境”与现实社会更加难以区分，场景成为媒介叙事的核心要素之一。受众的概念将彻底让位于“用户”，其主观能动性将更加凸显，他们不仅成为更加积极的内容产消者，而且在大数据、传感器技术的监测下更容易成为个性特征明显、易于监控的个体。

【案例】 网络打赏

“网络打赏”是智媒信息时代的一种自主支付方式，在网络用语中是指因奖励原创内容而给作者赏钱，本质上是一种用户自愿参与的支付行为模式。在数字化和智能化信息服务场景中，用户的自愿支付模式多种多样，例如常见的网络募捐、众筹或者在网络直播中刷礼物等。在身份认同研究领域，曾有社会学家将自愿行为、价值观与身份认同结合起来，认为自愿行为是一种表达个人核心价值观的方式，并能够让人实现自我认同。作为一种自愿行为，打赏或捐款可以有效连接优质内容、用户情感与品牌信任，从而真正实现数字转化落地。

随着传统媒体数字化智能化转型的深入发展，传统的二次营销模式正在向会员订阅、自愿捐助、数字广告等多种形式结合的数字化盈利模式转变。在上述几种盈利模式中，最常见的是照搬新闻版权付费的数字订阅模式，也称作“付费墙”。这种付费模式往往以标题和导语为吸引要素，用户如果想继续阅读文章，就必须付费订阅。该模式的优点是让用户直接为新闻价值付费，更容易吸引忠诚用户，也更符合精英的阅读习惯。与之相较，网络打赏模式更倾向于鼓励用户为“情感”

和“品牌”付费，通过拆除“墙”的限制，进一步扩大阅读新闻报道的用户范围。可以说，自愿参与的付费模式更符合传统媒体在数字化智能化转型中“以生产用户关心的优质内容为根基，以优化品牌理念和影响力为导向”的逻辑需求，有利于缓解数字环境下用户、内容、渠道与盈利之间的内生矛盾。

毋庸置疑，我们即将奔赴的是高技术引领的“数字化未来”，媒体传播的智能化演进无疑是传播进程的又一次飞跃。智能媒体时代并非一场人工智能与人类之间此消彼长的博弈竞争，而是彼此促进、共生发展的协同进化。智能媒体打通了人类梦境与现实之间的障壁，从根本上提高了内容生产与消费能力，更彻底改变了媒介传播形态和当前传媒业态。它背后的阴影地带也更加需要我们进一步思考。无论是传统媒体还是社交媒体，媒体传播变得愈发智能，人工智能是否将放大人类的懒惰，激发人类无止境的欲望本能？被动的接收信息又是否会磨灭原本属于人脑的主动性和创造性？总之，高技术发展的黄金时代必然也是人文思考的黄金时代，技术的变革所带来的社会压力、伦理问题、意识的迷失以及虚拟交往带来的文化熵增也需要我们时刻深省与反思。

小结

智能媒体将在未来一段时间内持续引领人类传播的发展方向，其所开创的智能媒体景象亦将逐渐清晰地展现在用户面前。回顾人类传播技术更迭的历史，继口语、手写、印刷、电子等不同传播阶段之后，智能媒体融合了既有的语言、文字、视觉影像等的传播优势，并试图用数据、算法和连接消解虚拟与现实、人与机器以及人与人之间的距离，创造出更加适应人类发展需求的传播模式，而麦克卢汉笔下“人的意识与感官无限延伸，虚拟与现实融为一体”的预言或将成真。

被誉为“第四次认知革命”的智能技术浪潮正在全面涌入私人空间和公共领域。在智能化浪潮的作用下，传统媒体在产、制、播、发等各阶段积极转型，寻找构建智能化信息生态系统的最优路径；新兴媒体也紧抓智能传播机遇，运用自身良好的互联网基础与社交传播优势，搭载人工智能和物联网核心技术，以期实现功能延伸与结构突破。

延伸阅读

吴国盛．技术哲学经典读本［M］．上海：上海交通大学出版社，2008.
弗洛里迪．第四次革命：人工智能如何重塑人类现实［M］．王文革，译．

杭州：浙江人民出版社，2016.

皮卡德．情感计算［M］．罗森林，译．北京：北京理工大学出版社，2005.

海德格尔．存在与时间［M］．陈嘉映，王庆节，译．北京：三联书店，2014.

胡泳．众声喧哗：网络时代的个人表达与公共讨论［M］．桂林：广西师范大学出版社，2008.

何威．网众传播：一种关于数字媒体、网络化用户和中国社会的新范式［M］．北京：清华大学出版社，2011.

彭兰．新媒体用户研究：节点化、媒介化、赛博格化的人［M］．北京：中国人民大学出版社，2020.

McStay A. Emotional AI［M］．London：SAGE，2018.

思考题

1. 请谈一谈你身边的人工智能技术或应用?
2. 智能媒体技术具体包括哪些内容?
3. 媒体传播的智能化体现在哪些方面? 请举例说明。

第 2 章　智能媒体传播的特征

本章学习要点

1. 理解智能媒体传播的平台化转向
2. 了解智能媒体平台化的三个特质
3. 了解智能媒体传播的时空新特征

通过上一章的学习，我们对智能媒体传播的一些基本概念和特点有了初步的了解。在本章中，我们将从知识本身的深度以及知识与现实生活的结合的广度两方面出发，在之前较为浅显的知识的基础上，进一步探讨智能媒体传播的特征。此特征在今时今日最明显的体现，其一是“平台化”，其二是时间的无序性与碎片化，以及空间的流动性与场景化。前者不仅是当今互联网经济中的热门概念，也成为当前社会转型的关键；而后者则与人类生存的基本处境息息相关，深刻地介入了我们生活的方方面面。

第一节　智能媒体传播的平台新机制

平台利用智能技术和数据算法搭建了新的传播机制和社会生态，带来了新的商业经济模式，并对社会产生了全面的影响。平台社会的三个核心特征是数据化、商品化、选择化。我们应该如何理解这三个特征，又该如何反思？

一、数据化

荷兰学者何塞·范·迪克（José van Dijck）等人合著的《平台社会》（*The Platform Society*）[①] 一书在 2008 年由牛津大学出版社出版。该书较早关注到在全球兴起的互联网平台经济模式，并以短租平台爱彼迎（Airbnb）为例对平台概念进行了具象的呈现。爱彼迎自称是一个全世界的每个人都可以参与的短租平台，通过将全球各地的公寓租户与租客进行实时匹配，打造一个双边市场，平台所做的就是利用数据算法进行连接，以帮助有短时租房需求的用户在全球各地方便地进行房屋短租。而除了住房短租，平台已经出现在我们社会生活的方方面面：我们可以通过公共网络免费课程平台 Coursera 查找统计学课

---

① Van Dijck J，Poell T，De Waal M. The Platform Society：Public Values in a Connective World [M]. Oxford：Oxford University Press，2008.

程，加入病友社交平台 PatientsLikeMe 交换疾病信息，通过优步（Uber）呼叫出租车，或者通过脸书的帖子阅读新闻。

在布满网络通信的互联网世界中，各种平台机构已渗透到社会主流领域。互联网平台承诺提供个性化服务以促进创新和经济增长，同时又可避开烦琐的机构或行业负担。为了实现这一目标，短租平台爱彼迎通过将注册租户的信息和租客的需求信息进行数据算法上的精确匹配，实现了市场供需配齐的高效率和个性化，并在某种程度上规避了对平台内租房质量和租客合租安全问题的责任。可见，对市场中买卖双方的人与物进行统一标准的数据化管理和计算匹配，是平台低经济成本、高运营效率的一大重要原因。

无独有偶，中国外卖平台美团外卖在 2020 年因《外卖骑手，困在系统里》[①] 一文成为舆论中心。文章通过为期半年的实地调查和访谈，对外卖骑手如何在美团外卖平台上不断进行高强度劳动进行了揭露，直指平台所依赖的数据算法因不断追求高效率而忽视外卖骑手的劳动强度、劳动感受，甚至是劳动安全。这也令社会开始反思平台概念及平台关于经济福利和便捷化的承诺。

【案例】 滴滴出行：算法、数据与控制

2021 年 10 月网约车监管信息交互平台的统计数据显示，当月全国范围内网约车的总订单量为 6.3 亿单，其中滴滴出行的订单量为 5.62 亿单，市场占有率高达 89%。[②] 面对海量的用户需求以及与之伴生的海量数据处理需求，滴滴出行的数据管理和算法优化是其核心竞争力。滴滴出行研究院副院长叶杰平透露，路径规划和 ETA（预估到达时间）两项地图技术是滴滴实现最优匹配的关键。通过对滴滴出行海量的用户行驶数据进行挖掘和学习，滴滴已经围绕最低价格、最高司机效率和最佳交通系统运行效率，设计出了全新的智能路径规划算法，能够对未来路况做出准确预测，整体考虑司机未来所有可能的走法，毫秒级算出从 A 点到 B 点的最优路径。此外，此前滴滴能每 2 秒进行一次全局的判断，在快速的大量计算中，完成全局最优的智能派单。如今这一派单算法已经升级，能够基于全天供需、出行行为预测，来考虑一天之内司机整体的效率。

然而，效率、竞争力的另一面是滴滴对司机的控制。司机与车辆的位置如何，有没有偏离导航路线，订单是否异常……平台的大数据将这些信息记录得清清楚楚，甚至一定程度上过度采集司机的信息，利用“黑科技”对司机进行全程监控、录音、定位。与此同时，司机也分“三六九等”，有带车加盟、无车加盟，有公司车、自营车，有双证司机、单证司机、无证司机等分类，平台的派单也因司机身份不同而有所倾斜。互联网平台如何平衡经济效率及个人隐私是一个值得我们继续思考的问题。

---

① 赖祐萱．外卖骑手，困在系统里［EB/OL］．（2020－09－08）［2021－10－28］．https：//mp.weixin.qq.com/s/Mes1RqIOdp48CMw4pXTwXw.

② 春公子正宗．全国订单量 6.3 亿单，滴滴一家就占据 5.62 亿单，滴滴依然排名第一［EB/OL］．（2021－12－05）［2022－06－22］．https：//new.qq.com/omn/20211205/20211205A05MQY00.html.

学者胡泳等认为，判断一个企业为互联网平台，从企业和产业的角度看有四大标准。① 一是公司具有财务实力，如巨大的市值、充裕的现金或可靠的核心盈利机制；二是公司可直接接触到大规模消费者；三是公司与庞大的消费者进行深入合作，通过用户持续和富有意义的参与，获得大量有用的数据；四是公司在建立平台操作系统上有丰富的经验，这些平台操作系统由充满活力的开发者社区维护和支持。换言之，平台背后的公司组织已经对社会多数人的社会生活产生了影响。

在《平台社会》一书中，作者对当前错综复杂的世界进行了全面的分析，在这个世界中，各种平台机构的影响力已经渗透到社会的核心，如扰乱雇佣市场和劳动关系，刻意避开对自身不利的制度，改变公民的实践和社交方式，影响民主进程。该书质疑了网络平台在西方社会中扮演的角色。第一，平台机制是如何运作的？它们产生的效果如何？第二，平台如何将公共价值观融入其中，并使公众最终受益？或是相反？它分析了意识形态体系的竞争和社会行动者（市场、政府和社会团体）之间围绕地位的激烈竞争，提出了在平台社会中应该由谁来负责树立公共价值观和共同利益的标准等问题。这些都为学界和社会对平台在社会中扮演的角色进行反思提供了启迪。

不言而喻，公共价值当然包括隐私性、准确性、安全性和保密性等社会公利方面的要求，但它们也具有更广泛的社会影响，如公平性、可行性、民主管理和问责机制。这些价值观正是全球社会逐步迈入平台化，以及不同平台之间竞争的关键所在。从宏观维度看，平台化社会有三大核心特征：数据化、商品化和选择化。这三大特征也是智能媒体传播的趋势，其中“数据化”处于核心位置。

讨论平台数据化特征浮现的前提，必然是将视野投向大数据概念。如今大数据已是人们耳熟能详的概念。自《大数据时代》一书面世以来，相关著述层出不穷。人们蓦然发现，原来自己每天都生活于数据之中。例如，打车平台已然实现了乘客行为、司机评价、出行路径等的数据化。实际上，数据化特征体现在之前未被量化的社会诸多层面被逐渐量化为数据的过程之中。在这个高度互联的时代，几乎所有行为都能被追踪到。大数据分析可以将来自各种源头的追踪数据合并起来，分析出趋势并辅助业务决策，以改善客户互动体验。得数据者将赢得先机。目前各类移动应用和社交媒体工具成为可追踪信息的重要来源。智能手机定位、近场通信以及 iBeacon 等技术也让信息追踪变得更加简单。在这一情景下，社交网络中的好友也已不再是简单的好友关系，而成了具有商业价值的数据。

① 胡泳，任玲．新媒体平台环境下财经内容生产的方式与特征［J］．中国编辑，2019（9）：66－72.

知识窗

用户地理位置的数据化

用户数据化的商业价值不仅仅体现在用户的好友网络、个人爱好等方面，“地理位置”也可以成为数据并且具有无限商机。全球最大的打卡社群平台 Foursquare 最重要的功能就是让用户随时打卡、拍照上传景点。平台将这些包含着用户地理位置的打卡数据、轨迹仔细记录下来，便能够了解在某一时间、地点，用户都在做些什么事，并借此推送精准的广告。目前，星巴克、麦当劳等商业巨头都在向 Foursquare 购买这些打卡数据并据此来分析决定在哪里开新门店。Foursquare 也从一个社交平台变成了有附加价值的精确市场分析数据提供商。

快递公司优必速（UPS）也是率先把“地理位置”数据化的成功案例。他们通过每台货车的无线电设备和 GPS，精确定位车辆位置，并从累积的无数行车路径中找出最佳行车路线。从这些分析中，优必速发现十字路口最易发生意外、红绿灯最浪费时间，只要减少通过十字路口的次数，就能省油、提高安全性。依托这些数据分析，优必速一年送货里程大幅减少4 800 万公里，等于省下了 300 万加仑的油料并减排 3 万吨二氧化碳。当然，送货的安全性和效率也提高了不少。

众多案例表明，数据化不仅能够助力智能传播实现质的飞跃，同时也会带来平台利润至上、隐私侵犯等数据安全问题。对此，百度研究院熊辉表示，数据驱动的人工智能时代已经到来。他指出，数据驱动的主要特征是精细化的数据搜集导致一切事物更加清晰。百度作为一个数据驱动的公司，意在通过对数据、计算能力、算法和应用场景这四大要素的整合打造全生态数字化人工智能平台，而 Apollo 自动驾驶开放平台，精细化、个性化的百度搜索和推送平台，以及基于百度语音技术、视频处理技术的开放平台 DuerOS 等都是这种理念的具体体现。对于这样的未来趋势，我们或许可以拭目以待，同时也要对数据采集和量化分析技术保有警惕。

二、商品化

商品化是指从平台的数据流中创造经济价值，如基于大数据分析的脸书、谷歌等平台的个性化广告推送就为这些平台带来了巨大的经济效益。这种广告利用在线用户数据来标记用户，实现个性化广告推送，有助于改善投放广告与用户的相关性，进而提高广告客户的投资回报率。此外，各大互联网平台还积极与第三方数据服务公司合作，比如 Chartbeat、NewsWhip、Datalogic、

CoreLogic等，来实时监测网站流量，以创造更大的经济价值。可以说，商品化与数据化是相互联系、密不可分的。

【案例】 美团对骑手劳动的商品化

中国外卖平台美团外卖是平台商品化方面的典型案例。作为中国O2O外卖业务的头部平台，美团外卖在与百度、阿里巴巴的市场竞争中逐步发展壮大，并成为市场头部，与阿里巴巴的饿了么瓜分大量市场份额。很难想象移动互联网经过短短几年的发展，便诞生了巨量的O2O业务，并成为城市大量外来务工人员集中的行业。

学者孙萍在田野研究中发现，美团外卖骑手的工作被平台的算法系统量化为一单一单的外卖指标，并对每一单外卖的送达时间进行数据化计算，如果在一段距离内大多数骑手都在一定时间内送达，系统就会出于效率的考虑而缩短骑手的预估到达时间，以此督促骑手提高送单的速度和效率，进一步利用骑手的劳动力资源。此外，美团外卖的系统还会将每个骑手的接单指标与送单量进行绑定，并以游戏化的方式将不同的送单量以游戏等级的名字命名，试图用游戏和娱乐的形式掩盖对骑手劳动力资源的高强度使用。

值得一提的是，美团外卖平台与骑手并非传统意义上的雇佣劳动关系，而是通过一个个第三方的外包公司与骑手进行签约，并没有为骑手本身提供更好的社会保障。系统算法下的骑手为了不超时，只得被迫选择使用没有完备安全措施的电瓶车送单，还往往会超速驾驶。

这些乱象的背后，是作为平台方的美团外卖以效率和利益为第一考量，对骑手的劳动力资源进行商品化，送单越快的骑手越符合平台系统算法对于效率的期待，骑手的劳动力资源被平台不断卖给点外卖的消费者，而骑手作为劳动者的基本权益却并未得到平台的保护和尊重。

人工智能的落地还体现在传统电视行业中。比如，2013年，BBC联手英国知名广播电视创意机构红蜂媒体（Red Bee Media）为阔别屏幕两年的电视系列剧《神探夏洛克》第三季开播发布了以社交体验为中心的“人机互动”式预告片。利用WireWax技术，红蜂媒体在交互式预告片中嵌入了可点击的热点，用户可以通过点击热点无缝链接到由BBC独家提供的《神探夏洛克》第三季视频片段、拍摄花絮和幕后采访。但要想获得这些内容，用户还需要寻找隐藏在预告片中的代码来解锁。

同时，通过观看红蜂媒体制作的预告片，用户还可被导向BBC官方网站及其在脸书和推特上开设的官方账号，欣赏宣传片，并参与互动。此外，红蜂媒体还在推特上制作了互动热搜话题“#神探夏洛克复活”，为《神探夏洛克》的回归宣传造势。通过以上举措，《神探夏洛克》第三季预告片在播出后的短短一小时内产生了每秒300多次的点击量，在48小时内吸引了约50万人次观看及百万余次的标签点击量。用户的注意力和闲暇时间被流媒体平台不断商品化，并被转化为经济价值。

三、选择化

选择化可以被理解为通过算法实现内容、服务与广告的个性化，这与千禧年在市场中兴起的客制化服务一脉相承。在此方面最典型的代表即是将会在第4章被提及的字节跳动公司的今日头条。今日头条是一个完全以个性化匹配算法为核心的内容聚合平台，通过对用户的兴趣和行为进行数据画像来向用户推荐内容。可以说，今日头条通过算法匹配用户画像，将个性化的悦己商业模式发挥到了极致，其成功也从侧面证明了个性化市场的受欢迎程度。但就内容的传播而言，我们也需要注意到，在个性化选择大行其道时，虽然无处不在的网络为平台化社会提供了技术基础，但信誉体系是平台化社会的文化基础。信誉体系是平台用户通过在线社区内的评论、评分和推荐等机制形成的以声誉为基础的信任系统，这一信任系统在内容平台中成为与内容质量相绑定的一项重要标准。虽然现在各类互联网平台都设有用户评价体系，但总体还很零散，用户可以建立在个别平台中的声誉，但通常无法将这些声誉带到其他平台。随着时间的推移，在多种类型的协作消费中，聚合信誉资本的网络一定会出现。在未来的信任经济中，每个人在数字世界当中都会有独特的数字声誉和数字身份。但是，这种由个性化选择产生的信任真的可以使我们每个人在未来世界中更好地生活吗？

与此同时，数字劳工是另一值得关注的研究议题。欧洲独立开放式期刊《朝夕：组织中的理论与政治》（*Ephemera*：*Theory & Politics in Organizations*）2010年第10期第3/4卷是一期题为《数字劳工：工人、创造者、公民》（*Digital Labour*：*Workers*，*Authors*，*Citizens*）的特刊。这期特刊的文章源自2009年10月16—18日在加拿大西安大略大学举办的“数字劳工：工人、创造者、公民”会议。与会者除了有来自加拿大、美国、英国、法国、意大利和新西兰的学者，还有来自加拿大和美国各行各业工会的代表。被选取的23篇文章基本集中了彼时数字劳工理论研究中的一些热门概念：不稳定（precarious）、免费劳工（free labour）、非物质劳动力（immaterial labour）、信息劳工（information workers）、知识劳工（knowledge labour）、创意劳工（creative labour）、数字消费型生产（digital prosumption）、信息资本主义（communicative capitalism）、知识社会（knowledge society）、知识资本主义（cognitive capitalism）等。这些与数字劳工研究密切相关的概念之间存在着相互联系、冲突与补充的关系。

其中，当前有关数字劳工的研究主要发展为两个方向：以专业数字从业者为主要研究对象，和以生产性消费的数字从业者为主要研究对象。前者延续马克思政治经济学早期对创意劳工的狭义理解，倡导关注数字产业专业劳工的日常工作生活体验，比如高科技产业中的工程师，从而批判资本在新领域的积累对专业劳工的劳动价值的剥削。后者起源于达拉斯·斯麦兹（Dallas Smythe）的受众商品论，受众商品论源自自治主义马克思主义学派的非物质劳工概念，关注以互联网用户为代表的生产性消费劳动者。

第二节　智能媒体传播的新时空

在智能媒体传播中，人类生存的基本处境，即时间和空间的状况，发生了什么变化?

一、时间的无序性与碎片化

孔子说："逝者如斯夫，不舍昼夜。"这里描述的是时间的线性流逝。在智能媒体传播时代，时间及人类围绕时间发生的实践产生了一系列变化，值得认真考察。

通常，时间被认为是一种客观存在，它以单向、线性的方式往前匀速行进，有过去、有当下、有未来，不以人的意志为转移。但是，在当下的数字时代，现代人却有一种时间"加速"行进的感觉，经常觉得"时间不够用"，甚至进入时间焦虑的状态。

一种简化的理解是这样的：客观的、真实的时间是匀速行进的；但是，人类的时间实践（见图2-1），也就是标记和度量、使用和感受时间的方式，却发生了变化，从而造成了这种"加速"感的出现。这与当前人类的政治经济状况相关，也与互联网的普及有关。[①]

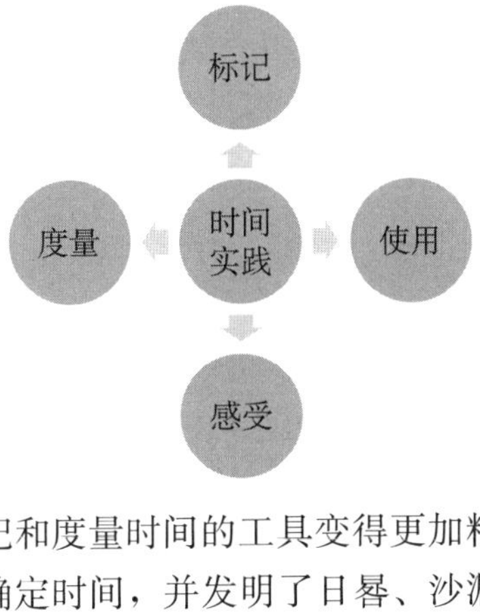

图2-1　时间实践

互联网使得我们标记和度量时间的工具变得更加精确。古时候，人们依靠天文观测和自然手段来确定时间，并发明了日晷、沙漏、香篆等计时工具。后来，有了机械时钟、石英时钟、电子时钟、原子时钟，有了国际标准时间，有了全球协调一致的时间比对系统。如今，全球可以共享一个时间基准，它的误

① 张磊．社会减速与媒介时间性［J］．全球传媒学刊，2020，7（2）：4-20．

差在1秒以内。随着互联网与卫星的加入，随着自动化与智能技术的发展，全球的时间协调、守时和授时已经构成了一个精密的系统。在中国，以北斗导航卫星系统为主的星基授时，与地基授时一起构成了无线系统，而互联网和电话则构成了有线系统。这些系统与媒体的基础设施在很大程度上是重合的。

社会中的每个个体都需要一个基准时间。在时钟时代，人们用机械手表或电子手表来计时，它们是一个一个独立的计时器。为了保证能够跟其他人的时间同步，常常需要“对表”，或者找一个标准来对时，比如广播或电视的准点报时。在移动互联时代，很多人的计时工具就是自己的手机，也有人佩戴与手机相连的智能手表。一个普遍的社会现象是，自此人们再也不用对时了，因为计时器会自动从服务器中获得标准时间。当代人使用的计时终端与媒介物联系得越来越紧密。

总之，在智能传播时代，对时间的标记和度量更加数字化、自动化、精确化，人类由此可以自由同步时间。

不过，人的交流就因此而同步了吗？不一定。在视频网站观看电视剧的时候，用户们可以发弹幕，还可以彼此回应，看上去似乎是在同一个时间进行交流，但它其实是不同步的，因为视频内容是提前拍摄制作好的，并不是与弹幕内容“实时”出现的。这种“时间基准同步，但是交流时间异步”的状况带来了更强的复杂性，原有的时间秩序被打破了。

人类对时间的使用和感受，存在三个重要变化：第一，劳动时间的延长化；第二，时间管理的科学化；第三，时间使用的碎片化。

第一个变化是劳动时间的延长化。乔纳森·克拉里（Jonathan Crary）指出，资本主义的不断扩张形成了一种24/7的体制（即一天工作24小时、一周工作7天），以至于只有睡眠才是最后一道防线，而这道防线也摇摇欲坠。[①] 2019年初，有的中国互联网公司希望员工实行“996工作制”，即早上9点上班、晚上9点下班、每周工作6天。这引发了舆论的热议，有的人说，这不是现代版“半夜鸡叫”的故事吗？的确，通过延长劳动时间，劳动者能创造更大的价值，资本家就能获得更高的利润。不过，现代社会的资本家不再像过去那样简单粗暴，而是采用了更隐蔽、更巧妙、更系统的方式来延长和增加劳动时间。比如，“灵活雇佣制”允许劳动者自主安排工作时间，甚至工作地点，只要按时完成任务就行。这看上去是一件好事，但它不是把一天24小时都变成了可能用来工作的时间吗？再比如，各种“心灵鸡汤”都在传达一种理念，那就是“只有勤奋工作才能取得成功”，这就把“浪费时间”变成了一件令人自责的事情。此外，各种信息传播媒介也参与到了这个系统中。例如我们都使

① 克拉里.24/7：晚期资本主义与睡眠的终结［M］. 许多，沈清，译. 北京：中信出版社，2015：64-68.

用的微信等即时通信软件，它给我们带来了便利，也形成了新的社会网络，与此同时，它还成为新的劳动工具。我们可以用它来进行工作洽谈、文件传输、团队合作、信息传播，而这些活动，很多是在通常的工作时间之外进行的。因此，劳动时间的延长，是我们在不知不觉间完成的，甚至成为我们自觉自愿的事情。

第二个变化是时间管理的科学化。因为劳动压力越来越大，而劳动时间又不断扩展到每一个时刻，所以，现代人希望对时间进行更精细、更科学的管理。“截止日期”（deadline）的形象翻译是“死线”，它标记着人必须完成某项任务的截止时间。许多人因为“截止日期”而焦虑，“拖延症”现象越来越严重。其实，没有必须完成任务的压力，又怎么会有拖延现象呢？因为有压力，所以人们想通过做一些与任务无关的事情来缓解压力，从而产生了拖延；因为拖延，所以心中负疚，压力就更大。这就形成了一个焦虑的循环。为了克服拖延，人们也发展出了一些科学的时间管理方法，比如“番茄工作法”，以每半个小时作为一个工作时段，通过精细化的方法来增强自律，克服拖延。各种时间管理软件也应运而生，帮助人们成为更像机器的劳动者。智能手机成为时间管理的重要用具，手机上的日历软件通过用户主动输入和自动获取其他软件的信息，能够把各项必须完成的任务整合在一起，形成一个“截止日期”的大汇总。未来，随着人工智能的发展，甚至可能会有一个随身的智能秘书或智能助理随时提醒人们留意尚未完成的工作。

第三个变化是时间使用的碎片化。随着时间管理越来越科学、越来越精细，人们的时间段也被划分得越来越细致，这就是所谓的“碎片化时间”。这种时间使用并不是现代才出现的。欧阳修在《归田录》中谈到自己构思文章多半是在“马上、枕上、厕上”，也就是在赶路的交通工具上、在临睡前的床上，甚至是在使用卫生间的时候。这与当代的“碎片化时间”有异曲同工之处。然而，现代人往往不是在沉思或创作，而是在地铁上看一集电视剧，在临睡前刷刷抖音，在卫生间里打一局游戏，等等。智能手机则与碎片化时间建立了最紧密合拍的关联，它是移动性的、随身性的，又可以通过联网不断给用户提供新的信息和娱乐活动。对于手机应用的开发商来说，碎片化时间成为需要争夺的对象，而“短平快”也成为手机应用设计的基本思路。由此，当代人的生活节奏也与此种时间状况、媒介状况嵌合在一起了。

这也正是当代社会在加速的原因。时间的标记和度量越来越精确，全球时间在同步，但人们的交流却不见得如此。资本家希望劳动者工作更长时间，劳动者却总想要逃避。劳动时间被延长到24小时，工作中充斥着各种“截止日期”。人们一方面想要对时间进行科学管理，另一方面又陷入各种碎片化的时间中。每个人都似乎越来越“忙”，所以才会有时间加速的感觉。不过，德国哲学家韩炳哲（Byung-Chul Han）认为，实际上，不是时间在“加速”，而是时间变得无序化、不良化。他提出了一个叫作“凝思生命”的概念与之对抗。[①]简单来说，在智能媒体时代，我们要学会放下手机，让大脑有时间去放空一下，也认真思考一下。

二、空间的流动性与场景化

山高路远，鸿雁传书。空间是人类传播面临的最大障碍之一。今天，随着现代媒介、互联网和智能媒体传播的发展，空间障碍似乎被消除了，然而实际情形并非如此简单。互联网和智能媒体与当代空间状况均处在变动之中，本部分将讨论两个相关话题，一是空间的流动性，二是空间的场景化。

现代社会发展出的两个系统，对于空间距离的消除起到了重大作用。一个是交通系统，比如火车、汽车、轮船、飞机，它使得人们可以在短时间内跨越千山万水，人类自身和生产的物质产品能够被迅速移动到远处。另一个是通信系统，包括电报、电话、大众媒介、移动通信和互联网，它使得人们能够即时传递各种信息，也拉近了人们的距离。因此，麦克卢汉认为全球已经“缩小”成一个村落，他称之为“地球村”。[②] 无论在英文中，还是在中文中，这两个系统都曾经使用同一个名称——英文的“communication”和中文的“交通”，都兼具两方面的含义。

当前，人类对于速度的追求近乎无以复加：高铁的时速可以超过 300 公里，磁悬浮列车的时速甚至能达到 600 公里，而超音速飞机的时速可以达到上千公里。信息传播也变得更加快捷，5G 的传输速度最高可达到 20Gb/s。空间已经不再是最大障碍。

身处这种空间中的人拥有了前所未有的“流动性”，或者说“移动性”(mobility)。它似乎给人们带来了前所未有的福利，人们可以上天入地，可以到从未去过的地方见识异域的美景和秘境，也可以与全世界各地的人进行交流。然而，这种移动性不是平均的。有些人比另外一些人拥有更强的移动性；而有的移动性只是幻觉而已。

第一，移动性是有社会结构性差异的。无论是在阶级方面，还是在族群或性别方面，优势社会群体总是比弱势群体拥有更强的移动性。简单来说，收入越高，移动可能性就越大。

第二，移动性是媒介化的。古代人说：“秀才不出门，便知天下事。”这是借助书籍和文字媒介进行的。有了现代媒介之后，电视打开了面向世界的一扇窗。在互联网时代，人们更是可以坐在家里“周游列国”。

第三，移动性并不一定会拉近人与人之间的距离。正如海德格尔所说：“人类在最短时间内走过了最漫长的路程。人类把最大的距离抛在后面，从而

---

① 韩炳哲．时间的味道［M］．包向飞，徐基太，译．重庆：重庆大学出版社，2017：177－183.

② 麦克卢汉．理解媒介：论人的延伸［M］．何道宽，译．北京：商务印书馆，2000：22.

以最小的距离把一切都带到自己面前。不过，这种对一切距离的匆忙消除并不能带来任何切近，因为切近并不在于距离的微小。”①

媒介让我们可以跨越界限进行交流，但这种交流中可能存在新的阻碍。比如，身处异地的恋人们可以通过手机的视频通话进行交流，但却无法四目相望、含情对视，因为摄像头处于屏幕上方边缘，当用户在看着摄像头时，就看不到对方的眼睛了。即使两个人真的见面了，处于同一个空间里，也仍然被媒介阻隔。互联网上流行的一句话“世界上最遥远的距离，不是生与死，而是我就坐在你面前，你却在玩手机”，讲的就是此种情形。

除了空间的流动性和人的移动性问题，空间的场景化也值得思考。我们可以把空间分成四个维度：地理空间、社会空间、媒介空间和想象空间。地理空间，指的是地理学意义上的位置，例如处于特定经纬度或海拔。这一地理空间可以被具体命名，也可以在地图上被标示和绘出。社会空间，指的是人的活动介入地理空间之后形成的基于社会关系的空间状况。在此空间中，人的关系与位置、距离、人的移动有密切的关联，空间遵循着社会规则。媒介空间，指的是人借助媒介，在所处地理空间和社会空间之外所连接的另一重空间。例如，当用户在观看慕课视频的时候，互联网媒介及其终端就把用户所处的观看空间与教师所处的演讲空间连接在一起了。媒介空间还常常被称为虚拟空间。想象空间，则是人们在脑海中形成的另一重空间。它可能源自当前的地理空间、社会空间与媒介空间，也可能和它们完全无关。当人们处于逼仄的陋室、拥挤的地铁、偏远的乡村时，想象力也可以驰骋在浩瀚的宇宙之中。

场景化就是在多重空间的基础上形成的。简单来说，基于地理空间和社会空间，每个人都处于一个场景之中，而媒介可以根据场景提供相应的信息、娱乐和服务，嵌入这个场景，进一步改变这个场景。

场景化的实现依赖于多项新的技术和工具，主要包括移动设备、定位系统、传感器、社交媒体和大数据技术。例如，如果用户的手机开放了所有的信息获取权限，那么移动社交应用的服务者就可以通过手机卫星定位，了解到用户所在的地理位置以及移动状况；同时，还有可能通过用户发布的帖子了解其具体行动。那么，服务者就可以基于所掌握的数据，向用户推送与其距离最近的新闻、商品和服务信息。这就是根据场景所进行的信息推送。目前，对用户所处场景的了解还处于比较粗略的阶段，通常只能确定两个因素：第一，用户所处的地理信息，从而判断用户在地图上的位置；第二，用户处于家庭场景、工作场景、移动场景和公共场景这四类场景中的哪一类。

要进行更精细的了解，就需要获取更多数据信息，对用户进行精确画像。用户画像的典型流程是：第一，获取用户的基本特征、用户所处的时间和空间位置；第二，了解用户在这个场景中的关系和行为；第三，理解用户的需求、情

① 海德格尔．物［M］//孙周兴．海德格尔选集．上海：上海三联书店，1996：1165－1187.

绪和习惯。只有满足了以上三点，才有可能为用户提供精确的场景化媒介产品。

总之，在智能媒体传播中，空间的流动性、人的移动性日益增强，但这能否真正拉近我们之间的距离？空间的场景化日益得到重视，但它能否真正实现？这些还是未知数，值得继续探索与讨论。

小结

本章的理论脉络事实上可被理解为客观现实和主观感受两条主线。从客观角度讲，智能媒体传播的最大特征之一，或曰其对社会的最大影响之一，即是“平台化”以及与之对应的“平台社会”。平台社会的三个核心特征是数据化、商品化、选择化。数据化是网络平台运营降成本、提效率的关键；商品化是指从平台的数据流中创造经济价值，若就达拉斯·斯麦兹的“受众即商品”等类似的论调而言，当下的平台社会用户正在被数据化，可称“数据即商品”；选择化可以被理解为通过算法实现内容、服务与广告的个性化，这一核心特征将我们引领到了算法、数字劳工等媒介研究的热门话题。进而言之，与平台社会这一比较明显的客观现实特征相比，时间和空间上的主观感受则相对难以被意识到。理解当下时间的无序性与碎片化，以及空间的流动性与场景化，需要我们引入历史化的视角以古鉴今，也需要我们培养对无处不在的“媒介”的敏感性，或曰“万物皆媒”意识。

延伸阅读

梅罗维茨．消失的地域：电子媒介对社会行为的影响［M］．肖志军，译．北京：清华大学出版社，2002.

麦克卢汉．理解媒介：论人的延伸［M］．何道宽，译．北京：商务印书馆，2000.

克拉里．24/7：晚期资本主义与睡眠的终结［M］．许多，沈清，译．北京：中信出版社，2015.

迈尔-舍恩伯格，库克耶．大数据时代：生活、工作与思维的大变革［M］．盛杨燕，周涛，译．杭州：浙江人民出版社，2013.

Van Dijck J，Poell T，De Waal M. The Platform Society：Public Values in a Connective World［M］．Oxford：Oxford University Press，2018.

思考题

1. 与以往的传播形式相比，智能媒体传播有哪些新特征？如何理解这些特征?

2. 结合生活实际，阐述在智能传播时代，人类的时空实践发生了哪些具体变化。

3. 有人说，在智能技术主导下，智能化的“拟态环境”将会对人类社会产生负面影响，如机器智能取代人类思维、工具理性超越价值伦理等。你如何看待这一说法？在媒体发展过程中，我们如何避免这一结果的出现?

4.《平台社会》一书举了哪些例子，以说明平台机构影响力渗透到了社会核心?

5. 请简述平台社会的智能新机制有哪些，分别有什么特点。

第二部分

智能媒体的技术应用

本书的第二部分介绍了智能媒体在技术领域的应用和影响，并分为三章进行阐述。技术的发展推动着媒体形态的发展，自媒体融合开始以来，媒体从原来的独立、割裂的发展模式逐渐转向了不同层面的合作，平台发展与制度也实现了更深层次的融合。随着智能媒体技术和虚拟现实、增强现实、全息影像等未来影像技术的进步，融媒体逐渐开始了智能化的转向，并在技术领域不断进行探索。

第 3 章介绍的是虚拟现实的发展历程以及与现实产业结合后的相关衍生，并分为三个部分展开阐述。第一节梳理和追溯虚拟现实的历史发展进程，基于虚拟现实的数字化服务围绕不同类型的场景渗透到了人们的日常生活中，并产生了颠覆式的影响。第二节对于虚拟现实的衍生即增强现实展开阐述，介绍了增强现实相关的理论和概念。第三节从理论走向实践，介绍了虚拟现实在产业层面的应用，以此帮助大家更形象地认识虚拟现实。

第 4 章主要围绕未来影像展开介绍，分为三个小节。第一节阐述了“何为未来影像”这一主题，并对影像传播的发展进行梳理。第二节则关于未来影像呈现出的三个主要特征，即沉浸感、在场感以及互动感，从传播的效果角度描述了未来影像的主要特点及其对于用户体验的影响。第三节展开了对未来影像的未来即全息影像的概念和应用的介绍。

第 5 章对 5G 这一颠覆性技术展开研究。通过介绍 5G 技术的发展现状、技术特性和技术赋能解决了“5G 是什么”这一基本问题后，再以一系列案例及相关阐释介绍了 5G 在媒介产业的多样化应用。通过本章的学习，5G 对传媒产业信息传播方式的深刻影响就一目了然了。

第 3 章　虚拟现实

本章学习要点

1. 了解虚拟现实的发展进程
2. 了解增强现实
3. 从产业角度了解虚拟（增强）现实

上一章我们学习了智能媒体传播的特征以及技术应用，那么这一章我们将带领大家进入虚拟现实的世界。人们口中经常谈论的虚拟现实究竟是什么？它包含了哪些具体技术？当它进入传播领域，又带来了哪些转向和变革？虚拟现实技术的未来发展方向是怎样的，会有哪些具体应用？

第一节　虚拟现实的发展进程

VR 是英文“virtual reality”的首字母缩写，翻译成中文是“虚拟现实”，通俗地讲就是运用技术创建和模拟一个同现实无限接近的虚拟仿真系统。虚拟现实作为未来影像传播的一门技术，其技术发展历史从 20 世纪初开始。我们可以把虚拟现实的历史发展进程分为六个阶段。

一、20 世纪 60 年代以前：模糊幻想阶段

在这个时期，虚拟现实的概念主要还是以模糊的文学幻想形式存在于文学和影视作品中。

美国作家埃里克·戴维斯（Eric Davis）将虚拟现实称为“角色、物体、图像在炼金术师的颅内幻想中律动”[①]。法国剧作家阿尔托（Antonin Artaud）的著作《残酷戏剧：戏剧及其重影》（*The Theatre and Its Double*，1938）称“虚拟现实”（réalité virtuelle）为戏院，并认为在几乎所有炼金术书籍中发现的对物质及戏院的永恒隐喻都应被理解为对身份的一种表述，而这种表述存在于角色、图像中，大体构成了戏院致力于打造的虚拟现实和炼金术符号进化的

① Davis E. Tech Gnosis：Myth，Magic，and Mysticism in the Age of Information [M]. Berkeley，CA：North Atlantic Books，1998：58 - 60.

纯虚构和虚幻的世界。①

而小说中最为著名的是英国作家阿道司·伦纳德·赫胥黎（Aldous Leonard Huxley，见图 3－1）在 1932 年推出的长篇小说《美丽新世界》（*Brave New World*）。这本小说以 26 世纪为背景，描绘了在机械文明的未来社会中人们的生活场景，里面提到“头戴式设备可以为观众提供图像、气味、声音等一系列的感官体验，以便让观众能够更好地沉浸在电影的世界中”，其中的“设备”就预言了如今的 VR 可穿戴头盔。

图 3－1 阿道司·伦纳德·赫胥黎（1894—1963）

知识窗

赫胥黎和《美丽新世界》

阿道司·赫胥黎少时就读于伊顿公学，后毕业于牛津大学贝利奥尔学院。他以小说和大量散文作品闻名于世，也创作短篇小说、游记、电影故事和剧本。通过他的小说和散文，赫胥黎充当了社会道德、标准和理想的拷问人，有时候也是批评家。赫胥黎是一个人文主义者，但是在晚年也对通灵题目如超心理学、哲学和神秘主义感兴趣。在人生的最后阶段，赫胥黎在一些学术圈被认为是现代思想的领导者，跻身当时最杰出的知识分子行列。他在 1932 年创作的《美丽新世界》让他名垂青史。

《美丽新世界》的故事背景设在福特纪元 632 年（即遥远的未来 2532 年）的人类社会。小说主要刻画了一个距今约 500 年的未来世界，物质生

① Weber S. “The Virtual Reality of Theater”: Antonin Artaud [M]//Theatricality as Medium. New York: Fordham University Press, 2004: 277－294.

活十分丰富，科学技术高度发达，人们接受着各种安于现状的制约和教育，所有的一切都被标准化，人的欲望可以随时随地得到完全满足，享受着衣食无忧的日子，不必担心生老病死带来的痛苦。然而在机械文明的社会中却无所谓家庭、个性、情绪、自由和道德，人与人之间根本不存在真实的情感，人性在机器的碾磨下灰飞烟灭。

而对于虚拟现实的“沉浸式”体验的描述最早出现于1950年，美国科幻作家雷·道格拉斯·布莱伯利（Ray Douglas Bradbury，见图3-2）在小说《大草原》（*The Veldt*）中提到虚拟现实旅游片段，其中描写了一座叫作“Happy life”的房子，房子里面装满各种各样的机器，这些机器能让孩子仿佛置身于非洲大草原，并能获得真实的感觉，即今天所说的“沉浸感”。书籍本质上也是早期承载人类对于虚拟现实的构想的容器，通过文本连接媒介和精神世界并构建了无限的想象空间。人类对于未来总会充满奇思妙想，并将对科技发展的畅想寄托于文学或科幻艺术作品中，等待在将来某一天真正实现理想中的“乌托邦式的大同社会”。人类社会从未停止过探索未来科幻世界的脚步。

图3-2　雷·道格拉斯·布莱伯利（1920—2012）

二、20世纪60年代左右：萌芽发展阶段

1956年电影摄影师莫顿·海利希（Morton Heilig）制造了第一台VR机Sensorama（于1962年获得专利），它结合了多种技术，如全彩3D视频、音频、振动、气味和大气效果等，以此来激发所有感觉。这是历史上第一套多感知仿环境的虚拟现实系统，由此开拓了虚拟现实脱离文学作品的幻想走进现实科学的道路。

1963年，科幻小说家兼发明家雨果·根斯巴克（Hugo Gernsback，见图3-3）

在《生活》(*Life*) 杂志的一篇文章中探讨了他的发明——teleyeglasses：据说这是他在 30 年以前所构思的一款头戴式的电视收看设备，这种设备重约 140 克，给人的每只眼睛都配有一个独立的屏幕，可以显示立体图像——很像今天的 3D 虚拟现实眼镜。这款设备使得 VR 头戴设备有了更加具体的名字：teleyeglasses。这个再造词的意思是这款设备由电视、眼睛、眼镜组成。虽然它与今天所说的虚拟现实技术还有很大的差别，但是已经在这个领域埋下了种子。

图 3-3 雨果·根斯巴克（1884—1967）

知识窗

雨果·根斯巴克

根斯巴克是卢森堡裔美国发明家、作家、杂志出版商，最著名的成就包括创办了第一本科幻杂志《惊奇故事》(*Amazing Stories*)。他对出版界的贡献巨大，与儒勒·加布里埃尔·凡尔纳（Jules Gabriel Verne）和赫伯特·乔治·威尔斯（Herbert George Wells）一起被称为“现代科幻小说之父”。为了纪念他为科幻小说做出的贡献，世界科幻大会的年度最佳奖项被命名为“雨果奖”。根斯巴克也被认为是业余无线电的先驱。

到了 1965 年，计算机科学家、计算机图形学之父伊凡·爱德华·苏泽兰（Ivan Edward Sutherland，见图 3-4）描绘了虚拟现实的蓝图，提出了感觉真实、交互真实的人机协作新理论，并在 1968 年开发了一款终极显示器——“达摩克利斯之剑”（见图 3-5）。从图片来看，“达摩克利斯之剑”跟今天的 VR 头显很像。但受制于当时的技术条件和环境，它仍有很大的缺陷。

图 3-4 伊凡·爱德华·苏泽兰 (1938—)

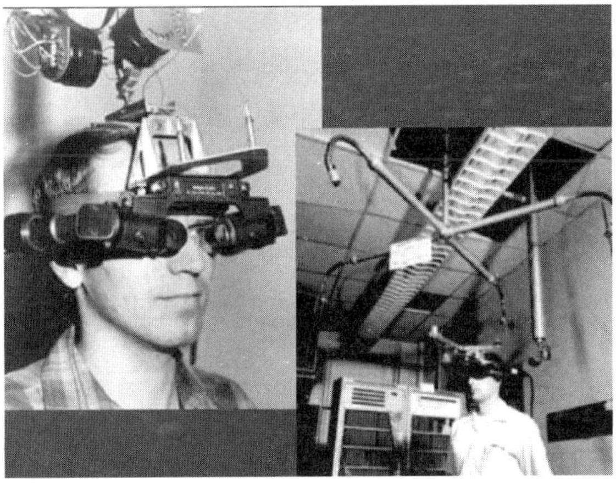

图 3-5 “达摩克利斯之剑”

三、20 世纪七八十年代：理论的雏形和概念的产生

“虚拟现实”一词最早出现在 20 世纪 70 年代，是由迈伦·克鲁格（Myron Krueger）创造的，他也被认为是第一代虚拟现实和增强现实的研究人员之一，并为后来的虚拟现实研究奠定了基础。

在 20 世纪七八十年代，西方掀起了虚拟现实的科技热潮。在这个时期，1972 年通用电气公司生产了一种飞行模拟器，被应用于飞行员培训中，训练者能够借助这款机器感受到“沉浸感”。1982 年由史蒂文·利斯伯吉尔（Steven Lisberger）编导的美国科幻动作冒险片《电子世界争霸赛》（*TRON*）第一次通过影视作品呈现了虚拟现实，并对后来的虚拟现实主题影像作品产生了深远影响。

1986 年，“虚拟工作台”的概念被提出，杰伦·拉尼尔（Jaron Lanier，见图 3-6）和他的公司 VPL 研究公司（VPL Research）开发出了第一款被广泛使用的头戴式可视设备（head mount display，HMD）EyePhone 和触觉输出设备数据手套（见图 3-7）。拉尼尔从多个角度总结了现代科技意义上虚拟现实的定义，也因被称为“虚拟现实之父”而载入史册。

图 3-6 杰伦·拉尼尔（1960— ）

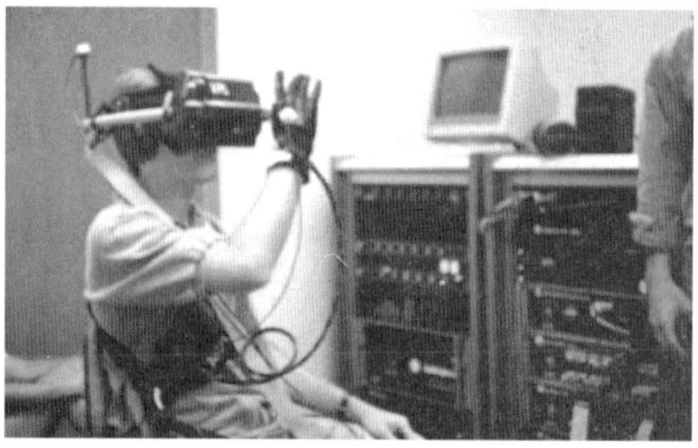

图 3-7 头戴式可视设备 EyePhone 和触觉输出设备数据手套

知识窗

杰伦·拉尼尔

拉尼尔是计算机科学家和视觉艺术家，虚拟现实的早期推广者。主要作品有《虚拟现实：万象的新开端》（*Dawn of the New Everything: Encounters with Reality and Virtual Reality*）、《谁掌控了未来?》（*Who Owns the Future?*）等。拉尼尔于 1985 年离开了雅达利，成立了 VPL 研究公司，这是第一家销售 VR 眼镜和数据手套的公司。在 20 世纪 90 年代末，拉尼尔开始从事 Internet2 的应用工作。进入 21 世纪，他开始在硅谷图形公司和各个大学做访问学者。2006 年，他进入微软工作，从 2009 年开始在微软研究院工作，担任跨学科科学家。2018 年，《连线》杂志将拉尼尔评为过去 25 年科技史上最具影响力的 25 人之一。

EyePhone 出现后，人们逐渐意识到了虚拟现实的潜力，媒体对它的报道也自 20 世纪 80 年代末逐渐增加。克里斯·切舍（Chris Chesher）认为虚拟现实起源于边缘亚文化：

> 它来自科幻小说、赛博朋克和计算机黑客文化，以及来自 NASA、计算机公司和军队等机构。研究人员意识到它有着比飞行模拟和远程控制更广泛的应用，创造了“虚拟现实”一词，并将其作为计算机乃至整个社会

的范式转变加以推广。[①]

克里斯·切舍的研究显示，在这一时期，“虚拟现实”和“网络空间”经历了从边缘的、思辨的概念到（相对）主流的、制度化的话语的转变。

四、20 世纪 90 年代到 21 世纪初：虚拟现实理论的完善和应用

到了 20 世纪 90 年代，全球正式开启了第一波虚拟现实的技术热潮。日本、欧美的多家游戏企业开始试水虚拟现实在游戏中的应用，电影、出版等其他大众传播行业紧随其后，也进行了相当数量的尝试。但是，由于很多技术方面的难题尚未得到有效解决，这些尝试大多只是昙花一现。

美国著名的科幻小说家尼尔·斯蒂芬森（Neal Stephenson）的虚拟现实小说《雪崩》（*Snow Crash*）在 1992 年出版，描述了一个与现实平行的荒诞的赛博朋克世界。这个时期最为著名的电影是 1999 年上映的科幻电影《黑客帝国》（*The Matrix*），被称为最能全面展现虚拟现实场景的电影，呈现了一个全新的虚拟世界。除了影视圈中掀起的虚拟现实浪潮，科技圈也在不断探索虚拟现实技术。1990 年，DigiLens 创始人兼首席执行官乔纳森·瓦尔登（Jonathan Waldern）在伦敦的计算机图形展览中展出了“虚拟性”的街机游戏和机器，之后他的公司又推出了一系列虚拟现实街机游戏，并在此基础上建立了第一个实现了量产的应用虚拟现实技术的娱乐系统。1993 年，世嘉公司推出了 SEGA VR 头戴设备，供用户购买。1994 年，波音公司使用虚拟现实技术设计出波音 777 飞机。

知识窗

《雪崩》

尼尔·斯蒂芬森 1992 年的小说《雪崩》通常被认为是有史以来最奇特、最有趣的赛博朋克小说之一。创造性的世界、半开玩笑的幽默，以及对信息时代令人惊叹的准确预测，使其成为过去 30 年来美国最著名的科幻小说之一。

斯蒂芬森的下一部小说《钻石时代》（*Diamond Age*）的主题是：在严重的恶性通货膨胀下，美元急速贬值，一兆美元成为一个会被忽略的数字，而人们在交易中通常使用的是其他的货币。在小说中，斯蒂芬森创造了一个与以往想象不同的互联网——虚拟实境（metaverse）。这是一个与

---

① Chesher C. Colonizing Virtual Reality: Construction of the Discourse of Virtual Reality, 1984－1992 [J]. Cultronix, 1994, 1 (1): 1－24.

社会紧密联系的三维数字空间，与现实世界平行。在这里，那些在现实世界中地理位置彼此隔绝的人们可以通过各自的“化身”进行交流娱乐。

1995 年任天堂（Nintendo）设计了一款名为“Visual Boy”的控制台，但这款产品缺少软件的支持且操作上具有局限性，导致其第二年便停止了生产和销售。1997 年佐治亚理工学院和埃默里大学合作将虚拟现实应用于退伍军人的治疗，直到今天，这项应用和研究在治疗 PTSD 患者等方面仍具有重要意义。在整个 90 年代，许多科技公司开始研发虚拟现实技术并推出相关产品，但是高昂的研发成本和尚未成熟的技术，使得大多数产品以失败告终。然而，这一代人对于虚拟现实技术的探索和尝试，也为后来虚拟现实的发展打下了坚实的基础，同时虚拟现实技术在全世界得到了进一步的推广和应用，为人们所熟知。

知识窗

任天堂

任天堂是日本一家主要从事电子游戏软硬件开发的公司，电子游戏业三巨头之一，现代电子游戏产业的开创者。任天堂创立于 1889 年 9 月 23 日，以生产花札起家，20 世纪 70 年代后期投入电子游戏产业，1983 年推出了第一代家用游戏机 FC 机（即红白机）。

任天堂本公司及第二方（包括控股子公司以及参股公司）开发了许多知名游戏系列与作品，亦创造了众多知名虚拟游戏角色。自 1983 年红白机发售起至 2018 年初，任天堂已在全球售出超过 45 亿份游戏软件，超过 7.2 亿台游戏主机（包括家用游戏机和掌上游戏机）。① 图 3-8 为任天堂 Switch 游戏机。

图 3-8　任天堂 Switch 游戏机

① 林树浛．索尼卖了 5 亿台 PlayStation，那任天堂卖了多少台家用机和掌机呢［EB/OL］.（2018-08-13）［2022-06-22］. https：//www.ifanr.com/1083264.

五、2004—2011 年：虚拟现实技术高速发展时代

进入 21 世纪，人类迎来了智能手机和互联网的爆发时代，人类社会对于虚拟现实领域的探索在先进科技的带动下不断向前推进。2007 年谷歌推出了 VR 街景视图的立体 3D 模式。仅仅过了三年，虚拟现实历史上就出现了一个重大的里程碑式的突破——帕尔默·洛基（Palmer Luckey）开发出了 Oculus Rift 耳机的第一个原型（见图 3-9），它依靠计算机处理和传递图像，并具有 90 度的视野。这一发明激发了人们投入虚拟现实技术领域的兴趣。这段时间也有别的公司陆续推出各类虚拟现实产品，同时虚拟现实已经渗透到了科技圈的各个领域，开始涉足医疗、军事、制造、娱乐等行业，并生根发芽。

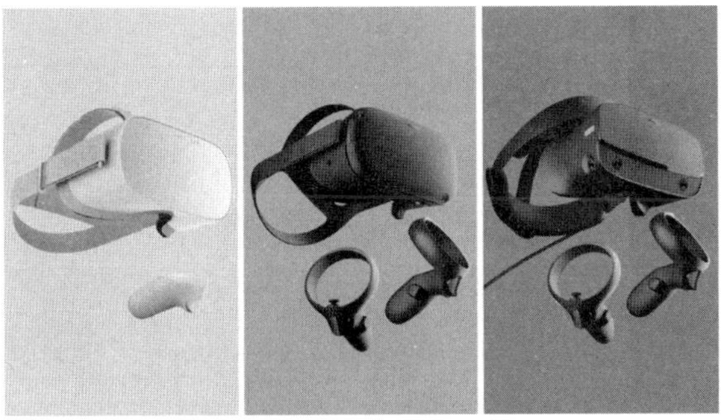

图 3-9 原型耳机 Oculus Rift

六、2012 年至今：虚拟现实技术呈井喷式发展

2012 年，帕尔默·洛基把原型耳机 Oculus Rift 放到了众筹平台 Kickstarter 上，短短几个月即筹得近 250 万美元，获得了研发资金。这一举措使得虚拟现实技术与资本圈成功接洽，为虚拟现实技术进一步的商业化开拓了道路，从此虚拟现实开启了新纪元。从 2014 年起，消费级的虚拟现实产品开始被大量投入市场，并涌现了一批虚拟现实科技创业公司。2014 年，索尼公司为主打游戏机 PS4 增设了虚拟现实元件，三星发布了 Samsung Gear VR，等等；到了 2019 年，混合现实技术（mixed reality）与虚拟现实技术进一步融合，并被广泛应用于虚拟现实可穿戴设备中，不断弥补原有技术的漏洞，为消费者带来更加真实的体验感。

知识窗

头戴式虚拟现实眼镜

头戴式虚拟现实眼镜，即 VR 头显（虚拟现实头戴式显示器），是现代显示技术中的一种全新技术，在增强显示、虚拟现实以及立体显示等方

面有非常重要的应用。与传统的显示器相比，VR 头显的外形一般为头盔。图 3-10 展示了 VR 头显的组成部分。

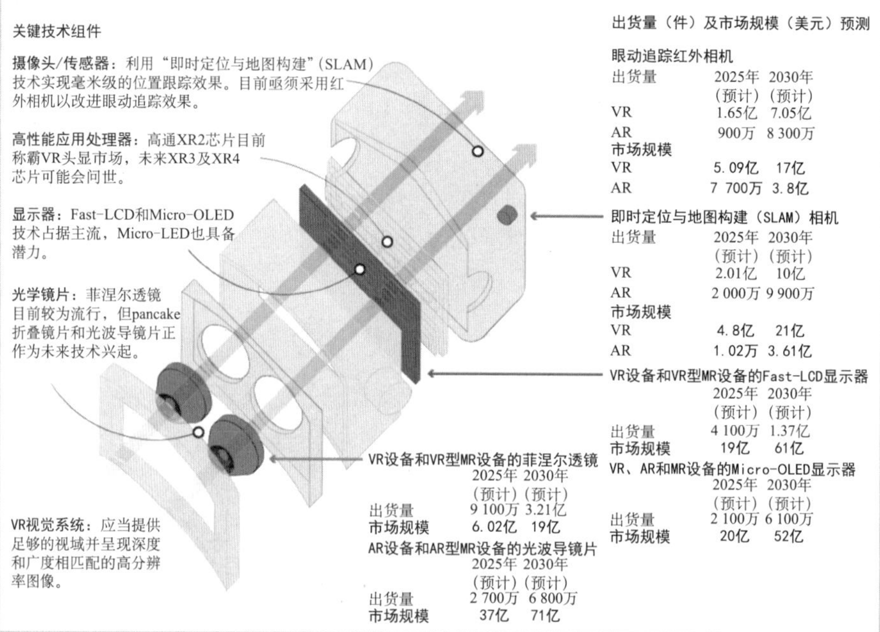

图 3-10 VR 头显的组成部分

近 10 年，随着技术的不断更新，互联网和媒体行业的巨头开始大力投资虚拟现实技术的研发与应用，虚拟现实技术重新回到人们的视野，进入寻常百姓的生活中。虚拟现实技术有突破、有发展，也有普及、有推广，但不可否认，在技术上仍然存在一些问题。一方面，从硬件技术来看，VR 头显已经被广泛投入市场，但舒适感仍有待提高。2016 年，VR 头显被大量投入市场，然而仅仅一年后，市场就突遇萧瑟——2017 年 VR 类设备整体购买率急速下降。究其根本原因，还在技术。VR 头显在外观笨重的同时，也给用户带来了眩晕、恶心等不适感，没有人能坚持头戴 VR 设备 1 小时以上而不感到疲惫。另一方面，从软件技术来看，虚拟现实影像呈现方式已经被运用于多个领域，但体验感仍有待提高。新闻、游戏、电影等多个领域都在进行虚拟现实技术的应用与开发。然而，影像质量与现实仍存在较大的差距，沉浸式的多感体验实现起来仍有困难，在软件技术上还有很大的提升空间。就像学者翟振明提到的，“在斑驳陆离的世界中，她把自己裹住，在与阳光的对峙中，她将远处朦胧的真实变成身边沉重的‘虚乌’”[①]，这段文字很好地描述出了这种沉浸式的体验感。

① 翟振明．虚拟实在与自然实在的本体论对等性［J］．哲学研究，2001（6）：62-71.

第二节 虚拟现实的延伸：增强现实

AR是英文"augmented reality"的首字母缩写，中文意思是"增强现实"，即用技术将"虚拟信息"叠加到"现实世界"中，通过使"虚拟"和"现实"在同一空间和场景出现，来增强对"现实"的认知和感官体验。

一、虚拟现实与增强现实

如果说虚拟现实营造的是一个模拟现实的虚拟世界，它的本质是"虚拟"的话，那么增强现实则是在现实中叠加虚拟，起到对现实的增强作用，实现对现实的深层次感悟和体验，它的本质是"现实＋虚拟"。增强现实是虚拟环境（visual environment）的一种表现形式，相对于虚拟现实而言更加常见。虚拟现实完全浸没合成环境中的用户，用户沉浸其中时无法在真实的世界看到真实的东西；与其相反的是，增强现实允许用户看到真实的世界，因此，增强现实是基于"增大化现实"技术而补充现实，并不是完全取代它，增强现实也可以被认为处于完全合成（completely synthetic）和完全真实（completely real）之间的"中间地带"。

增强现实技术最早在1990年由曾任波音公司研究员的汤姆·考德尔（Tom Caudell）提出，目的是用虚拟信息对真实世界进行补充、叠加和与之互动，增强人类对现实图景的感知。

目前增强现实有两种通用的定义。一种是罗纳德·阿祖玛（Ronald Azuma）于1997年提出的，他认为增强现实主要包括三个方面的内容：将虚拟物与现实结合、即时交互、三维标记。[①] 另一种是1994年保罗·米尔格拉姆（Paul Milgram）和岸野文郎（Fumio Kishino）提出的现实-虚拟连续统（reality-virtuality continuum）。他们将真实环境和虚拟环境分别作为连续统的两端，位于它们中间的被称为"混合现实"。其中靠近真实环境的是增强现实，靠近虚拟环境的则是扩增虚境。[②]

诚然，增强现实与虚拟现实提供的完全沉浸式体验不同。增强现实的起步相对较晚，发展历程比虚拟现实落后几年，在技术上不如虚拟现实成熟。但是凭借对"现实"和"虚拟"两方面的交互和叠加，增强现实的发展潜力不容忽视。

二、增强现实的应用

目前，增强现实主要被应用于商业和工业领域，如远程医疗和国防等，但

① Azuma R. A Survey of Augmented Reality [J]. Presence: Teleoperators and Virtual Environment, 1997, 6 (4): 355-385.

② Milgram P, Kishino F. Taxonomy of Mixed Reality Visual Displays [J]. IEICE Transactions on Information and Systems, 1994, E77-D (12): 1321-1329.

是从长远来看，在未来影像领域，5G 网络的普及和云计算等技术的发展，将进一步推动增强现实技术在智能媒体领域的应用，并开拓新的消费需求。目前，增强现实在人机互动、虚拟展示、装配维修等多个方面有着显著的技术优势。在教育领域，有些操作具有危险性，实验器材也比较昂贵，通过增强现实技术的人机互动，学生可以安全便捷地完成各种实践训练。在文化领域，虚拟展示可以对那些难以直接看到原貌的文物进行重现。在工业领域，想要知道设计好的工业原件是否适配，可以通过增强现实技术模拟装配维修的过程，以减少时间、人力、财力的浪费。在生活领域，用户在接触某个现实事物时，可以通过增强现实技术方便、快捷地在现实上叠加更多虚拟却有深度的内容，以文字、音频、图像等形式唤起多维感官。例如，移动终端设备上的地图 App，有许多具备“AR 实景导航”功能，在使用这一功能时，地图 App 能够监测到用户当前所处的位置，同时在手机上显示出用户脚下的路的实景图（见图 3-11），通过在实景图上叠加供用户参考的线路指示图标，使用户明确到达目的地应走的方向和路线。在新零售领域，许多在线零售平台通过增强现实为用户带来足不出户就可以“亲身体验”的购物服务，通过相机和系统设备识别 3D 空间并把对象置于其中，为消费者提供充满真实感的体验、尝试等过程。在游戏领域，任天堂在其掌机任天堂 3DS 系列中加入了对增强现实的支持，如风靡全球的游戏《口袋妖怪 GO》（Pokémon GO）通过增强现实技术，使虚拟游戏与现实世界有了更紧密的结合，为玩家带来全新的体验。

图 3-11 谷歌地图 AR 实景导航

但是，不可否认的是，增强现实技术除了面临同虚拟现实技术类似的硬件、软件条件不足的发展困境之外，还需要解决如位置受限、功能单一、互动不足等问题，以更好地实现虚拟、真实环境与用户之间的实时互动，推动用户体验的多元化发展。

随着新媒介技术的不断发展，现代影像的创作也依赖于现代的信息技术，并衍生出未来化的智能影像表现形式，媒介的融合也带来了影像视觉机制间的转换，并不断重构旧有的影像叙事和创作体系。“以数字技术为核心发展起来的新媒体为叙事这一人类基本活动提供了多种平台，在传统电影银幕和电视屏幕之外增添了各色展示与交互的介质，由此成就了‘跨媒体叙事’这一概念和实践在业界、学界的高度认知和认可。"[①] 如2018年网飞公司推出的《黑镜》系列圣诞特别篇《黑镜：潘达斯奈基》(Black Mirror：Bandersnatch)(见图3-12)，就是通过游戏化互动的方式，将虚拟剧情与现实生活结合，让观众感受到"身临其境"般的参与感。

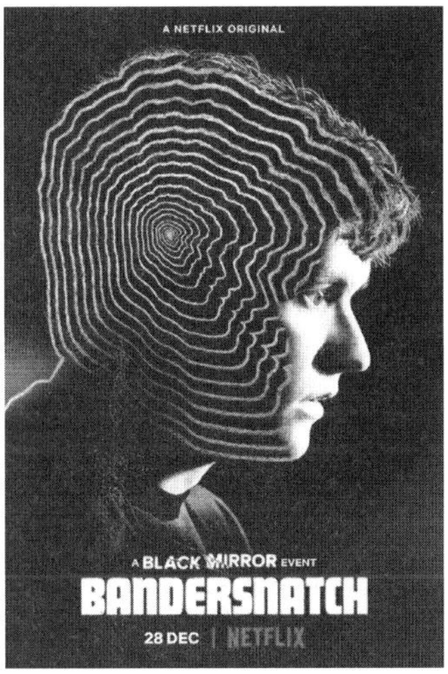

图3-12 《黑镜：潘达斯奈基》

通过游戏化的方式参与电影叙述的这一创新，提升了虚拟作品与现实社会的交互性，并从影视的视角展开对增强现实技术的文本式叙述。观众借助智能化的程序控制和选择剧情走向，这种跨媒体的操纵打破了传统影院式的单向输出，并带领人们重新思考"未来影像"对于现实社会的意义。

【案例】 宜家AR家居

2020年值得一提的AR购物应用例子是宜家家居Place应用(见图3-13)，基本功能是查看和放置家具的3D模型。这款应用允许在线购物者选择、定制家具，然后将宜家目录中的3D家具模型投射到虚拟空间中。这种AR产品的优势之一是减少因购物者购买错误尺寸的家具而导致的退货量。根据宜家的一项购物者调查，这种情况的发生率超过14%，而AR有助于应对这种情况。

在应用中，购物者可以按真实尺寸设计家具或房间装饰，即时定制，然后通过增强现实技术将产品带到每个房间中，从厨房到客厅和卧室，所有这些都可以通过宜家AR购物应用实现。

图3-13 宜家家居Place应用

① 孙绍谊．二十一世纪西方电影理论思潮［M]．上海：复旦大学出版社，2018：34.

第三节　虚拟（增强）现实产业

未来影像技术中，虚拟现实技术及与之相关的虚拟现实内容是目前普及程度最高、应用最为广泛者。随着虚拟现实技术的逐渐普及，其与人们的联系也越发紧密起来。

一、现状与产业规模

目前，消费级的虚拟现实内容包括游戏、影视、直播等类型。2019 年是消费级内容市场的转折点，在这一阶段，行业内主要的内容制作商开始实现盈利。国际数据公司 IDC 的数据显示，2020 年第一季度全球 VR 头显出货量较去年同期增长 52.4%，预计 2021—2025 年全球 VR 头显出货量的年均增速将达到 41.4%。行业数据显示，2020 年中国虚拟现实产业市场规模已达 413.5 亿元，预计将在 2023 年达到 1 051.6 亿元。①

脸书 2021 年中期业绩非广告业务同比增长 85.37%，远高于过去四年，官方会议纪要披露，其增长主要由虚拟现实业务推动。原始设计制造（ODM）领域市场份额约为 70%的歌尔股份 2021 年中期业绩智能硬件业务同比增长 210.83%，远高于过去两年，公司中报及投资者活动记录披露，高增长主要源于虚拟现实业务在今年出现爆发性的增长。虚拟现实产业大厂的虚拟现实业务的高增长验证了行业的高景气。

总体而言，虚拟现实产业链的良性循环发展遵循“VR 头显销量增加—用户数量增加—内容需求爆发—内容收入提升—优质开发者入场—内容质量提升—VR 头显销量继续增加”的模式。根据 VR 陀螺数据，当前虚拟现实产业链有望实现良性发展态势：随着上游硬件产业链的成熟和 VR 无线一体机 Oculus Quest 销量大涨，VR 头显销量增加；虚拟现实用户数量上升，2020 年虚拟现实用户破千万；各大主流平台内容数量提升，优质爆款内容出现。

2018 年上半年度，虚拟（增强）现实产业共完成 93 笔融资，比 2017 年同期（111 笔）下降 16.2%；总融资额约为 81.28 亿元（约合 12.22 亿美元），比 2017 年同期（约为 100.9 亿元）下降 19.6%。细分来看，国内共发生 27 笔融资，总融资额约为 20.2 亿元（约合 3.04 亿美元）；国外 66 笔，总融资额约为 61.08 亿元（约合 9.18 亿美元）。分析上半年虚拟（增强）现实产业国内外市场的融资情况，可发现除 3 月出现较大波动外，2018 年国内外虚拟（增强）

① 大连老板吧．中国 VR 产业市场规模超 400 亿元［EB/OL］．（2021－09－07）［2022－06－22］．https：//weibo.com/ttarticle/p/show？id＝2309404678824653619331.

现实产业的融资情况基本上比较稳定。因此，从某种意义上可以说，在上一年度的动荡之后，虚拟（增强）现实产业在2018年进入了一个相对平稳的时期。

当前，未来影像技术逐渐普及，与人们的联系也越发紧密。只要留心，人们不难发现生活中已经常可以处处见到未来影像的踪影。不管是日益增多的虚拟现实游戏、汽车销售商推出的虚拟现实试驾、应用了增强现实技术的扫码App，还是手机、电脑等开机时用到的“人脸识别”等等，未来影像已慢慢渗入人们的日常生活。综上所述，现在未来影像的发展渐趋稳定。在这一阶段，伴随着未来影像技术的逐渐成熟，各个产业的推广和应用也在加速进行。

二、虚拟现实与娱乐节目

未来影像技术与娱乐有更强的契合性。以虚拟现实技术为例，若将其融入综艺节目当中，形成“VR＋综艺”的新模式，则可使观众获得前所未有的影像参与体验。观众在观看综艺的过程中，可以借助虚拟现实技术实现在综艺录制现场前排般的观看效果，与现场“零距离接触”。2016年10月，芬兰电视台推出虚拟现实综艺节目《倾斜》，邀请视频网站油管（YouTube）上的网红和娱乐明星在节目中体验虚拟现实游戏并采取竞赛模式，是虚拟现实综艺的代表作。2016年11月，韩国CJ娱乐推出虚拟现实体验类综艺《来一局Vive》，不仅根据游戏内虚拟人物分配角色，还邀请观众进入节目中互动。与此相似的还有挪威于2017年上线的综艺节目《时空迷失》（Lost in Time），参赛选手被要求在有限时间内通过虚拟现实技术进入不同时空并完成任务，观众们也可以通过客户端与参赛者同步完成任务，打造了前所未有的综艺节目参与体验。[①]

国内综艺节目也已开始尝试将虚拟现实技术结合到节目的录制当中。比如红极一时的湖南卫视综艺节目《我是歌手》在其第四季的录播过程中，就应用了虚拟现实技术。节目组共配置了20余台全景摄像机，同时利用Go Pro阵列形成全方位的拍摄区域，网罗舞台的各个角落，让不能来到现场的观众在各种终端上都可以享受身临其境般的视听盛宴。由东方卫视与华录百纳、蓝色火焰联合推出的明星跨界时尚真人秀节目《女神的新衣》也推出了相应的虚拟现实版本，其虚拟现实机位能够全面覆盖从舞台到后方评委席的全部视野，打通了台上台下、台前幕后的时空壁垒。观众在观看时装秀的同时也可以回头去看各位买手的反应（见图3-14），实时全方位地看到嘉宾、设计师与买手的互动。

---

① 段鹏，李芊芊．叙事·主体·空间：虚拟现实技术下沉浸媒介传播机制与效果探究［J］．现代传播：中国传媒大学学报，2019（4）：89-95.

值得一提的是，虚拟现实综艺节目的竞争者并不是传统直播或录播，而是现场观看的方式。

图 3-14 VR 看秀

三、虚拟现实与游戏

虚拟现实作为未来影像技术在游戏中的应用有三个主要优势：一是交互性强。传统游戏主要使用键盘和鼠标，整体而言机械操作性强；而虚拟现实游戏的玩家可以根据 VR 头显的虚拟场景，通过手柄来模拟场景中角色的操作，用户与机器的交互水平得到了提高，游戏的整体体验也更好。二是沉浸感强。与传统游戏相比，虚拟现实游戏为玩家提供了更逼真的“第一视角”和“多重视角”，玩家可以在游戏中自由切换视角，获得与现实世界相似的感性体验。三是逼真度高。与传统游戏不同，虚拟现实游戏中的虚拟场景与现实世界比例相同，而且游戏本身具有很高的刷新率，这使得玩家在体验过程中几乎可以实时感受场景变化。“VR+游戏”使得游戏场景中的影像细节愈发逼真，激发了玩家的自主性和互动性，使得玩家在体验层面获得了极大的满足，而虚拟现实技术自身的沉浸性、交互性、在场性的特点也与游戏体验的核心目标不谋而合。在虚拟现实技术扩散的最早期，游戏是最重要的应用方式，虚拟现实技术带来的独特的体验和奇观性，为游戏产业催生了新的可能。

例如，运动类游戏如棒球、滑板、乒乓球等与虚拟现实技术相结合，可以让玩家足不出户，在有限的空间中身临其境地体验各种户外运动的乐趣。图 3-15 显示的是高尔夫运动与虚拟现实技术的结合。

图 3-15 游戏《全民高尔夫 VR》(Everybody's Golf VR)

【案例】 VR赛车游戏《赛车计划2》

相比球类运动游戏，赛车游戏更能将虚拟现实的优势发挥到极致，无论是第一人称视角还是对方向盘操作的模拟，虚拟现实技术可以实现赛车游戏中几乎所有的关键拟真体验。

2017年发售的《赛车计划2》(Project CARS 2，见图3-16) 是一款由Slightly Mad Studios制作、Bandai Namco Entertainment发行的赛车竞速游戏。

图3-16 游戏《赛车计划2》

作为一款打着“完全拟真”旗号的赛车游戏，《赛车计划2》支持Steam Index、HTC Vive、Oculus Rift以及Windows Mixed Reality等市面上的几乎所有VR头显。据蒸汽游戏平台（Steam）上的多数玩家的评论，该游戏最引人入胜的特点为极强的拟真性。虽然这种借虚拟现实技术实现的拟真性距理想中的未来影像还有一定距离，但以它为代表的一批虚拟现实游戏的确不失为一个好的开端。

虚拟现实技术作为未来影像技术之一，其与游戏的结合可以说最大限度地贴合了玩家本身对“幻境”的憧憬与向往。细节愈发逼真，自主性和互动性程度越来越高，玩家被带入现实世界里不可能存在的场景中，体验感能够获得极大的满足，虚拟现实与游戏的融合也正是目前“VR+”领域的热点。

高收入游戏快速增加，优质内容有望快速涌现。游戏是VR头显销量的主要驱动力。脸书认为3A[①]级虚拟现实游戏大作会是虚拟现实游戏的未来，并表示接下来会延长游戏开发周期，以打造3A级虚拟现实游戏为目标。目前，脸书先后买下了全球多个知名虚拟现实游戏厂商，多家内容厂商也正在开发3A级大作。随着其他终端厂商和内容厂商的跟进，预期未来几年行业中将出现更多的3A级大作。

当然，虚拟现实游戏依然存在一定的局限性，目前玩家还无法长时间进行游戏，景深与运动的画面也显得不那么真实。究其原因，主要是长时间使用VR头显可能会引起眩晕、恶心等不适感，因为虚拟现实游戏大部分采用第一人称视角，在频繁转换视角时难免会产生眩晕。虚拟现实环境中的景深透视和物体的运动与现实环境中的景深和自然运动不一致，会导致一些严肃游戏无法将虚拟环境中的技能特效转移到真实场景中。[②]

---

① 3A级游戏在业界是一个较为模糊的概念，可理解为类似于电影“大片”，即预算较高、团队较大、体量庞大、知名度高的游戏。

② 张婷婷，田丰，吕炜，等．VR在交互影视与游戏领域的应用综述［J］．上海大学学报（自然科学版），2017，23（3）：342-352．

四、虚拟现实与电影

《VR 影视行业简析报告》显示，当前的虚拟现实用户中，超过 70%的人使用虚拟现实设备观看视频，而使用虚拟现实设备玩游戏的用户不足 20%，由此可见，虚拟现实产业中的影视行业具有巨大的市场前景。[①] 早期的虚拟现实视频以全景风景短片为主，在这一时期，国内外涉及虚拟现实技术的视频基本上是全景动画和全景体育直播。随着虚拟现实概念和技术的发展，全景概念逐渐被制作团队和受众接受，行业内开始出现全景网络大电影。

“VR+电影”不仅可以更好地创造和还原故事场景，而且观众可以选择打破最初被自己的“参与”封闭的叙事节奏。为了让电影的故事更精彩，抒情写意更到位，观众的进一步参与和更深的沉浸也是导演们反复尝试的方向。2015 年，系列电影《速度与激情》(*Fast & Furious*) 导演林诣彬执导了一部虚拟现实短片《救援》(*Help*)，在影片中，怪物哥斯拉以逼真的姿态追逐主角，让观众肾上腺素激增。短片海报见图 3-17。

图 3-17 《救援》海报

虚拟现实技术带来的沉浸式体验，使得影片情节感以及氛围感更加生动。网易制作的电影《人工智能：伏羲觉醒》，以城市商业战为基础，融合多种科幻元素进行叙事。虽然电影的虚拟现实版本拍摄角度仅 180 度，但它创造了一种身份转换的感觉，令观众感到自己仿佛穿越了空间，用一种“上帝的视角”来审视电影中的计算机精英，围绕人工智能“伏羲”展开一系列跌宕起伏的故事。本片海报见图 3-18。

图 3-18 《人工智能：伏羲觉醒》海报

---

① 艾恩咨询. VR 影视行业简析报告 [R/OL]. (2020-03-22) [2021-12-01]. https://www.sgpjbg.com/baogao/24989.html.

2017年，Oculus Story Studio（Oculus的电影制作部门）推出了第三部虚拟现实电影《亲爱的安》（*Dear Angelica*）。[①] 在定位和跟踪技术的支持下，观众可以在电影的虚拟场景中漫步。故事中的所有画作都是围绕观众生成的，在叙事方式上也一改传统电影的线性叙事，增加了暂停和回放功能，观众不仅可以以漫步的方式观看画面的每一个细节，也可以去寻找工作室团队特别设计的彩蛋，这种设计极大地调动了观众的主动性，同时也极大地丰富了电影的视觉叙事。本片海报见图3－19。

图3－19 《亲爱的安》海报

首先，与传统影视行业不同，虚拟现实影视在内容制定上，要求策划方根据虚拟现实特有的形式特点，量身定做一套剧本，剧本需反映即时、全知的特点。其次，传统影视的镜头语言也不再适用于虚拟现实影视，当前虚拟现实影视应该把重点放在创造仿真的空间上，从而令观看者置身于虚拟世界，经历另一种现实体验，并在设身处地的体验中感受创作者想要表达的思想。[②] 这就要求制作人在影视剧中不断进行创新，增加其仿真性。最后，在叙事节奏和内容选择上，除了美女、游戏之外，虚拟现实还可以体现更多的人文关怀，使得新的技术与时代的意义结合起来。例如中国西藏首部虚拟现实纪录片《盲界》，让观众亲身体验盲童们生活的世界，给观众带来了巨大的情感冲击。

目前，纪录片创作也进行了“VR＋纪录片”的尝试和探索。2015年，联合国、中国发展研究基金会、财新传媒在达沃斯夏季论坛上播放了纪录片《山村里的幼儿园》预告片（见图3－20），正式推出中国首部虚拟现实纪录片。该片以虚拟现实技术为基础，采用新的视听叙事技术，让观众体验到了有深度、高质量的内容。2016年，上海广播电视台新闻中心的严晓英团队也开始尝试真正的虚拟现实录音，让观众看到挖掘机缓慢移动时扬起的灰尘（见图3－21）。2017年，中国系列虚拟现实纪录片《制胜！中国海军陆战队》利用虚拟现实技术展示了海军陆战队丰富的训练和演习场景，观众可以与海军陆战队一起“搭载”各种装甲装备，获得非常强大的体验。该片总播放量在1 000万以上，单

① Oculus第三部虚拟现实电影“Dear Angelica”体验［EB/OL］.（2016－01－28）［2021－09－08］. http://tech.163.com/16/0128/11/BEDOGKLS00094P0U.html.

② 杨丛泽.VR与传统影视语言的非兼容性及发展方向思考［J］. 戏剧之家，2021（12）：136－137.

片平均点击量在 250 万以上（见图 3－22），均达到国内纪录片界的高峰。

图 3－20 《山村里的幼儿园》截图

图 3－21 《闵行区浦江镇汇北村拆违进行时》截图

图 3－22 《制胜！中国海军陆战队》

在日常生活中，虚拟现实还可以为人们提供沉浸式的家居生活体验。虚拟现实技术可以展现一个与现实一模一样的虚拟世界，或是凌驾于现实世界之上的复合型世界。在家庭场景中，影音、游戏等娱乐是人们日常生活中的主要休闲方式，在虚拟现实的加持下，用户可以获得视觉、听觉、触觉等感官的模拟体验，就像置身于虚拟世界一样与身边事物交互，体验无与伦比的临场感。

从目前的影音体验上看，越来越多的人追求 IMAX 巨幕、4K、7.1 杜比音效等，而虚拟现实可以为家庭场景打造出“影院效果”（见图 3－23），戴上 VR 头显，用户便可以置身于影音的虚拟场景中，设备的完全包裹和无边界的观看范围可以屏蔽掉所有外部噪声，消除现实世界中的物理边界，使得用户可以全身心沉浸于影音世界中。虚拟现实影音已经直接影响了家庭娱乐的现在和未来。

图 3－23　虚拟现实家庭影院

虚拟现实家庭影院能够提供足够大的空间，进而塑造气势宏大的观影场景，提供震撼的音视频效果，电影院般的大屏幕加上凸显身临其境感的弧形融合成像，以及多维度全景音频处理方式，可使声音做平滑的过渡，充分展现3D 沉浸式音效的魅力。虚拟现实使得我们与虚拟世界的交互方式发生了变革，从被动式观赏变成了主动式交互。借助虚拟现实游戏，用户沉浸式地与家庭成员进行互动，这种家庭游戏将促进家庭的和谐发展。

小结

虚拟现实技术伴随着计算机、网络通信、云计算、深度学习等不断深入发展，从过去人类通过书本和影视作品表达的无限遐想发展到了如今逐渐渗透在我们生活的方方面面，虚拟与现实的“真假”边界在现代科技环境中已难以被认清，我们开始进入真正的“元宇宙”，正如庄周梦蝶时所说的“不知周之梦为胡蝶与? 胡蝶之梦为周与?”，虚拟环境中营造出的真实化场景或是主体，不断在拆解和重塑人类社会的行为、认知以及心理过程，并对人产生潜移默化的影响。

虚拟现实与各种媒体形式的融合，使整个沉浸式媒体传播机制发生了结构性变化。它彻底重构了传统媒体的信息传播过程和整体叙事模式。受众在传播过程中的地位也发生了时空的变化，为实现跨域的在场交流提供了无限可能。未来影像作为媒介智能化变革后生产内容的重要呈现方式，给社会各领域、各专业带来了巨大的能量。虚拟现实技术为现实生产了更多原本只能在脑海中出现的场景，给艺术创作带来了新的动力和张力，全社会在科技进步和人文关怀上不断进步，沉浸在未来影像创造的“新现实”中。但是人们必须不断反思人与媒体、科技与艺术、虚拟现实与现实之间的复杂关系，寻求更符合社会发展规律的可持续融合。

延伸阅读

聂有兵．虚拟现实：最后的传播［M］．北京：中国发展出版社，2017．

张以哲．沉浸感：不可错过的虚拟现实革命［M］．北京：电子工业出版社，2017．

莱文森．人类历程回放：媒介进化论［M］．重庆：西南师范大学出版社，2017．

尼葛洛庞帝．数字化生存［M］．3 版．胡泳，范海燕，译．海口：海南出版社，1997．

赫胥黎．美丽新世界［M］．陈超，译．上海：上海译文出版社，2017．

思考题

1. 结合你的经历和亲身实践，阐述虚拟现实技术如何渗入人类生活的方方面面，产生了哪些新的传播现象。

2. 虚拟现实的出现为智能媒体传播带来了全新的形式，请阐述沉浸式传播的意义及虚拟现实在融媒体领域未来发展的可能性。

3. 结合相关实践案例，分析虚拟现实技术如何重构了传统媒介形态以及叙事方式。

4. 结合虚拟现实技术的发展形势，分析其对智能媒体发展的影响，并畅想和策划一款基于虚拟现实技术的媒体产品。

第4章　未来影像

本章学习要点

1. 了解未来影像的基本含义
2. 了解未来影像的特征
3. 了解全息影像

在这一章我们将带领大家了解未来影像。人们口中经常谈论的“未来影像”究竟是什么？它包含了哪些具体技术？它是如何与智能媒体传播领域相结合的？未来影像技术的发展方向是怎样的，会有哪些创新和突破？

第一节　未来影像是什么

讲述未来影像前，我们先分析一下何为影像，然后从技术、传播、产业这三个方面阐述未来影像的表现方式。

一、何为影像

对于影像，有偏向现实的概括，也有偏向感官、心理的解释。在《电影美学与心理学》（*Esthétique et psychologie du cinéma*）中，法国电影学家让·米特里（Jean Mitry）指出，影像是一个现实存在的客观物体。然而，另一位法国电影批评家安德烈·巴赞（André Bazin）在《摄影影像本体论》（Qu'est-ce que le cinemas）一文中指出，重新还原各感官立体的外部世界是电影最终应该达到的目标。周清平在其《“互联网＋”时代的现代影像艺术》一书中从荣格（Carl Gustav Jung）心理学的角度追溯了影像的形成历程。荣格认为，集体无意识的内容是原始意象，而原始意象的源头是人类精神深层次的集体无意识。换言之，人的大脑中本有一种先天的形象基因，在与外部环境相遇时，形象基因会在直觉中构建意象，并进行表述。融合了内在的情感、意志和理性的想象世界构成的基本单元是形象，形象在文学艺术中被称为意象，在电影、电视和网络影像艺术中则被称为影像。也就是说，在现代社会中发展起来的电影、电视、网络影像艺术可以统称为现代影像艺术，而三者的核心基因都是影像。

从2D静态图像到3D动像再到如今的8D虚拟仿真影像，由机器影像到智能影像，影像技术经过了两个多世纪的发展。影像在不断带给人类社会真实而生动的体验的同时，也在丰富着人类的日常生活和精神世界。影视技术的发展也在不断冲击和解构传媒生态圈，并影响着经济社会的生产结构与模式。

影像无处不在，人类离不开影像。从人类诞生之日起，影像就与人有着密切的关系。在语言产生之前，原始岩画、图腾等视觉符号就已成为人类感知和认识世界的重要媒介。在这一时期，“人是悬在由他自己编织的意义之网中的动物”。语言的产生标志着人类传播活动的开端，人类开始进入以口语、文字、印刷等语言符号为主的传播时代。随着广播、电视、网络等电子媒介的出现，人类的传播媒介开始由语言符号向视觉符号回归。19世纪20年代初是影像的初步发展期，这一时期的影像主要是无声影像。1829年，比利时物理学家约瑟夫·安托万·费迪南·普拉托（Joseph Antoine Ferdinand Plateau）发现了被人们公认为动画与电影的理论基础的“视像暂留原理”，这一发现间接促成了日后动画与电影的发明。在19世纪30年代末，法国艺术家路易·雅克·曼德·达盖尔（Louis Jacques Mand Daguerre）发明了银版摄影术，这标志着媒介影像化时代的来临。随后，在摄影术的基础上，卢米埃尔兄弟开始了对早期电影的探索，发明了电影放映机，其在作品《火车进站》中，将原来静态的单一图像转变为对分镜头、连续性动态影像的视觉捕捉，使传统视知觉模式发生了裂变性转折，增强了逻辑性、叙事性视觉内容。

知识窗

银版摄影法

法国巴黎一家著名歌剧院的首席布景画家路易·雅克·曼德·达盖尔于1839年发明了一种利用水银蒸汽在曝光的银盐涂面进行显影的方法。这种摄影方法的曝光时间约为30分钟，大大短于约瑟夫·尼塞福尔·涅普斯（Joseph Nicéphore Nièpce）的摄影方法的曝光时间。经过改良后，曝光时间进一步缩短，可以用于拍摄肖像照片。

用这种方法拍摄出的照片具有影纹细腻、色调均匀、不易褪色、复制困难、影像左右相反等特点。这种摄影方法是用达盖尔的名字命名的，所以又称为达盖尔银版法（其摄影装置见图4-1）。

图4－1　银版摄影法摄影装置

知识窗

卢米埃尔兄弟《火车进站》

《火车进站》（*L'arrivée d'un train à La Ciotat*）是法国卢米埃尔兄弟于1895年拍摄的一部黑白无声短纪录片，于1896年1月25日在巴黎首映。它也被称为世界上第一部真正意义上的电影，图4－2为电影修复版的截图。

图4－2　《火车进站》修复版截图

到了20世纪20—60年代，随着声影技术的成熟发展，全息技术时代开启了。1927年美国华纳兄弟与通用电气公司合作出品的《爵士歌王》（*The Jazz Singer*）成为具有标志性意义的有声电影；1947年丹尼斯·加博尔（Dennis

Gabor）发明了全息摄影术，标志着全息成像技术的正式面世。到了20世纪60年代末期，古德曼（J. W. Goodman）和劳伦斯（R. W. Lawrence）等人提出的全息新概念“数字全息技术”，是集成计算机、全息电子成像技术相结合的产物，由此开创了影像全息技术新时代。20世纪60年代末至21世纪，计算机图形学和计算机视觉的诞生成为智能影像的技术基础，机器化影像生产成为主流，彻底颠覆了传统影像行业。在此期间，计算机视觉的概念诞生，3D成像、CG技术等陆续在影像作品中被使用，但距离高效率、规模化的影像生产还有一定的距离。到了21世纪，随着智能算法、机器学习和大数据的发展，智能化影像时代真正到来了。

知识窗

数字全息技术

数字全息技术是计算机技术、全息技术和电子成像技术结合的产物。它通过电子元件记录全息图，省略了图像的后期化学处理步骤，节省了大量时间，实现了对图像的实时处理。同时，其可以通过电脑对数字图像进行定量分析，通过计算得到图像的强度和相位分布，并且模拟多个全息图的叠加等。全息影像成像原理见图4-3。

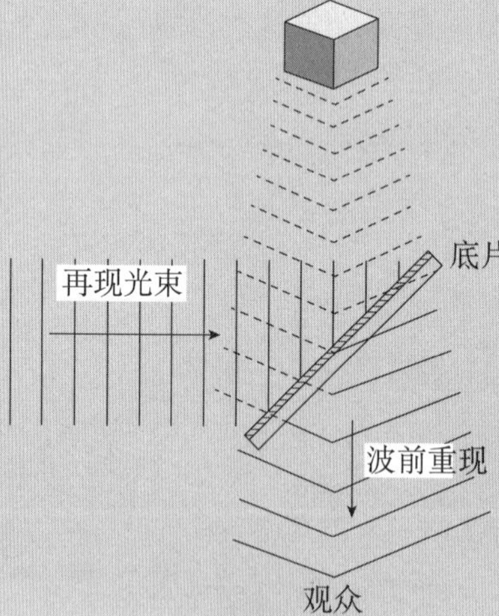

图4-3 全息影像成像原理

图像不仅仅是“凝固的真实”，也是接近于人们日常的“流动”的影像。在媒介影像技术的推动下，电影、电视逐渐普及，已经成为日常生活中再寻常不过的影像了。随着数字化时代的到来，影像作为视听文化，改写了文字书写时代的“垄断化”特征，更易于顺应现代信息社会的发展。同时作为更具包容性的视听传播手段，它能够最大限度集合感官、文字、视觉、听觉等元素，通过数字化视听手段，不但能够帮助人类审视和再现过往历史的幕布，也能搭载通向未来世界的数字快车。就像尼古拉斯·尼葛洛庞帝在《数字化生存》中提到的，影像挣脱了时间、空间的限制和“原子”的束缚，得以遨游更广阔的世界，接触更广泛的人群。数字化生存代表的是一种每时每刻都与电脑为伍的生活方式、生活态度，这可能也是未来影像作为人类社会的一部分存在的意义。正如尼葛洛庞帝所说：“在广大浩瀚的宇宙中，数字化生存能使每个人变得更容易接近，让弱小孤寂者也能发出他们的心声。”[①] 影像的出现与发展，正在最大化降低人们接收信息的门槛，并弱化信息传播的边界与障碍，打破原有传播封闭性和单一性的桎梏。

二、“未来化”的影像

对于未来影像的概念，也需要从现实客观存在和人的感官、心理两个方面来综合描摹。未来影像在现代影像的基础上继续发展，以一种“真实”“客观”的方式，满足着人的感官、心理想象，将人带入一个智能影像化的时代。基于智能媒体的逻辑对未来影像进行论述，可以将之理解为在高速智能化的全媒体技术驱动下，通过电影、电视、网络等媒介对影像进行呈现。未来影像技术不仅在工业制造、医疗、航空航天、交通等领域扮演着重要的角色，游戏、影视戏剧、展览设计、舞台等贴近日常生活的文化活动中也有其活跃的身影。基于智能化传播背景，未来影像的表现方式主要可以从技术、传播、产业这三个方面进行阐述。

首先从技术层面来说，影像技术在与时俱进地发展，也在推动着未来影像在呈现方式、表现内容方面的创新性发展。在智能媒体时代，未来影像随着5G 等新兴通信技术的发展也在不断革新，同时推动影像技术向智能化、数字化的方向发展。一方面，未来影像呈现出了“智能化”特征，即通过与人工智能、深度学习以及算法等技术的融合，使影像呈现方式体现出人工智能的自主性，在一定程度上按照提前设计好的程序、计算模型等独立运作；另一方面，未来影像体现出了“交互性”特征，通过数据追踪、云计算等技术掌握用户群体的信息和资源，进而对数据资源进行挖掘和再分析，与用户群体产生更加深刻的联结，通过技术手段为用户呈现出逼近真实甚至超越真实的虚拟化视听场景，从而发挥真正意义上的“交互性”特点。3D 裸眼影像、虚拟现实影像、增强现实影像和全息影像等新的影像形式逐渐打破了虚拟和现实之间的隔膜，将文字、声音、图像等元素融合起来，形成一种集动态、有声、互动于一体的新型影像形式，给人类带来更加优质的感官体验。

---

① 尼葛洛庞帝．数字化生存［M］．3 版．胡泳，范海燕，译．海口：海南出版社，1997：56－68.

就影像传播技术的表面层次而言，日益进步的数字媒体技术使全媒体传播渠道更加多样化、用户选择更具主动性、文化艺术作品更多元，从而建构了智能媒体生态下的多维信息聚合环境。就其更深刻的层次来看，新的媒介技术将会重塑人类社会的语境体系和文化立场，在不断提高传受双方的互动性的同时，传受双方的角色切换也更加自如，涌现出更加多元和自由的用户群体，对影像作品的解读会有更多维的文化立场和角度，并催生出全新的社会意识形态和文化价值。

其次从传播层面来说，未来影像在智能媒体语境下是一种新的传播形态，并在加速创造更加多元的智能传播格局。未来影像不仅是视觉符号的一种传播形态，也联合听觉符号、嗅觉符号、触觉符号、联觉符号等不同形式的传播形态，比如声音、气味、材质等，进行全方位一体化的传播，增强智能化的传播效果，让受众拥有智能化的体验。[①] 智能媒体传播语境下的未来影像，作为新兴传播形态，为人类社会创造了“智能化虚拟世界”，就像意大利学者安东尼奥·梅内盖蒂（Antonio Meneghetti）所说的，技术与媒介终有一天会联手创制出极其逼真、难辨虚实的信息世界，造成一种“影子效应”。基于智能化的社会背景，虚拟与现实相互交融，受众在模糊的媒介边界与现实社会中不断切换，并突破时空的界限，随心所欲地徜徉在智能化影像世界中，获得真实的体验。诸如“在虚拟现实中你可以张开双臂，拥抱银河，在人类的血液中游泳，或造访仙境中的爱丽丝”的场景会成为智能化影像世界的未来常态。

最后从产业层面来说，未来影像可以说是智能媒体环境下的一种产业形式和载体。作为一种产业载体，未来影像以“影像+”的方式，延伸扩展到人们生产、生活的各个领域，配合智能媒体时代的“智能+”，带领人们进入“智能影像+”的生存状态。未来影像这种产业载体，有很强的包容性、增长性，它可以和各种产业实现交流、融合，通过发挥自身优势，对所应用的行业起到“加持”作用。影像行业已经经历了从机械化、自动化、数据化再到现如今的智能化四个阶段，基于5G技术与人工智能的发展热潮和趋势，将引领未来智能影像行业的创新升级，同时带动智能影像行业的上中下游产业链发展，并衍生出新兴产业发展模式。

第二节　未来影像的特征

技术的进步最终是要服务于用户体验的。从传播角度来看，影像作为一种传播形态，最终目的是实现最大化的传播效果。未来影像能够利用技术实现用户体验感的丰富和强化，以推动智能媒体语境下自身的发展。

从用户体验的角度分析未来影像的发展现状，当前未来影像的呈现特征表

① 段鹏．智能媒体语境下的未来影像发展初探［J］．当代电视，2018（9）：4-7.

现在三个方面：一是沉浸感；二是在场感；三是互动感。

一、沉浸感

沉浸感指的是“用户浸入其中”的感受。未来影像带给用户的沉浸感，是指未来影像通过变革和创新影像呈现方式，将用户带入某一影像场景中，并使用户沉浸其中，这一场景可以是“完全虚拟的”，也可以是“虚拟和现实并存的”，还可以是“虚拟和现实融为一体的”。未来影像的代表如虚拟现实、增强现实、全息影像都会给用户带来沉浸感。以虚拟现实为例，当用户观看虚拟现实影像时，这种沉浸感主要表现为“身临其境”的感觉。而这种临场沉浸感恰恰是未来影像所想实现的价值追求。当用户借助虚拟现实技术进行临场体验时，用户通过 VR 头显实现了与现实空间的暂时隔离，当用户在 VR 头显中观看影像时，呈现在用户眼前的已经不是那个可以用手触摸的实实在在的现实世界，而是未来影像所建构的与现实无限接近的“仿真世界”。此时，用户以“第一人称”的视角“浸入”这个“虚拟现实世界”，并在其中体验将现实完全“虚拟”，又与现实接近的影像图景。即使受众知晓这种媒介体验其实是虚假的“临场”，他们也会如真正在场一般感知并做出反馈。新冠肺炎疫情助推了线下场景的虚拟化，人们逐渐适应了线上工作，虚拟化逐渐蚕食了现实的边界，一个更为广阔、强大、高度融合的“元”空间变得不再遥远，沉浸感在未来也将成为虚拟现实的常态。

沉浸感在未来影像中主要有四种表现形式：系统沉浸、社交沉浸、空间沉浸、剧情沉浸。

第一是系统沉浸。系统沉浸主要侧重于在系统性的影像世界中，用户自身与系统中的角色以及剧情产生强烈的共鸣以及参与感，进而发生高层次的“心灵交流”，从而对系统产生较为深刻的沉浸感。从技术上看，一场虚拟现实在影像传播领域的变革正在发生：通过技术将多媒体以及信息相融合，产生可交互的动态场景，使得观看者能够迅速“浸入”系统环境中。早期的影像呈现以及视觉都是以二维效果为主并进行衍生的，但随着媒介技术的发展，虚拟现实、增强现实、全息影像技术等能够在纵深空间上给观众带来最直观和强烈的视觉刺激，实现了“我在其中”的场景感受。

第二是社交沉浸。随着沉浸式社交媒体、电影、短视频、游戏等的涌现，以故事为核心，让用户在使用过程中能够建立起与虚拟端的社交联系，是近几年未来影像领域的一大特点和趋势。通过流媒体等故事情节设置或构建的多维虚拟空间，拥有可定义或个性化的世界观，使现实中的用户能够真实体验和参与其中，并打造出虚拟空间的沉浸感情绪反应，这也是元宇宙布局的一部分。从 2021 年上映的电影《失控玩家》（*Free Guy*）中可以窥见的未来影像社交沉浸的雏形和表现，是未来元宇宙中的冰山一角。在电影里的“自由城”中，人们可以和人工智能交朋友，而虚拟人也能拥有自我意识，并且每天都在遭遇与现实世界不同的事件和剧情。2003 年的一款虚拟游戏《第二人生》（Second Life）就已经能让玩家真实感受到沉浸式社交的乐趣。玩家可以在游戏世界中做超越现实或是与现实同步的事情，并构建一个个性化的虚拟世界社交圈。影视和游戏映射着人类社会对于未知和科技的追求，并为人类提供了一个幻想未来的入口。

第三是空间沉浸。在虚拟现实中，通过媒体技术呈现的高度还原真实甚至超越真实的视觉立体空间，能够让用户产生在虚拟空间中的“存在感”。在这个过程中，沉浸也可以被定义为意识形态或是状态，其中“浸入式”的空间包围了人身体的自我意识，从而使人沉浸在虚拟的空间中。随着时间的推移，人们对于虚拟空间的画面质感也将会有越来越高的标准及要求。

第四是剧情沉浸。剧情沉浸来源于用户对于在虚拟作品或是游戏中主动探索的需求。随着流媒体技术对传统的电影电视剧叙述形式和文本内容的不断颠覆，沉浸式的剧情参与感和用户的参与度深度结合，使得用户能够更加投入开发者设定的剧情或是脚本世界中，从而吸引用户的注意，推动全新的智能影像娱乐方式和艺术表现形式的发展。

二、在场感

在场感是一种主观体验，指的是用户认为自己“在场”，认为自己是某一场景中的一分子。如果说沉浸感强调的是未来影像的引导作用，是借助未来影像技术实现的“用户沉浸其中”效果，那么，在场感强调的则是用户主动参与到未来影像所创制的场景中，并主观地、能动地感受到了自己的“亲身经历者”身份，以第一人称叙事的态度，讲述自己感受到的故事。这种在场感是通过用户的主动参与实现的，其中蕴藏着用户强烈的主观感受。“我在场”“我正在现场”，是未来影像技术在当前能够带给用户的一种显著的感受。随着技术的改进和发展，未来影像技术的形式不断创新，并带动着用户的情感和行为反应，当参与者也产生了自我在参与创建的意识，这种在场感就会愈发强烈。

三、互动感

互动感指的是用户在与影像的互动过程中产生的用户体验。在这一过程中，用户与影像之间有传播，也有反馈。与沉浸感相比，互动感追求的是刺激，更多体现为用户与影像及其所创设的环境之间的互相反馈。互动中的反馈既可以是间接反馈，也可以是直接反馈。互动感调动了用户的主观能动性，让用户在参与影像的同时对影像进行反馈。沉浸体验更直接地作用于参与者的身体，进而引发“情感经验”的迸发，参与者由此增强了感知能力和反馈能力。

以虚拟现实游戏为例，玩家进入虚拟现实沉浸环境后，将经历一个从怀疑到求证，直至最终确认的动态过程。当身份更新、融合甚至被置换后，玩家的身体及精神经验将被投射于新的虚拟身份之中。区别于传统玩家隔着屏幕使用键盘鼠标或手柄进行对虚拟身份的操纵，虚拟现实技术超越了通过虚拟形象设计输出的个人表达，加深了新旧身份的融合程度，用极强的真实感、临场感赋予参与者新的“身体经验”，对实现玩家主动性与主体性起到了非沉浸媒体无法发挥的巨大作用。以汉代丝绸之路虚拟现实影像作品带给用户的互动体验为例，这种互动感可以从影像内部和影像外部两方面进行分析。影像内部的场面调度触发的是用户的间接反馈，主要是通过营造“环境”，使用户与“环境”互动来实现，具体的做法有调节灯光造型来模拟真实光感、调节摄像机运动来模拟丝绸之路人物视角等。影像外部的场面调度触发的是用户的直接反馈，主要是使用户通过使用触觉装置引发“通感”，进而产生互动，具体方式是手势、虚拟按键等。①

正如布兰达·劳瑞尔（Brenda Laurel）所言，交互并不是关于信息，而是关于体验。未来影像的发展在不断克服时空界限的同时，也更加注重与用户的感情层面和个性化表达的互动，多维度的互动和反馈在不断增强媒介的交互属性，虚拟与现实的边界也在逐渐弱化。在虚拟现实中有个专门术语——虚拟人物（avatar），描述的是沉浸于虚拟环境中的用户。虚拟人物能够让用户在虚拟世界中有更强烈的交互感，用户可以定制属于自己的虚拟形象，视觉化和个性化的虚拟形象同时也帮助用户在虚拟世界中更好地进行交互，使真实感充斥于虚拟之中。随着CG以及人工智能技术的进步，未来影像对于虚拟人物的应用和开发会不断渗透到人们的日常生活中，年青一代消费者成为虚拟人物市场的主流，并逐渐融入线上虚拟社交和场景中。虚拟人物不再局限于传统的二次元动画中，而是以较为强烈的虚拟认同身份活跃于现实世界的场景中，如社交账号、演出秀场、游戏等。由于娱乐、艺术、文化、通信、科技等所有领域都在进行着数字化转型，此前各个领域之间的壁垒和藩篱也在不断被打破，流媒体和数字媒体跨越了不同的边界，交互感已经逐渐成为未来影像中最为显著的用户体验。

第三节　未来影像的未来：全息影像

全息影像也是一种广受关注的影像技术，周杰伦在演唱会中与邓丽君的隔空对唱、日本以虚拟歌姬“初音未来”的名义举办的演唱会、美国歌手特拉维斯·斯科特（Travis Scott）在Epic Game旗下的游戏《堡垒之夜》（见图4-4）

① 段鹏．智能媒体语境下的未来影像：概念、现状与前景［J］．现代传播：中国传媒大学学报，2018（10）：1-6.

中举办的线上虚拟演唱会等舞台表演中都应用了这一技术。然而，事实上，这只是一种“准全息影像”，或者说“伪全息影像”。

图 4－4 《堡垒之夜》中的虚拟演唱会现场

一、什么是全息影像技术

全息影像技术是指通过相干光（激光就是其中一种）干涉原理记录和查看图像，当合适地将其呈现时，客观物体的三维成像可以被精准地复制还原，这种照相技术可以记录客观物体反射，甚至是透射光波里的一切振幅和相位。而记录胶片可以完整地重新构造被记录的客观物体所透射出来的任何光线，这使得客观物体看起来就像被摆在眼前。人们从不同的位置变换角度观察客观物体，从而看到被透射的客观物体的全貌，因此被记录胶片记载下来的成像是立体而清晰的。

简而言之，真正的全息影像不需要任何屏幕作为其显示载体，影像在空气中即可显示出来，而且体验者的观看角度可以随意变换，体验者还能够在三维立体的画面之中穿梭自如。

在传媒领域，全息技术随着技术的发展，为不同的媒体所利用，并在不断重构和颠覆传统媒体影像的表达、采集、分发等过程，为智能媒体时代带来了全新的展现形式和生态布局。

二、全息技术在智能媒体领域的应用

在未来，聚焦于智能媒体领域，全息技术的应用会在以下几个方面展开。

第一，全息技术在摄影和摄像上的应用（见表 4－1）。全息技术能够精确地记录物体的反射波振幅和光波等具体信息，并为呈现虚拟现实新闻影像作品、数字化版权维护等提供基础和技术支持。通过全息标识的三维层次技术，其背后独特的数字防伪标记能够被广泛应用于影视作品中，数字加密手段辅以全息图像在影像版权保护、辨别真伪等方面都有着强大的优势，并有利于数字媒体时代的作品 IP 保护。

表4-1 传统的全息影像技术发展的四个阶段

阶段	发展时期	记录介质	再现方法	代表	特点
第一代全息影像	萌芽时期	汞灯作为光源记录	汞灯作为光源再现	同轴全息图	再现的原始像和共轭像分不开；光源的相干性差
第二代全息影像	发展时期	激光记录	激光再现	离轴全息图	解决了第一代全息影像的再现像混叠的问题，但没有色调信息
第三代全息影像	成熟时期	激光记录	白光再现	彩虹全息、真彩色全息及合成全息等	在一定的条件下为全息影像赋予鲜艳的色彩
第四代全息影像	再发展时期	白光记录	白光再现	白光再现全息彩虹	极具诱惑力，正在吸引人们去研究和探索

第二，对裸眼3D的应用。再造的3D影像可以全视角精确呈现被摄物体的实景和全貌，给观众强烈的视觉冲击感，特别是在新闻客户端、动态立体广告等多个领域都有较大的发展空间。未来通过交互式多重触摸全息屏，全息技术可以带来更强烈的真实感，从多维角度打造立体效果，并打破二维界面的局限。同时全息技术能够突破虚拟现实技术依赖可穿戴设备的局限，用户无须佩戴立体可视化眼镜，就可以选择任意的角度和空间通过激光束进行影像投射，也从根本上颠覆了人们接收信息的模式。

第三，在实时互动和流媒体直播中的应用。全息影像技术可以打破传统媒介的局限，最大限度地真实还原新闻现场，使现场直击画面能够被"真实"而"直观"地呈现于观众面前。在2008年美国总统大选新闻报道中，美国有线电视新闻网（Cable News Network，CNN）在传媒行业中首次应用全息影像技术进行总统票选现场直播（见图4-5）。同时全息影像技术也被广泛应用于交互式广告，增强与受众的互动性，颠覆传统广告的局限性，有助于进一步开拓户内外广告市场，提升全媒体生态的凝铸力。如2019年两会期间，人民网推出了短视频《全息3D强影！这有一份"立体"报告等你来看》，采用人工智能主播、全息投影、三维立体建模等多重技术展现政府工作报告（见图4-6）。新华网也推出了短视频《全息交互看报告》，利用"AI+MR"，精选政府工作报告中的重要数据，在MR智能演播厅中还原百姓生活、城乡风貌、经济发展等场景。央视网采用"VR+AR"的形式推出了《全景沉浸看报告》，对政府工作报告中的重点进行提炼和解读，在真实场景中融入三维动画，辅以李克强总理的同期声，对政府工作报告进行了生动的可视化展现。[①]

图 4-5 CNN 使用全息技术直播大选现场

【案例】 人民网科技创意短视频采用全息投影等多项“黑技术”

《2019 年国务院政府工作报告》新鲜出炉，人民网推出科技创意短视频《全息 3D 强影！这有一份“立体”报告等你来看》（见图 4-6），人工智能主播闪亮登场，直击政府工作报告里的干货，采用全息投影、三维立体建模、人工智能等多重“黑科技”，带大家直观感受“民生红包”的长度与厚度。

图 4-6 《全息 3D 强影！这有一份“立体”报告等你来看》画面截图

小结

总体来看，未来影像的讨论可以从技术、传播和产业三个视角切入。

首先，从技术层面上看，我们即将迎来的是高科技引领的“数字化未来”。智能媒体语境下的未来影像是一种智能化技术，体现了未来影像技术在人机交互方面的智能性，同时代表着未来影像发展前沿的全息影像技术也在不断颠

① 孙可佳. 5G 时代的智能影像制作与表达 [EB/OL]. (2020-01-08) [2021-12-12]. http://media.people.com.cn/n1/2020/0108/c431265—31539758.html.

覆、创新，在新冠肺炎疫情期间，未来影像进一步渗透进社会领域的方方面面，并加速着社会智能化场景的应用和推广。

其次，从传播层面上看，未来影像是一种突破了传统视觉符号的传播形态，通过融合视觉、听觉、运动觉、力觉、触觉、嗅觉等不同的感觉，形成集画面、声音、气味、材质等多种元素于一体的传播形态，更加全面地满足用户的多种感官需求，从而优化智能媒体传播效果。

最后，从产业层面上看，未来影像还被理解为一种具有突出发展潜力，且与人们的日常生活息息相关的产业载体。智能媒体语境下的未来影像可作为“影像+”的基础元素，与当前常见的交通、医疗、娱乐、电商、教育等产业融合，使后者迸发出强大的发展势能。

放眼智能媒体语境下未来影像的发展，可以预见的是，现实与虚拟之间的界限将进一步消弭，人类感官的机能将得到全方位延伸，一个“智能影像化生存”的未来正在迎接我们。

延伸阅读

周清平．“互联网 + ”时代的现代影像艺术［M］．北京：新华出版社，2017.

米特里．电影美学与心理学［M］．崔君衍，译．南京：江苏文艺出版社，2012.

石可．从格罗托夫斯基到全息影像：现场艺术中的肉身化和非肉身化［M］．重庆：重庆大学出版社，2017.

思考题

1. 结合你的经历和亲身实践，阐述未来影像在“未来”会有哪些应用和发展。

2. 结合相关实践案例，分析全息影像是如何颠覆传统影像的叙述方式和产业结构的。

3. 结合全息影像技术的发展形势，分析其对智能媒体发展的影响。

4. 请简述你理解的智能影像化“生存”指的是什么。

5. 未来媒体生态将会如何演化？试设想未来媒体与未来社会的发展方向。

6. 知常明变者赢，守正创新者进。在智能媒体时代，我们该如何做到“守正创新”？请从多元主体的角度进行阐述。

第 5 章　5G

本章学习要点

1. 了解 5G 的发展现状
2. 了解 5G 的技术特性
3. 了解 5G 的五种技术赋能
4. 从媒介产业角度了解 5G

第五代移动通信技术（5th generation mobile communication technology，5G）的问世大大提升了移动互联网的发展进程，也使得传播与媒体的理念、模式和实践有了颠覆性改变。本章将立足 5G 技术现实，勾勒技术与社会紧密交织的现实之景。

第一节　5G 是什么

如果说前四代移动通信技术的发展是为了解决“人与人之间的连接”问题，那么 5G 更有价值的地方在于它能够有效地解决“人与人、人与物、物与物之间的连接”问题，而这正是万物互联的核心要义。本节从 5G 的发展现状和技术特性入手，分析 5G 是如何助益融媒体发展的。

一、5G 的发展现状

进入 21 世纪，移动通信技术突飞猛进的发展，给人们的日常生活带来了极大的影响。2013 年，欧盟宣布投入 5 000 万欧元，专款专用加快移动技术的发展，并计划于 2020 年推出成熟的 5G 标准，这一举动拉开了 5G 发展的序幕。国际电联无线电通信部门（ITU-R）在 2015 年正式将 5G 的名称定为“IMT-2020”。2019 年 6 月，中国工业和信息化部开始正式发放 5G 商用牌照，包括中国电信、中国移动、中国联通、中国广电在内的通信商都获得了牌照，中国的 5G 商用元年开启了。5G 时代也在 2020 年全面开启。预计从 2025 年起，互联网上的可接入设备数量将会达到 500 亿。

每一种技术勃兴伊始，社会均会通过调整相应配套规定或设施来促进技术与社会的良好融合。在我国，5G 技术也经历了其特有的发展历程。在中国 5G

用户超过6 000万人后，2020年12月22日，中国工业和信息化部在此前试频基础上向中国电信、中国移动、中国联通三家基础电信运营企业颁发5G中低频段频率使用许可证①，推进我国5G网络的迅速部署。根据2021年3月第十三届全国人民代表大会第四次会议的汇报，随着我国数字经济的蓬勃发展，截至2020年底，我国已累计建成71.8万个5G基站，同时我国也将在“十四五”期间建成系统完备的5G网络并继续拓展5G的垂直应用场景。②

2021年4月19日，工业和信息化部副部长刘烈宏在国务院新闻办公室举行的国务院政策例行吹风会上表示，“十三五”以来我国建成了全球规模最大的信息通信网，光纤宽带用户占比从2015年底的56%提升至94%，行政村通光纤和4G比例均超过99%。图5-1展示了2015年至2021年第一季度我国移动通信基站建成数量。

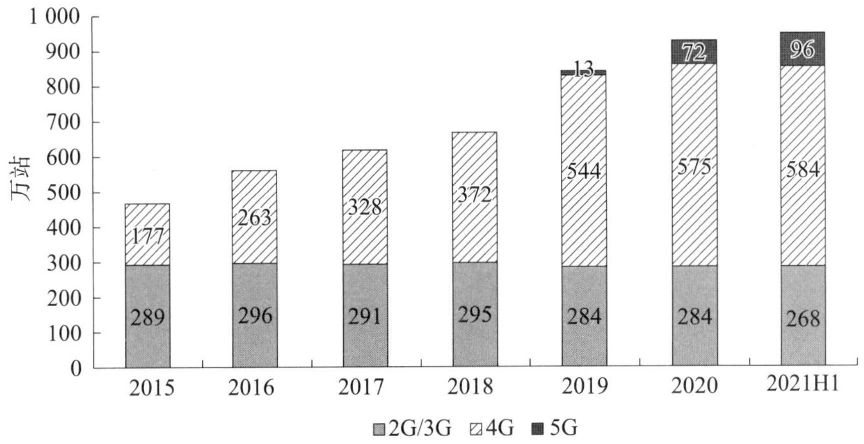

资料来源：前瞻经济学人.2021年中国5G基站建设市场现状及发展前景分析 宏基站建设步伐先行、2023年起小基站建设发力［EB/OL］.（2021-10-08）［2022-06-22］.https：//baijiahao.baidu.com/s? id=1713050002474933163&wfr=spider&for=pc.

图5-1 2015年至2021年第一季度我国移动通信基站建成数量

根据国际测速机构数据，2021年，我国固定宽带速率在全球176个国家和地区中排名第18，移动网络速率在全球139个国家和地区中排名第4。同时工业和信息化部数据显示，中国已建成全球最大规模的5G移动网络，截至2021年2月底累计建成79.2万个5G基站，5G手机终端连接数已达2.6亿。③

① 工业和信息化部.向基础电信运营企业颁发为期十年的5G中低频段频率使用许可证［EB/OL］.（2020-12-23）［2021-08-05］.https：//www.miit.gov.cn/xwdt/gxdt/ldhd/art/2020/art_a568b5b91f8f4e959ef6cd411f518ac0.html.

② “十四五”将建成完备5G网络 拓展5G应用场景［EB/OL］.（2020-10-20）［2021-08-05］.http：//www.china.com.cn/lianghui/news/2021-03/08/content_77287620.shtml.

③ 张辛欣.中国初步建成全球最大规模5G移动网络［EB/OL］.（2021-04-19）［2021-11-05］.https：//m.gmw.cn/baijia/2021-04/19/1302240880.html.

知识窗

5G应用“扬帆”行动计划（2021—2023年）

如果说2020年是中国加快推动5G网络大规模商用之年，那么2021年则是中国5G网络体系化、规范化快速发展之年。2021年7月12日，工业和信息化部、中央网信办、国家发改委等十部门联合印发《5G应用“扬帆”行动计划（2021—2023年）》（以下简称《计划》）。《计划》提出，到2023年我国5G应用发展水平将显著提升，5G个人用户普及率将超过40%，用户数将超过5.6亿。5G网络接入流量占比将超50%，且5G网络使用效率能够明显提高。5G物联网终端用户数年均增长率也将超过200%，综合实力持续增强。《计划》同时提出，要实现5G在大型工业企业渗透率达到35%、每个重点行业遴选的5G示范应用标杆数达到100个、5G物联网终端用户数年均增长率达到200%这三大指标。详见表5-1。

表5-1 5G应用发展主要指标

序号	指标	指标含义	指标值
1	5G个人用户普及率（%）	5G个人用户普及率=5G移动电话用户数/全国人口数。其中，5G移动电话用户数是指使用5G网络的个人用户	40
2	5G网络接入流量占比（%）	5G网络接入流量占移动互联网接入总流量的比例	50
3	5G在大型工业企业的渗透率（%）	在生产经营等环节中开展5G应用的大型工业企业数在我国大型工业企业总数中的占比	35
4	5G物联网终端用户数年均增长率（%）	行业企业5G物联网终端用户数年均增长率	200
5	每万人拥有5G基站数（个）	全国每一万人平均拥有的5G基站数量	18
6	5G行业虚拟专网数（个）	利用5G公网为行业企业构建的5G虚拟网络数量	3 000
7	每重点行业5G示范应用标杆数（个）	每个重点行业遴选的5G示范应用标杆数量	100

资料来源：中华人民共和国工业和信息化部．5G应用“扬帆”行动计划（2021—2023年）[R/OL].（2021-07-05）[2021-08-12]. http://www.ncsti.gov.cn/zcfg/zcwj/202107/t20210713_36519.html.

另外，《计划》提出，应大力推动5G全面协同发展，深入推进5G赋能千行百业，打通5G应用创新链、产业链、供应链，协同推动技术融合、产业融合、数据融合、标准融合，打造5G融合应用新产品、新业态、新模式，为经济社会各领域的数字转型、智能升级、融合创新提供坚实支撑。①

二、5G的技术特性

那么，5G是凭借哪些突出的技术特性成为新一代移动通信技术的呢？

目前，业界将5G的主要特性概括为高速率、高容量、低时延以及低能耗，这些特点将为一系列互联网技术夯实发展基础。从表层来看，5G的技术特性可理解为以更低的能量消耗实现更高的网络速率，但实际上，5G的影响不止于此，它将帮助人类创造新的应用、开拓新的技术边界。

知识窗

5G的速度究竟有多快？

据北大科技园创新研究院整理的数据，5G网络的传输速率是4G网络的10～100倍，峰值传输速率达到20Gb/s，在5G时代，一部大小1Gb的经典电影只需几秒钟就可以下载完；5G网络端到端时延达到ms（毫秒）级，连接设备密度较4G网络增加10～100倍，流量密度较4G网络提升1 000倍，频谱效率较4G网络提升5～10倍，能以500km/h的速度保证用户的优质体验。

在实际应用中，“高容量”与“低能耗”这两个特点是无法分割开来的。高容量标志着5G通信能够使同时接入网络的终端数量再创新高，可以实现100万台/平方公里，该数据是4G网络的100倍。当高容量与低能耗相结合，便可拓展移动通信的应用领域，届时移动通信将不再局限于消费领域，工、农、林、牧、服务等行业都可受益于移动通信技术的发展，甚至实现为每一头牲畜匹配通信装置，为每一台设备安装数据传输装置。万物互联的场景将逐渐变成现实，造就智慧城市、智慧农业、智慧教育、智慧交通、智能制造、智慧医疗等，真正实现万物可连接，万事皆智慧。②

① 中华人民共和国工业和信息化部．5G应用“扬帆”行动计划（2021—2023年）[R/OL].（2021-07-05）[2021-08-12]. http://www.ncsti.gov.cn/zcfg/zcwj/202107/t20210713_36519.html.

② 杨风华．武汉市智慧体育的建设及发展规划研究［J］．湖北体育科技，2018，37（4）：305-307，338.

什么是低时延？在网络速率得到大幅提升的同时，低时延似乎变成了一个附加属性，理论上5G的网络时延能从4G网络平均的50ms降低到1～5ms，这意味着移动网络用户能够更加高效地使用网络，而不必再担心网络卡顿等影响体验的问题。同时，低时延的价值更多地体现在社会各行各业的实际应用过程中，网络游戏、虚拟现实技术、工业制造、医疗机构、自动驾驶和交通行业等都将受益于低时延的5G网络。

如果说3G和4G的技术特性是围绕“移动宽带”数据场景并提高用户的无线接入速率，那么5G的技术特性则大大超越以往单一的“移动宽带”概念，不仅助力各类物联网应用的发展，也促进人与人之间的数据往来，满足人与物之间的通信需求。另外，由于5G相比于之前的移动通信技术有更大的经济驱动能力和应用范围，因此它成了我国经济高品质发展的重要基础。由于5G产业链长度长，经济牵引力强，投资和产出规模较大，因此5G技术也成为推动纵向行业数字化变革的重要推力。如移动医疗、车联网、智能家居、工业控制、环境监测等移动交互式应用对无线接入带宽和通信延迟均有极高的要求，5G网络的搭建则可为上述应用提供较为可靠的技术支持。

三、5G的技术赋能

随着5G网络信息技术建设和产业规模不断增长，配套应用的市场空间与商业模式也潜力俱增，可以说从国家到企业层面都在积极投身于5G应用的开发和相关产业的布局中。具体而言，5G的技术特性将如何助力当前我国千行百业实现更加良性的发展？

（一）内容传输实时化

在3G时代，以图文为代表的社交应用尚不能支持良好的视频体验；在4G时代，网络速率得到了较大的提升，推动了视频类应用的高速发展；在5G时代，信息传输的高速率、低时延能够真正实现对超高清数据内容的实时化和高保真传输。

在高速率方面，5G提供超过1Gb/s，最高可达到20Gb/s的传输速度，相比4G的峰值下载速度300Mb/s，5G理论上可支持高达百倍的提速。在低时延方面，5G要求空口时延小于1ms，端到端时延小于5ms，缩短了数据传输的整体延迟时间。

5G技术对各行各业的内容传输均有不同程度的增益，如远程医疗、车联网等都在5G技术支持下得到了进一步的创新发展。上述特性也在2021年的东京奥运会中发挥得尤为明显，5G低时延、高速率的特征与体育赛事高清直播的需求不谋而合。5G超高清视频的传输流畅、不卡顿，在满足了观众的便捷、流畅需求之外，也满足了高清晰度的赛事观看需求。

【案例】央视春晚尝试用5G技术传输4K超高清视频内容

在2019年央视春晚深圳分会场，中央广播电视总台在我国第一次实现了用5G技术跨时空传输4K超高清视频内容。据《南方日报》新闻报道，此次春晚，广东移动、广东电信、华为是广东分会场5G传输的技术支持方，为了实现5G信号在广东与北京之间的实时传播，来自广东移动、广东电信、华为的技术团队现场保障直播链上每个环节5G信号的传输，整晚直播视频画面清晰流畅、无卡顿和中断，端到端时延平均低于4ms。① 这是春晚第一次用5G网络进行4K和虚拟现实春晚节目直播，主要解决了以往4G网络无法解决的速率和时延问题，同时还满足了春晚直播的超高可靠性需求。

同时，技术也推动了无人机360度全景直播、超高清8K画面直播的普及，画面传输信息更为丰富，更多直播场景的开拓逐渐成为可能。另外，5G技术也为当下火爆的直播电商提供了不可多得的机遇。以往直播中经常面临的网络延迟、画面模糊、直播卡顿、视角单一等问题都将在5G赋能下迎刃而解。

(二) 融媒发展“全程+全息化”

5G时代引发了数据量的急剧增长，相较以往，数据类型也更为丰富。因此，5G也将带动边缘计算技术的发展，大数据应用场景将更加丰富。海量、低时延、非结构化的数据特点，对未来大数据行业的算力、实时引擎、数据处理引擎提出了更高的要求，也将全面促进大数据技术等的发展，带动大数据产业链及其他相关领域迅速成长。

高德纳咨询公司的研究报告估计，到2025年，75%的数据将在数据中心之外的工厂、医院、零售商店和城市边缘产生，若上述数据均由核心管理平台进行处理，则可能导致敏捷性、实时性、安全隐私等方面的问题。然而边缘计算采纳范围的逐渐放宽，将有利于就近处理海量数据，实现大量设备的同时高效协同工作。

5G网络和边缘计算能力也为工业互联网、车联网、自动驾驶、智慧交通、云游戏及虚拟现实、增强现实等场景提供了高效、稳定和安全的边缘计算网络解决方案，赋能企业数字化转型与发展。可以说，5G时代让边缘计算承担了越发重要的责任。

(三) 移动媒体泛在化

目前，5G技术已在多个领域开展探索。工厂、矿山、港口、医疗、电网、交通、安防、教育、文旅及智慧城市等多个领域逐步应用5G技术。在生产方

---

① 饶国慧.5G技术助推下的“VR+教育出版”[J]. 出版广角，2020（16）：76-78.

面，“5G+AI”机器视觉监测能够被更广泛地用于高温、井下、移动等环境，进一步拓展了人工智能的应用空间。

【案例】5G技术与极端环境下的载具远程操控

洛钼集团运用5G技术建成了智慧矿山。不同于以往的人工劳动，当前矿区使用无人驾驶的纯电动运输车（见图5-2）运送货物，工作人员可在办公室通过操纵杆远程指挥矿区的挖掘机进行装卸。5G技术辅助下的矿山作业可显著降低井下作业人员的数量，提高生产环境监测的准确性，极大降低了发生重大安全事故的风险。①

无独有偶，百度“5G云代驾”也可在极端场景下远程接管车辆，为无人驾驶系统补位，这一应用也能够协助工业生产。5G技术已经被应用到AGV（自动导引运输车）运输、智能锁附、工业视觉质检、操作系统灌装等多个服务器生产环节中，既保障了生产数据的安全，又提高了运营效率。

图5-2 洛钼集团智慧矿山中无人驾驶的纯电动运输车

在交通方面，5G技术高速率、低时延的特点，能够为用户提供高精地图实时下载服务，满足更精准的定位管理以及车队统筹管理，同时也强劲地支持了UBI数据业务。随着技术的完善普及，我国交通方面也正在逐步实现基于5G技术的交通安全预警和交通出行引导，同时规范并完善自动驾驶应用。

在智能家居方面，5G支持了更多的接入设备，有助于提升智能家居中枢的服务能力。在虚拟现实方面，5G技术支持的网络切片和边缘计算，能够在多种场景中使模型虚拟现实应用成为现实。同样，5G推动下的技术通信成本

① 孔德晨.5G应用再扬帆［EB/OL］.（2021-07-30）［2021-12-09］. http://paper.people.com.cn/rmrbhwb/html/2021-08/03/content_3061398.htm.

不断降低，虚拟现实的服务范围也在逐渐扩大。在高清直播方面，5G的应用落地使4K甚至8K超高清视频直播成为现实。

【案例】 5G高清直播武汉火神山医院、雷神山医院施工

新冠肺炎疫情期间，武汉火神山医院、雷神山医院的施工现场设置了多个4K高清摄像头，借助中国移动咪咕视频5G高清直播，向15家主流媒体平台，包括《人民日报》、新华社、今日头条、第一财经、梨视频、微博、映客直播等提供24小时现场画面（见图5-3），使得信息发布渠道保持畅通。通过5G传输的稳定清晰的现场画面，引起了社会的广泛关注，网友们纷纷通过观看网络直播担任起“云监工”角色。

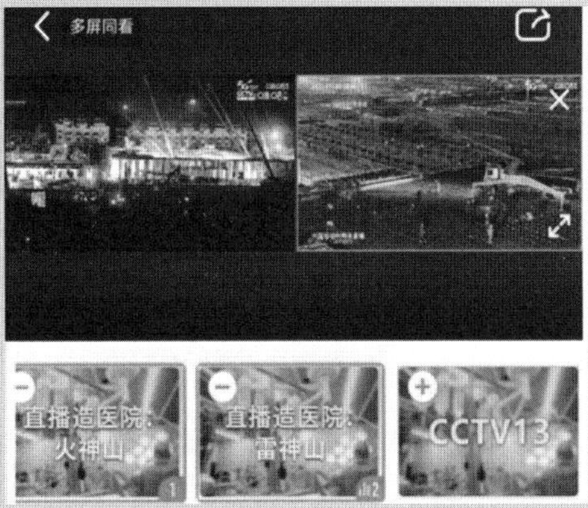

图5-3 直播“雷神山”“火神山”建造画面

在智慧城市建设方面，2021年，深圳计划新建7 706根多功能智能杆。搭载5G小型基站、温度传感、环境质量监测、充电桩等设备的智能杆，成为智慧城市信息数据收集的入口。智能杆能够被运用在市政管理、交通治理、环境监测、应急管理、资讯发布等30多个不断延伸的应用场景中。①

(四) 内容生产智能“全效化”

5G不仅能为人工智能领域的应用提供网络速度，更能补齐制约人工智能发展的短板，成为人工智能发展过程中新的驱动力。人工智能在5G技术的加持下能够提供更快的反应速度、更智能的应用模式、更直观的丰富内容以及更优质的用户体验。

百度升级建设的软硬一体人工智能新型基础设施“百度大脑6.0”，于2020年开放了270多项人工智能能力，通过定制系列场景推进各行各业应用自主可控的平台；小米构建的人工智能开放平台则以智能家居需求场景为出发点，为用户、软硬件厂商和个人开发者提供智能场景及软硬件生态服务；华为智能体则以人工智能为核心，通过云网边端协同，为城市治理、企业生产和居民生活带来全场景智慧体验。②

---

① 一根杆，撑起深圳智慧城市“入口”[EB/OL]. (2021-08-07)[2021-12-12]. http://www.sznews.com/news/content/2021-05/07/content_24191919_4.htm.

② 中国信息通信研究院. 中国5G发展和经济社会影响白皮书(2020)[R/OL]. (2020-12-30)[2021-11-21]. http://www.caict.ac.cn/kxyj/qwfb/bps/202012/P020201215481602262974.pdf.

此外，制造工业智能化程度正在逐步提升，基于现有技术（如 Wi-Fi 和蓝牙等）的无线解决方案也已经成功立足于制造车间。利用 5G 搭建的工业物联网，能够支持更灵活、更高效的生产线，服务于建立涵盖整个产品生命周期的解决方案。5G 的低时延特点，也使新兴能源公司建立智能电网成为可能。可以看到，由于 5G 网络延迟低、吞吐量高，基于 5G 的无线分布式馈线系统将成为未来智能电网的新方向。

（五）产品体验优质化

在 5G 问世之前，虚拟现实、增强现实技术及其终端设备虽然已经多次迭代，但由于虚拟现实、增强现实技术对网速有极高要求，4G 时代的网速未能匹配终端设备要求，因此用户视觉体验不尽如人意。新冠肺炎疫情推动了“宅家需求”，5G 技术的高速率和低时延恰逢其时地满足了用户前所未有的感官体验，并彻底消除了过去使用虚拟现实、增强现实技术及其终端设备时的视觉眩晕感。

借助虚拟现实技术，用户网购前能够在家虚拟试衣；在人满为患的节假日，足不出户就能前往世界各地进行游览。该技术也使得新闻媒体能够调动受众的多感官联动，为受众构建身临其境、虚拟和集成的沉浸式新闻内容。新闻场景复原及重现能够拉近新闻受众与新闻现场的距离，虚拟与现实相交叉的技术使受众成为“新闻场景”的一部分。

上述技术场景都与 5G 高速率、低时延、大连接的特点不可分割。2021 年 5 月，中国移动广西公司首次展示“5G 新通话”业务，在传统通话形式上新增图片、文字、位置、名片、动作、表情等板块，为用户带来全新的交互式和沉浸式通话业务体验。① 此类沉浸式、互动式的感官体验正在从个人、家庭市场不断拓展至 B2B（business to business）商业场景，酒店、保险、银行、电商等行业成为 5G 新通话的潜在目标。5G 还为高清视频通话业务带来了广阔的想象空间。如中国移动 5G 联合创新中心孵化了 5G 云 XR 教育项目，利用该平台的云 VR 渲染和 AI 智能识别技术实现交互式体验，为学生带来全景图片、全景视频和 3D 模型等丰富的沉浸式虚拟现实教学体验。②

第二节　5G 与媒介产业

5G 技术将对传媒行业的信息传播方式产生深刻影响，本节从媒体端和用户端两个方面，讲解 5G 技术在信息采集与处理、信息内容的优质化与多元化方面的变革性应用。

---

① 杨亚楠. 广西移动首推“5G 新通话”业务［EB/OL］.（2020 - 05 - 18）［2021 - 06 - 12］. https：//economy. gmw. cn/2021 - 05/18/content _ 34853871. html.

② 中国信息通信研究院. 中国 5G 发展和经济社会影响白皮书（2020）［R/OL］.（2020 - 12 - 30）［2021 - 09 - 21］. http：//www. caict. ac. cn/kxyj/qwfb/bps/202012/P020201215481602262974. pdf.

一、媒体端：信息采集与处理

（一）信息采集：一体化与融合化

信息系统，通常是指利用计算机硬件、软件网络通信设备等，进行信息的收集、传输、加工、储存、更新、拓展和维护的系统。在5G技术的协助下，新闻媒体的信息采集与传输设备也趋于便捷化和回传快捷化。在直播视频节目制作传播技术上，传统的视频现场直播控制系统通常由现场转播车控制系统、信号网络传输控制系统和现场直播灯光音响控制系统等部分组成。现场演播内容通过导控摄像机直接输入导控转播车，经过技术优化处理后再通过无线光纤、卫星或其他微波信号回传等多种信号无线传输方式发送至导控演播室或导控工作室。

【案例】 BBC建立全媒体“统一编辑部”

早在2007年，BBC就提出了“统一编辑部”的理念，并将其付诸实践（见图5-4）。“统一编辑部”借助数字化技术在不同平台采集、处理和发布信息，组成一个系统，对不同来源的新闻信息进行精加工，然后将现有素材组合打包成适合不同媒体的形式，从而使新闻编辑部经历从内到外的创新变革，不论是组织结构还是技术基础，抑或是采编流程，新闻编辑的各个流程都得到了创新性的突破与变革。

过去的BBC在组织结构上以频道为标准划分不同的工作部门，这些部门各自独立且有着明确的分工，但这也导致不同部门沟通不及时、交流不充分，造成了整体工作效率低下的不良后果。而在“统一编辑部”这一全新的体制之下，先前部门间的界限被打破，通过统一调配、共享新闻资源，形成了一个巨大的跨媒体的全媒体新闻中心，实现了新媒体业务与传统媒体业务相协调的一体化运营。可见，互联网信息技术的发展推动了媒体信息系统重构，促进了媒体产业的融合创新发展。

图5-4 BBC全媒体“统一编辑部”

传统的转播车信号转播系统以 SDI 基带视频接口和专用 SDI 数字视频矩阵为主要技术架构。SDI（serial digital interface）是数字分量串行接口，有十分明显的优势：它通过传输未压缩的信号使得传输过程无损失；延迟率低，即具有良好的实时性；一根电缆只能传输一路信号，具有明确的对应关系，便于信号的定位。而在 5G 背景下，转播车的新型 IP 化架构方式有了实现的空间。

知识窗

何为 IP 化

IP 即 internet protocol（网际互联协议），是 TCP/IP 体系中的网络层协议。IP 化是指将部分需要通过链路传输的信息单独放到统一的 TCP/IP 平台上，以 IP 数据包的形式进行传输，从而不必因为区分不同的业务而设置不同的管理平台、数据格式和传输介质。IP 系统支持长距离传输、布线构造简单、设备体积小且支持更高数据率，适合传输 4K 信号，便于打造高清画质，功能强大。结合新的 IP 化网络转播监控系统，5G 级的网络直播摄像机就可以轻松摆脱转播位置、回传转播方式的重重限制，丰富远程节目直播的视角与场景，大大降低远程节目直播制作的成本。

【案例】 华为公司推出便携式“5G 背包”

在 2019 年世界超高清视频产业发展大会上，华为公司展示了一款便携式“5G 背包”（见图 5－5），里面装有 5G CPE 终端。这个终端不仅连接着超高清摄影机，还连接着编码器，通过现成的 5G 网络就可以将视频流立即传送到演播导控室（见图 5－6），实现实时传输，不再需要大量光纤，也不再需要卫星转播车和微波系统。信号传输系统不再繁杂沉重，而是被精简成一个便携式小背包。在开展现场采编工作时，工作人员只需要带着这个“5G 背包”即可，在实现转播技术轻量化的同时，也优化了整个采编环节。

图 5－5 5G 无线网络发射设备展示桌面

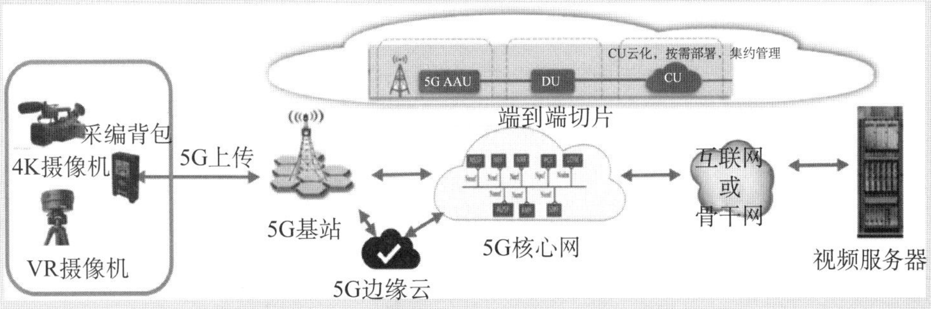

图5-6 5G高清视频传输架构

（二）信息处理：便捷化与多元化

信息处理方面，5G时代的媒体行业普遍采取“资源融合、并行处理”的方式。在5G网络覆盖的空间内，采编人员可以及时地将原始资料传给编辑者。工作人员只需要对现场采集的图像、声音、画面等数据信息进行整理后，通过移动通信设备上传到云端共享数据库，便可进行统一编辑加工、集中处理，形成模块化的素材数据库，亦可适配云存储打造云端的流媒体数据库。同时，还可以云端数据库为中心，通过平台驱动业务流程，实现具体业务运营，完成内容审核、分发与管理的对接。5G轻量级演播室可以对现场的实时画面、演播室内的现场画面进行整体导播，同时对画面内容进行导播切换、视频录制，还可以将字幕等图文包装整合（见图5-7），实现对整体资源的融合利用，并行处理方式也提高了内容制作的效率。

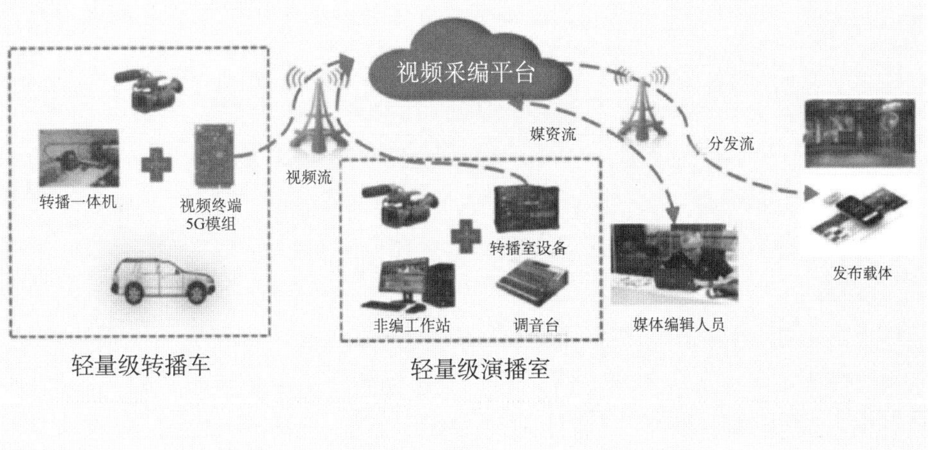

图5-7 轻量级演播室产品架构

当全部的素材资源都聚合在一个数据库当中时，编辑就可以根据不同媒体的传播特征，将资源按照需求组合成相对应的内容产品，再通过云端流媒体服务器，在不同渠道的媒体中进行传输，借此，不同媒体可以共同分享素材资源，优化采编系统（见图 5－8）。直播内容也可以通过专线或专网，直接连接直播平台或两微一端，为用户提供低延迟的直播体验，并最终实现全媒体传播，打通与不同类型用户之间的连接，增强媒体竞争力。

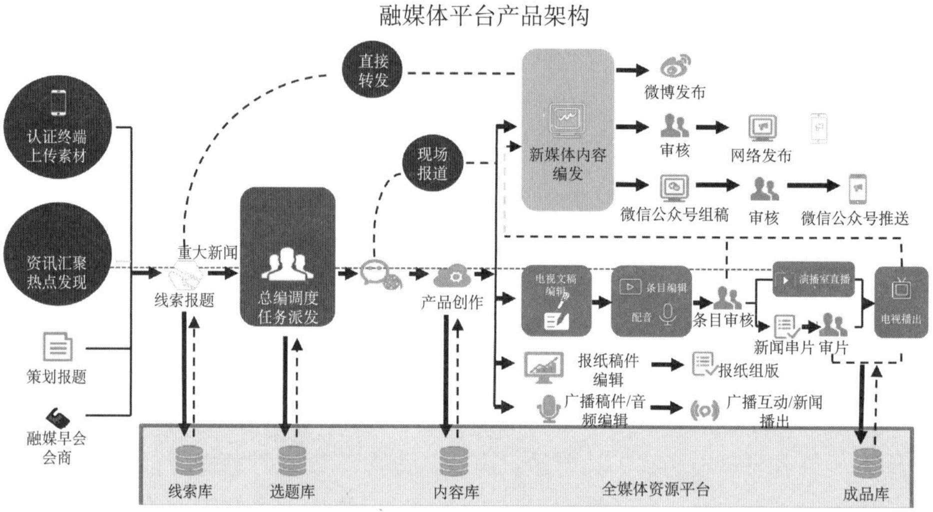

图 5－8　融媒体平台产品架构

5G 时代的媒体产品内容形式与制作方式不断拓展，总体呈现出多元化特征。随着 5G 网络的快速发展，4K/8K 互动视听体验使用户对超高清视频的需求日益强烈。4K/8K 视频直播也将成为未来大型演唱会、赛事的视频直播标准。超高清视频直播带来的网络数据传输量十分庞大，这对网络环境和传输带宽提出了非常高的技术要求。5G 网络的超大传输带宽、低数据时延的特点，让超高清数字视频的无线传输成为可能。5G 网络中数据传输速度约为 4G 网速的 8 倍，完全满足 4K 视频的传输，且 5G 网络稳定可靠，在保证视频内容稳定播出的同时，还可以通过全新的技术手段呈现精彩的视频内容，如借助虚拟现实等形式展现视频内容。5G 具有低时延的特点，可以支持内容开发协同合成与异地互动，为内容制作提供更多的空间和更大的可能。

“5G＋VR 全景视频”与“5G＋超高清视频”类似，凭借 5G 通信技术的自身优势，通信数据将会传输得更顺畅，并实现清晰度的升级，从而解决目前虚拟现实影像存在的分辨率不高、帧率低等体验问题。长久以来，有限的网络数据传输速度和网络带宽是制约虚拟现实技术市场发展的主要原因，有限的带宽导致网络数据和信息的传输不足，无法及时准确地处理和显示捕获的数据，因此存在虚拟现实画面分辨率低、模拟不够逼真、延迟太长影响效果等问题。随着 5G 通信技术的发展，上述问题逐渐得到解决，媒介形式的拓宽和内容制作与呈现形式也实现了创新性的发展。例如，2019 重庆马拉松是首个广域赛事级别的“5G＋VR”直播，也是国内首次将“5G＋VR”技术直接应用于国际体育赛事的直播。20 多公里赛道实现了 5G 网络全覆盖，使用虚拟现实摄像设备拍摄的全景视频被实时传回播控中心，播控中心配备专业的导播和制作团队，通过配置图文打包、导视切换等多种广播级设备，实现了视频内容的精细化制作。

【案例】 新华社推出5G全息异地同屏系列访谈

在新冠肺炎疫情影响下，相较于以往的记者云集，2020年的两会缩减了新闻记者的数量，以此减少人员的聚集与密切接触。为此，新华社推出了5G全息异地同屏系列访谈（见图5-9）。访谈依靠干涉和衍射原理进行全息成像，“克隆”出与真人记者拥有同样采访能力的虚拟记者，记录并再现人物的真实样态，然后依靠5G网络传输保证高速的传输和高清的画面，实时呈现采访双方的语音、动作、表情等，让交流采访更加顺畅与自然。借助5G网络和未来影像传播技术打造智能媒体，可重组内容生产体系，变革内容生产方式，以更便捷的制作方式呈现出更多元的高质量内容，为用户提供前所未有的视觉体验。

图5-9 5G全息异地同屏系列访谈

二、用户端：信息内容的优质化与多元化

（一）信息内容：沉浸化与场景化

新一代移动通信技术的到来并未改变“内容为王”这一服务理念的核心地位。4K、8K超高清视频正随着5G技术能力的提高而逐渐实现大规模普及。从标清、高清到超高清格式，电视节目制作受益于科技的进步，利用先进的技术手段助力于高质量的内容生产。与高清标准相比，4K、8K信号在分辨率、色域、量化深度等不同维度上都有所改进与突破。超高清视频的画面质量十分优越，图像清晰度得到大幅度提升，其高动态范围、高饱和度、色彩逼真的特点使画面成像更为精准细腻、自然流畅，实现了对现实场景的高度还原，甚至接近于人眼的感受，呈现出更为动感逼真的视频效果，可以极大地满足用户在消费娱乐、监控等领域的需求。

另外，5G技术还可以激发媒介的巨大发展潜力，推动内容产品的升级革新。特别是5G带来的高容量和低时延，十分有利于虚拟现实、增强现实产业的进一步发展。现有的设备受限于目前无线网络传输速度和传输时延，通常采用HDMI线缆连接，极大限制了用户的使用范围，影响了用户体验。要实现完美的虚拟现实体验，就必须实现较低的时延，5G具备的毫秒级端到端时延的特性可以解决这个难题。此外，VR头显需要对画面进行精细绘制，头盔与主机间需要传输大量数据，5G的超高传输速率也能较好地满足虚拟现实技术对数据传输的要求。通过现实和虚拟世界的有机融合，虚拟现实等高新技术能给予用户更好的沉浸式体验，更好地吸引和服务用户。

当前，随着5G、人工智能等新一代数字信息技术的发展和成熟，智能技术已经开始渗透进传媒业，成为媒体融合的新动能。未来，5G将发力于信息传输，实现信息传输方式革命，解决高数据带宽下的移动统一接入；虚拟现实和增强现实将广泛作用于用户端，促进接收方式的革命性改变，以沉浸感和交互性来重构人与世界的交往格局。在科技高速发展的背景下，5G与人工智能相结合将重组内容生产体系，以技术赋能用户生产内容、丰富内容生产模式，完善现有的媒体内容形态，为用户提供更真实沉浸的体验。

用户本位的观点成为市场共识后，该如何精准又切实地提升用户体验呢？在移动互联网时代，当我们使用支付宝、微信、大众点评、高德地图等工具时，可以发现，这些平台均已经开始运用场景化的思维来提升用户体验。“场景化”，顾名思义，就是将用户使用和消费的场景纳入整个传播链条中，甚至将场景作为核心要素，强调关注和剖析用户的个性化需求。场景不但包括硬件要素，如地理时空位置、周围环境景物，还包括软件环境，如用户心理、社交氛围等等。通过将用户特定场景作为出发点，挖掘用户在特定场景中的信息需求和服务需求，进而进行相应的信息适配，可以实现基于用户场景的信息服务。

如今，场景化推荐已经深度影响着我们的媒体使用和生活。借助LBS定位系统，这些工具可以分析用户的行为轨迹，然后准确定位当前的使用场景，并根据使用场景提供信息，辐射周围商家、服务机构的信息，再通过对终端的大数据采集和分析，为用户提供个性化的内容及服务（见图5-10）。而上述服务均在5G的支持下有了更为稳定、安全的状态。

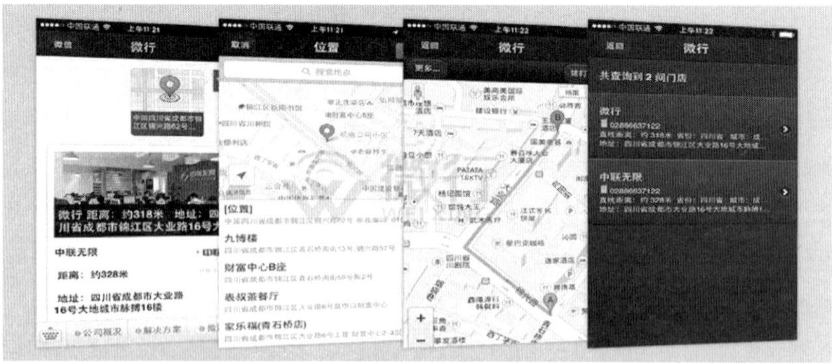

图5-10　场景化出行推荐

可以说，5G技术的出现，初步打开了人、物联网的大门，是一种更广泛互联的新体验。在5G技术的推动下，物联网可以做到每平方公里内连接100万台设备，是4G移动网络接入设备数量的近百倍。在此类情况下，人们身边将有越来越多的物体被连接在同一网络下，这将极大提高媒体对于用户数据的收集和分析能力。而基于多种传感器的数据收集和大数据分析，可以更加准确地分析用户在不同场景、不同状态下的需求，为用户提供更精确的场景适配，提供与之相对应的优质内容，创造良好的用户体验。例如，可通过大数据提前搜集了解用户需求，再为之精准匹配一对一的信息服务。

（二）信息形式：跨屏化与云端化

进入 5G 时代，大量的数据向存储和下载技术提出了更高要求，因此“云”和“网”将成为重要的基础设施，借助代表门户和接口的终端和屏幕实现交互。从视听媒体的角度来看，我们已经从单一屏幕的视听世界发展到多屏幕的视听世界，并逐渐走向跨屏幕时代。电视、电脑、手机、平板电脑……用户的内容消费不再仅仅围绕着单一的终端，而是围绕多种终端共同展开。5G 的高速率提高了用户与终端的互动频率，手机、电视、穿戴设备、智能家居、传感器等多终端在物联网的连接下可以共同成为媒介，创造使用的互动场景。用户打通多个屏幕，就意味着不同的场景之间具有进行场景切换的需求，这尤其需要 5G 以及物联网的垂直适配，例如让手机成为物联网络的输入端，通过小屏带动大屏，从而打造一个更多元的、“互动式、服务式、体验式”的跨屏视听生态系统。

除此之外，跨终端互动也将给用户平台带来进一步的改变。纵观媒介终端的进化特征，从电视到电脑再到手机，媒介越来越符合人的生理使用习惯，也离人的身体越来越近，在日常生活中扮演着越来越重要的角色，逐渐成为人们身边无法替代的一部分。随着物联网、虚拟现实、语音交互等高新技术的快速发展和应用，VR 眼镜、可穿戴设备、智能家居均利用便利的终端使信息向更加广大的人群传播，从而为用户提供覆盖面更广的多媒体终端接收服务，同时也提高了传播的渗透力和影响力，多终端之间的互动协作将成为未来的发展趋势之一。

5G 时代的另一个重要革新是云计算。云计算是互联网时代一种新型的计算方式，这种技术包括了网络空间安全存储技术和数据备份技术，依赖于硬件和算法对信息进行快速的处理。它突破了传统计算方式效率低下的问题，在计算方式、计算能力上取得了质的突破，可以有效解决数据处理的问题。云计算技术具有强大的优势，它可以基于用户的实际需求，有针对性地为客户提供软硬件资源以及相关信息资料，不仅能够在较短时间内实现对信息数据的有效反应，还能充分利用资源，达到资源的最大化使用。

在互联网消费领域，终端计算正不断向云端迁移并以此降低终端硬件的成本，从而为未来移动智能终端产品的广泛化与普及化奠定坚实的基础。在 5G 技术的支撑下，数据传输速度比以往更快，数据吞吐量比过去更大，这将使得云游戏与云电脑成为可能。不同于传统的游戏，用户只需要连接至相应的官方云游戏平台就可以直接进入云游戏当中。此类游戏不需要下载安装包进行资源保存，只需要点击云端便可以畅玩。在云端服务器的支持下，处理和渲染等运算过程仅需在云端进行。用户在控制虚拟机时便可轻松享受实时返回的游戏画面，5G 网速的低延迟也能有效提升用户的游戏体验。

【案例】 华为推出“云电脑”

华为曾推出过一款“华为云电脑”(见图 5-11)，通过手机连接屏幕，就可以轻松使用远程云桌面，与使用真正的电脑相比几乎没有差别。所有运算均在华为云虚拟机中，不占用任何手机计算和存储空间。代表着高速率、高容量、低时延的 5G 技术，提升了云计算的网络响应效率、可靠性和单位容量。由此大量的本地计算业务能够迁移到云端，使云计算可以充分发挥自身的优势，万物皆云的时代即将到来。

图 5-11 华为云电脑

小结

本章简述了 5G 技术对传媒行业信息的传播方式将会产生的深刻影响，但 5G 的影响绝不仅仅局限于改变信息传播的方式。回顾移动通信的早期技术研发过程，前四代移动通信技术的发展都是为了解决“人与人之间的连接”问题，不断优化移动网络给用户带来的使用体验，目前 4G 技术已经足以满足绝大部分用户的日常使用要求。因此，5G 更有价值的地方在于它能够有效解决“人与人、人与物、物与物之间的连接”问题，而这正是万物互联的核心要义，如果说 4G 改变生活，那么 5G 则是为了改变社会。在 5G 时代，不论是商用还是家用，人工智能的普及都离不开 5G 技术的支持。

总而言之，21 世纪移动通信技术突飞猛进的发展，给人们的日常生活带来了极大影响。以高速率、低时延和大连接为特点的第五代移动通信技术进入了人们的生活，也成为继 1G、2G、3G、4G 技术后，能够满足人们暴涨的移动数据流量需求的新型网络基础设施。5G 网络的搭建成为万物互联的重要技术基础，也为我国融媒体事业提供了全新的发展可能。可以说，随着信息传播技术在未来的不断推进，5G 信息传播技术融媒体应用将如毛细血管般渗透于社会各层肌理中，无所不在地影响社会的运行。本章聚焦于技术发展现状，全方位、多角度地对 5G 以及 5G 融媒这类重大社会变革性应用进行剖析，探索我国未来 5G 融媒发展之路。

延伸阅读

项立刚. 5G时代：什么是5G，它将如何改变世界［M］. 北京：中国人民大学出版社，2019.

吴军. 浪潮之巅［M］. 北京：电子工业出版社，2011.

赫拉利. 未来简史［M］. 林俊宏，译. 北京：中信出版社，2017.

迈尔-舍恩伯格，库克耶. 大数据时代：生活、工作与思维的大变革［M］. 盛杨燕，周涛，译. 杭州：浙江人民出版社，2013.

思考题

1. 请结合最新的关于媒体智能化发展的案例或相关产品使用体验，浅谈你对智能媒体的理解，并分析5G为智能媒体发展带来的改变。

2. 从自身生活出发，你日常生活的一天中会使用几次5G技术？分别是什么？

3. 5G与媒体的融合路径有哪些？5G技术从哪些环节和方面赋能媒体产业？

4. 思考一下，5G技术是怎样使得信息采集呈现一体化和融合化趋势的？

5. 5G的哪些技术特性能够使得新闻媒体工作者在信息处理时更加便捷？又有哪些技术特性使得新闻媒体提供给受众的内容更加多元？

第三部分

智能媒体的文化传播

在第三部分中，我们着重转向文化层面，并从身份和社交网络两个维度寻求智能媒体传播与文化的联系。相传古希腊德尔斐的阿波罗神庙前庭曾刻有一句话：认识你自己。(Know thyself.) 1845 年，马克思在《关于费尔巴哈的提纲》中提到："人的本质不是单个人所固有的抽象物，在其现实性上，它是一切社会关系的总和。"一百多年后的费孝通继续关注着社会关系以及其中的个体，认为中国的乡土社会关系格局像是把石头投入水中激起的一圈圈波纹，而西洋社会的格局则像一捆捆扎起来的柴。无论是一个个波纹的圆心，还是一根根柴，它们都是社会关系中的个人。

在第 6 章，我们将考量个体与身份的关系：我们如何认识自我 (self)？又如何建构我们的身份 (identity)？我们该如何认知现今智能传播环境中的自我？

人是社会动物，社会交往是最基本的人类活动。借助传播媒介，人类形成了社会网络。在当代互联网世界中，社交网络平台风头最盛，也正在变得越来越智能化。在第 7 章，我们将对社交网络中的新传播主体——社交机器人，以及"后真相"进行介绍。

第 6 章　对身份的新认知

本章学习要点

1. 重新认识自我与身份
2. 在数据环境中认识自我
3. 了解量化自我与质化自我

中国古代的人性论分为性善论和性恶论。无论是《三字经》中的“人之初，性本善”，孟子的“人性之善也，犹水之就下也”，还是荀子所言“人之生固小人”，都试图对人性的本质做出判断。无论是性善论还是性恶论，它们作为一种论断都隐含着对人后天成长过程之重要性的肯定。而我们恰恰是在后天成长过程中才得以找到自我，得以建构出自己的身份。本章即以自我与身份这两个概念为开端，然后将其置入数据环境中加以考量，介绍量化自我与质化自我两个概念。

第一节　自我与身份

个人在特定的社会文化环境中，学习和掌握知识、技能、语言、规范、价值观等社会行为方式和人格特征，适应社会并积极作用于社会的过程，就是社会化的过程。

美国社会学家乔治·赫伯特·米德（George Herbert Mead，见图 6－1）认为，“自我”是发展的过程，它不是人一出生就有的，而是在社会经验和活动的过程中产生的。① 自我由社会经验积累而成，环境对人类行为有重大影响，这种理论被概括为“社会自我”理论。人之所以为人，除了“能够制造和使用工具”之外，还因为人具有某种“自我感”，能够将自己的意识和身体作为对象并与之对话。一个人如果能接受他人的态度，以一种角色扮演的姿态来扮演“自我”这个角色，那么他就实现了对“自我”的建构。

① Mead G H. Mind，Self and Society from the Standponit of a Social Behaviorist [M]. Chicago：The University of Chicago Press，1967：135.

图 6－1 乔治·赫伯特·米德（1863—1931）

知识窗

米德、库利与芝加哥学派

芝加哥学派以 20 世纪 20 年代至 30 年代的美国芝加哥大学社会学系为重心，以斯莫尔、托马斯、杜威、库利、米德、帕克和伯吉斯等为主要代表人物，以当时社会环境中的移民、贫困、流浪、犯罪等社会问题为关注对象进行经验研究，借鉴西梅尔等欧洲学者的社会学理论和哲学思想，树立了一系列关于社群与民主、人类传播与交往、城市生态等议题的学术典范，不仅占据了当时美国社会学研究的主流，而且对传播学的早期发展提供了大量洞见。

其中，米德和查尔斯·霍顿·库利（Charles Horton Cooley，见图 6－2）研究了语言等符号在社会发展和维持以及形成个人精神活动等方面所起的关键作用，强调个人精神活动与社会传播过程之间的关系，他们的理论被称为“符号互动论”。后来经过许多学者的补充和发展，符号互动论的观点进一步完善。

图 6－2 查尔斯·霍顿·库利（1864—1929）

米德认为，儿童期是自我发展、儿童社会化的关键时期，并将其分为“模仿阶段”（或称“准备阶段”）、“游戏阶段”及“团体游戏阶段”三个部分。

（1）“模仿阶段”：三岁前的儿童，深受“重要他人”影响，会通过模仿其行为举止来学习与了解他人行为。

（2）“游戏阶段”：三至八岁的儿童，通过游戏扮演生活中大人的角色，并学习模仿属于该角色的行为。

（3）“团体游戏阶段”：八岁以上的儿童则受“概括化他人”的影响，开始观察其他人的角色与看法，学习从他人的角度看自己。

库利用“镜中自我”（looking-glass self）来形容自我是人与人不断互动的产物，我们通过与社会中他人的交往，设身处地地反观自己的行为表现，进而借此想象自己在他人心中的形象，并想象别人对此形象的评价。而“镜中自我”得以形成的群体是“首属群体”（primary group），指“一个面对面亲密关联与合作的群体”——家庭即是最常见的首属群体。首属群体具有塑造自我的力量，该群体中所显现出的人际关系特性就是所谓的“人性”。

熟悉了“自我”之后，让我们接着谈谈与之密切相关的概念“身份”（identity）。身份一词被用在许多地方，我们很难对其下一个清晰而无歧义的定义。对于“身份”的定义，学界做出过很多尝试。彼得·威恩莱希（Peter Weinreich）等人认为身份是“一个人的自我建构的整体”，一个人“在当下自我诠释的方式”，身份表达了一个人对自己过去的自我诠释的沿袭以及对未来自我的模样的渴望，这之间体现着连续性。[①] 另一种解释则将身份与自我联系起来，认为身份是一系列“自我”属性的集合——一个人可以同时是母亲、女儿和消防员，这个集合构成了相对固定的能够识别（identify）一个人的属性——这也是identity有时会被翻译为“自我同一性”的原因。英国学者戴维·帕金翰（David Buckingham，见图6-3）从个人与集体的相对性来理解身份。他认为身份对于个体而言代表的是“不同”，是个体有别于他人的独特性；而身份对于集体而言代表着“相同”，是在诸如国家、民族、性别等集体内的集体认同感。[②] 当然，我们不难发现，这种集体身份的“认同”事实上也是相对于其他集体的“不同”而言的——正如索绪尔（Ferdinand de Saussure）所言，人类对于

① Weinreich P，Saunderson M. Analysing Identity：Cross-Cultural，Societal and Clinical Contexts [M]. London：Routledge，2003：26-34.

② Buckingham D. Youth，Identity，and Digital Media [M]. Cambridge，MA：The MIT Press，2008：1-24.

世界的理解是基于一系列“二元对立”的，任何“概念”都是“由与系统中其他概念的关系而间接地被界定的。概念自身最精准的特性存在于‘非他’之中”[①]。我们根据自己与他人的不同，或曰某种程度上的对立来确立自己的身份认同，同时也根据自己所属集体与其他集体的不同来确立自己的集体身份认同。

图 6-3 戴维·帕金翰（1942—2022）

知识窗

身份的延伸——“身份政治”

戴维·帕金翰在其有关身份的研究中提到，拥有各自不同的集体认同的群体会以不同的方式来表达自己身份的积极意义，这一行为或多或少地拥有被社会掌权者承认的合法性。身份政治一词指的就是试图挑战这一既有进程的社会运动：他们一直在努力抵制由对他们掌握权力的其他人对他们的身份所进行的压迫性描述，并声称拥有自决权。时下，身份政治体现得最明显的方面是种族、民族、性别、性取向和身体残疾等。

我们简要了解了身份是如何产生的，紧随其后的问题就是：是什么定义着我们的身份？我们的身份是一成不变的吗？当今世界最重要的思想家之一安东尼·吉登斯（Anthony Giddens，见图 6-4）在其著作《现代性与自我认同》（*Modernity and Self-identity*）一书中做出了回应。他首先为我们描摹了一幅“晚期现代”世界的图景：1960 年以后，人们的生活中充满风险与怀疑、安全与焦虑、压力与紧张。在全球变暖的背景下，极端气候灾害频发，海洋、空气污染问题日益严重，人们不知道这些问题何时会给我们带来难以挽回的灾难；与此同时，人与人之间的关系也愈加复杂，盘根错节的利益纠葛和角色扮演让人们难以互相建立信任。

---

① 索绪尔．普通语言学教程［M］．高名凯，译．北京：商务印书馆，1980：120.

图6-4 安东尼·吉登斯（1938— ）

查尔斯·赖特·米尔斯（Charles Wright Mills，见图6-5）之所谓“普通人感到适应不了他们如此突然就要面对的更广泛的世界；他们不能理解自己所置身的时代对自身的生活意味着什么”① 描述的也正是这样一种情景。政治、经济和文化的全球化程度越来越高，传统机构及其所代表的价值体系的影响力日渐衰落，我们在日常生活中所做出的个人选择不断地被这种晚期现代性影响——我们的身份正是由此被定义。在此基础上，吉登斯认为晚期现代的人们的身份建构行为是一个“反身性的项目”（reflexive project），即我们不是理所当然或被动地继承我们是谁，而是积极塑造、反思和监控我们自己，在我们的生活中书写我们自己的传记叙事。我们将我们的身份视为一个项目，一个我们积极建构并最终负责的东西。

图6-5 查尔斯·赖特·米尔斯（1916—1962）

① 米尔斯．社会学的想象力［M］．2版．陈强，张永强，译．北京：三联书店，2005：5.

自我认知的反身性与“反思”有一定的相似性，区别在于反思是主观的，而反身性是客观的——人们似乎通过主观的自我观察、自我叙述和自我评价等行为建构了对自己的身份认知，然而事实上，这个建构过程本身就势必产生一些结果并反过来直接影响个体之后的发展轨迹，这种影响是客观而不因个人主观意志转移的。在这种相互联系、相互影响的反身性过程中，个体的身份也就不会是一成不变的。一个帮助我们理解反身性的案例如下。

【案例】 抗生素的使用与医学的进步

20世纪40年代，青霉素作为一种药品得到广泛普及之后，以肺结核、梅毒等为代表的许多致命病症都不再是不可治愈的，医学获得了长足的进步。但是，青霉素的使用也导致了细菌的耐药性不断增强，为此，人类又要寻找新的抗生素来对付耐药菌。这个循环达到某种极致之后，可能会出现某种耐受一切抗生素的超级细菌，而我们将再次面临无药可用的尴尬境地。这样的循环就是反身性的一种体现。如果我们不使用抗生素，而是用人本身的抵抗力去对抗疾病，那么超级耐药菌这样棘手的问题就不可能出现，但是医学也就停滞不前了。一种选择导致了一种后果，人们根据这种后果继续做出新的选择，世界仿佛在人们的不断努力之下持续进步着，但从反身性的视角出发，世界对人类选择的反应也是重要的动力。

不仅我们的身份不是一成不变的，我们的身份也不一定能够永远体现真实的自我。在人际交往中，人们为了达到某些目的，总是尝试着引起他人的注意，这就是印象管理。事实上这种印象管理贯穿于人们生活的一举一动中，人们仿佛生活在一个剧场之中，不断地在不同的场景扮演不同的角色，这就是拟剧理论（dramaturgical theory）。

知识窗

戈夫曼与《日常生活中的自我呈现》

欧文·戈夫曼（Erving Goffman，见图6-6）是美国著名社会学理论家，其著述在人文社科领域的被引用量甚至高于德国社会学家哈贝马斯（Jürgen Habermas）。其代表作为《日常生活中的自我呈现》（*The Presentation of Self in Everyday Life*），文风颇受大众欢迎。他曾为了兴趣和民族志研究而在拉斯维加斯当赌场经理。

图 6-6 欧文·戈夫曼（1922—1982）

在《日常生活中的自我呈现》中，戈夫曼从符号互动论中发展出了一套具有自身特点的、说明日常生活中人与人之间相互作用的理论，被称为拟剧理论。他把社会比作舞台，把社会成员比作演员，以此来解释人们的日常生活。戈夫曼将人们运用各种技巧和方法左右他人，以在他人那里建立良好印象的过程称为“印象管理”。印象管理不仅包括用自己的行为去直接影响对方，也包括建造自己表演的舞台布景，这实际上是对互动情境的设计。此外，戈夫曼还试图将不同的社会情境与剧场的“前台”和“后台”对应起来。在前台，人们呈现的是能被他人和社会接受的形象；后台是相对于前台而言的，是为前台表演做准备、掩饰在前台不能表演的东西的场合，人们会把他人和社会不能或难以接受的形象隐匿在后台。在后台，人们可以放松、休息，以补偿在前台区域的紧张。人们不能将前台行为用于后台，也不能将后台行为用于前台，而是应该在不同的场合表现出该场合应有的行为，而其标准是社会的规范，即社会对角色行为的规定。一个成功的社会成员就是要知道在什么场合应该怎么做，判断场合并用适当的方式去行动。

第二节　数据环境中的“我”

在智能媒体时代，自我身份往往与数据环境紧密相连，这便有了数据环境中的我们，并因此而产生了量化自我（quantified self）与质化自我（qualified self）这两种现象。

一、量化自我

今天，我打了四通电话，平均每通24分钟。手机显示，最后一通电话我打了22分23秒。前天晚上，我搭乘火车去往布鲁克林，这趟旅途花费了我45分10秒，我手机上的秒表记录下了这个数字。昨天，我跑了5 000米，计步器显示平均每英里[①] 8分45秒。我还知道我的阅读量打败了45%的朋友，这是Kindle告诉我的。而我的iPhone跟我说，我锻炼时举起杠铃的时间只有54秒，比我估算的少了一些。然后，我昨晚进入最佳睡眠状态的时间是7小时20分钟，而一整晚我醒过来两次——我的腕带可一直在看着我。现在我终于明确：如果不服用安必恩（Ambien）[②]，我每晚只能进入浅睡眠状态。

以上文字来自美国专栏作家艾丽萨·夸特（Alissa Quart）。

现在，越来越多的人使用以智能穿戴设备（见图6-7）为代表的技术来进行自我追踪：睡眠时间、每天的步数、消耗的卡路里、服用的药物。美国的一些保险公司甚至会获取用户健身设备中的信息，以诸如卡路里摄入量、日均热量消耗、睡眠时长、心率和饮酒史等指标来定义个人生活方式是否达到了一定的健康要求，并对达到要求者提供更低的保险费率以及购物卡等奖励。人们的日常生活经验被转化为数据意味着什么？

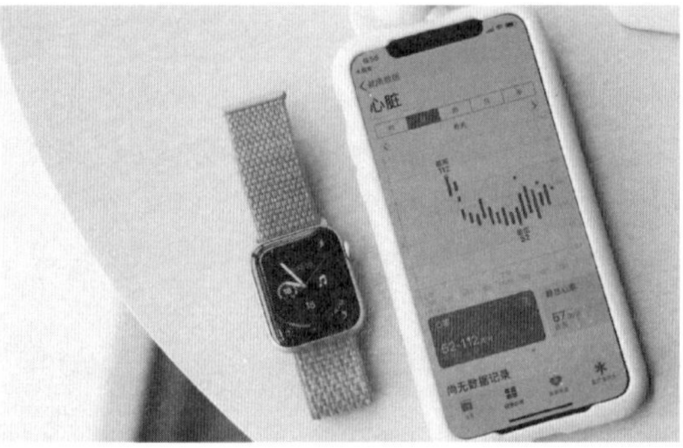

图6-7 苹果公司出品的Apple Watch，可以监测多项身体指标

社会学研究可被分为量化（quantitative）研究和质化（qualitative）研究。其中的量化研究（或称定量研究）指的是采用统计、数学或计算技术等方法来对社会现象进行系统性的经验考察，数据是研究的主要对象。量化的对象不光可以是统计数据或广义上非人的研究对象，事实上，在不少先例中人们已经开始尝试对自我进行量化。18世纪的美国开国元勋之一本杰明·富兰克林（Benjamin Franklin）同时拥有政治家、哲学家、科学家等多重身份，他就曾持续地记录了自己如何花费时间，以及是否达到为自己规定的目标。他用图表和便条的形式量化自我，来“执行自我检查计划”。牛顿也曾为了了解人类眼睛的运作方式而长时间地盯着太阳的反光，差点导致自己失明。到了20世纪20年代，美国建筑师、诺贝尔奖获得者巴克敏斯特·富勒（Buckminster Fuller）有

① 1英里约合1.6公里。
② 一种美国产的安眠药。

一个大型剪贴簿，他在一段时间中严格地每隔15分钟就记录下一些东西，以此作为自己的“生命记录”。此外，医学史上的众多伟大发明显示，包括布洛芬、疟疾疫苗和心脏导管术等等，其发明发现过程都伴随着研究者的自我实验和自我量化，并且直到现在，自我实验者仍在持续得出重要发现。

这种对自我的量化随着技术的发展而不断进步。人们看到了自我量化可能带来的诸多裨益和趣味。2007年，《连线》杂志主编凯文·凯利和技术专栏作家盖瑞·沃尔夫（Gary Wolf）提出了“量化自我运动”（the QS movement，简称QS运动），指利用可穿戴设备和传感器技术等收集人们日常生活中不同方面的个人数据，探索自我、反思自我，从而获取自我认知的运动。沃尔夫认为，QS运动可以帮助人们通过数字来实现自我认知：“我们知道从事广告、管理、经营、搜寻时数字对我们大有帮助，但当我们沉思、学习、记忆、想要进步时，数字也对我们有用……虽然大多数人只把这些工具当作指出问题的窗口，但其实它们也能钻进人的内在，变成自我发掘、自我意识、自我进步、自我知识的镜子。”

2013年，“量化自我社区”（the QS community，简称QS社区）成立。该社区把对“量化自我”感兴趣的使用者和工具制造者组织起来，召开量化自我大会和其他规模较小的定期聚会，在全球各国建立量化自我的兴趣组织。在QS社区的聚会中，人们通过“展示和讲述”分享自我量化经历，包括糖尿病人的血糖数据、每天摄入的黄油量、记录俯卧撑次数、通勤时长、骑车锻炼频率、宠物的日常数据、婴儿身体数据监控等等，不一而足。最后所有发言者都被要求坦率地回答三个问题：你开展过怎样的自我量化？你是如何开展的？你从中学到了什么？

QS社区不仅是敢于尝试的先导型用户专属的群组，也在演变为一个社会舞台，在这个舞台上，人们讨论许多社会争议，比如促进技术和公共卫生的对话。

【案例】 德国的量化自我运动风潮

德国汉堡青年菲利普·卡尔维斯现年30岁，热衷于“量化自我”。比如，他某一天记录了自己走路7 361步，头一天夜里只睡4个小时，其中1个多小时是深睡眠。卡尔维斯告诉德新社记者：“测量才能改善。”卡尔维斯花99美元购得一条装了感应器的束发带和一个苹果应用程序，戴着这个束发带睡觉就可以获得与睡眠相关的数据并把数据传送到苹果装置中。

他的体重计具备无线传输功能，可把体重和脂肪等数据即时传进电脑或手机。他下载了一款手机应用软件，用于记录跑步速度和距离，并把这些数据与朋友们分享。

“量化自我”爱好者在“量化自我”网站上发布自己的健康数据，与他人交流所使用的测量方法及设备。商家也针对这一群体推出产品，现阶段可在“量化自我”网站上看到500多种测量健康数据的装置或应用信息。最新发布的产品包括一种进食速度控制叉子，它能感应使用者咬到叉子的次数，发觉进餐速度过快就发出提示音。

网站经常组织爱好者聚会，安排爱好者与健康产品开发者见面。弗洛里安·舒马赫是“量化自我”德国地区负责人。他说，“量化自我”爱好者形成一定规模后，会促使企业推出新产品并获得用户反馈。德国健身专家贝娅特丽克丝·赖斯认为，这些应用“让人们以玩的方式进一步了解自身，激发自身实现健康目标”。

资料来源：欧飒．德国“量化自我”运动渐成风［EB/OL］.（2013－01－13）［2021－08－08］. http：//news.xinhuanet.com/world/2013－01/13/c_124223264.htm.

量化自我理念几乎可以被应用在与我们生活相关的任何方面。通过测量体重、监测血糖、记录心房震颤、追踪微量元素摄入量和记录睡眠、运动等各项活动指标，量化自我可以帮助我们改善健康；通过记录工作时间和内容、写下自我反思的文字以捕捉思维状态，量化自我可以帮助我们保持警觉并最大化工作效率；通过记录我们在陌生城市的行走足迹、记录我们日常会话中双关语出现的频率等，量化自我能够帮助我们获取更多有趣的知识、寻找更新奇的生活体验。量化自我还可以与云端数据相结合，通过相关设备、网站和程序，获取人们所消耗的食物、心理表现等方面的数据并实时将这些数据上传云端进行分析和处理，从而监测人们的身体状态，让人们更深入地了解、认识自我，并引导人们改变不良习惯，有效提高生活质量。

量化自我可被分为自我驱动量化、商业驱动量化、公共量化、逼迫量化和强制量化。其中公共量化又称公民科学，涉及将私人的量化数据捐献给公共卫生研究，以期获得更大收益。逼迫量化主要指雇主和员工之间的经济激励。而强制量化意指没有更有效的替代方案时的量化。

总而言之，随着移动互联网的发展、智能可穿戴设备的日渐普及，以及各类健康 App 的涌现，“量化自我”已经成为人们的一种生活理念，目前，“量化自我”在健康管理行业有着成熟的应用。广义上讲，“量化自我”绝不仅限于身体和健康领域，而是从单纯的身体数据逐渐延伸到个体的行为、认知领域，包括涉及的个人观点、消费习惯等，它们都可以成为量化自我的一部分。

然而，量化自我同时也面临着一些挑战。我们应当警惕，量化自我存在着两种不安全性，其一是个人数据的隐私问题，其二则是参与者们的视野可能会因此而变得狭窄。当人们过分关注自己身体的各项数字时，他们的思维将变得机械化。此外，量化自我的成本比较高，除了价格不菲的穿戴式设备，量化自我往往需要有配套的手机应用、在线社区来实现更加高级的功能——当然，成本不只是经济上的，还有时间、体能与注意力。同时，量化自我在与大数据的结合方面也并不尽如人意，如果不同的数据库无法互相整合，全面、精确地解读自我就是不可能实现的，更谈不上知识的数据化、普适计算网络。数据的整合不仅面临技术、算法、元数据规则等问题，还涉及隐私、数据安全、国家主权等社会政治问题。虽然量化的自我公开指的是使用数字作为监测和测量日常生活和体现的元素的手段，但它可以被更广泛地解释为在这个移动和可穿戴数字设备以及传感器饱和度不断提高的物理环境时代中已经形成势头的一种精神和实践工具。

二、质化自我

理解质化自我的关键在于理解媒介记录（media accounting）和媒介实践（media practice）这两个关键名词。

尼克·库尔德利（Nick Couldry）把媒介理解为一种实践行为，而不是文本或生产结构。媒介实践研究的是以媒介为面向的或与媒介有关的所有开放的实践行为类别，以及媒介在组织其他社会实践行为中所发挥的作用。这种观点倡导替换大众传媒时代围绕文本或生产结构的生产—传播—接收直线型模式。而李·汉弗莱斯（Lee Humphreys）在其专著《质化的自我》（*The Qualified Self*）中强调的媒介记录可以说是一种媒介实践，它使我们能够记录我们的生活和我们周围的世界，然后再呈现给我们自己或其他人。联系上文有关身份认同的内容，可以说当我们在文字、图像、音频和视频中创造自己的媒体痕迹时，我们也创造了自己。

质化自我是媒介记录中的核心概念，它包含质（quality）、质化（qualify）和质化的（qualification）三个核心概念。

质：指一个人的性格、性情或本质。

质化：指我们的媒体痕迹，以及其他以我们为特征的媒体痕迹的合集，传达了我们是谁的特定版本——一个质化的版本。

质化的：质化的自我表达了我们不同的社会角色。

汉弗莱斯指出，当前的媒介记录在一些实质的意义书写上与百年前并无二致，仅有的差别在于速度、体量和读者范围。[①] 媒介记录对于个人身份建构有重要的意义——一些社交媒体用户在丢失了自己的账号后用“死亡”来形容自己的感受的做法，也就不难理解了。

【案例】 作为媒介记录的“手账”

华中科技大学袁艳教授在她的研究“慢从何来、断在何处？——从手账的物质性反思数字断联”中，探究了以下问题：手账究竟是一种什么媒介？手账本距离数字技术究竟有多远？手账之慢究竟从何而来？

袁艳认为，手账是作为一种媒介组合而存在的，其核心层是纸、笔、胶带等文具，而外围是“手账er”使用手机、电脑、打印机等数字设备以及利用社交平台进行手账信息分享等一系列实践。手账文化是与网络空间高度融合的一种产物，做手账不等同于传统的写日记，它融合了团购、分享、打卡、逛集

① Humphreys L. The Qualified Self: Social Media and the Accounting of Everyday Life [M]. Cambridge: The MIT Press, 2018: 6-50.

市等多种身体实践，是新旧媒介在数字时代相互融合转化的结果，而非传统文化的回归。人们从手账中所感知到的“慢”和“断”并非来自纸和笔的固有属性，而是传统书写技术的某些物质性或“痕迹”在数字技术条件下通过特定的技术和文化实践被“再中介化”的结果，其背后是技术之间、人与技术以及人与人之间关系的不断生成和转化。

资料来源：袁艳．“慢”从何来?：数字时代的手帐及其再中介化［J］．国际新闻界，2021（3）：19－39.

小结

本章奠定了两个关键概念的基础：自我和身份。我们在社会中进行角色扮演，以他人鉴己或以己自鉴，并在这些过程中区分出了自我与他者，实现了身份的建构。而这个自我身份在智能媒体时代往往与数据环境紧密相连，并因此而产生了量化自我与质化自我这两种现象以及与之相关的种种理论迷思。对技术本身以及人与技术之间关系的反思传统久已有之，但这种反思在现在这个时代显得前所未有的必要。技术会影响我们如何看待、如何分析自我与身份，而这种影响所带来的有关隐私、数据安全、人的认知与生活习惯的问题，是我们应当反思的。

延伸阅读

吉登斯．现代性与自我认同：晚期现代中的自我与社会［M］．夏璐，译．北京：中国人民大学出版社，2016.

汪民安．现代性［M］．南京：南京大学出版社，2020.

Leslie Z. Communication Research Methods in Postmodern Culture：A Revisionist Approach［M］．2nd ed. New York：Routledge，2017.

Humphreys L. The Qualified Self：Social Media and the Accounting of Everyday Life［M］．Cambridge：The MIT Press，2018.

Lupton D. The Quantified Self［M］．London：Polity，2016.

思考题

1. 自我与身份有何区别?
2. 你认为“自我”是人一出生即天然带有的，还是后天逐渐找到的?
3. 如何理解“现代性”，以及安东尼·吉登斯所言的“反身性”?

第 7 章　社交网络新生态

本章学习要点

1. 了解网络个人主义
2. 了解社交机器人
3. 了解“后真相”

社交网络（SNS）的概念包含了社交网络服务（social network service）、社交网络软件（social network software）、社交网络网站（social network site）三层含义，带来了囊括服务、软件、网站及其应用于一体的社交语境，在此语境中，传播的沟通方式和传播渠道发生了巨大的改变。无论是现实人际关系网络所延伸出的线上社交，还是完全孵化于与网络世界的数字连接，多元主体、多种形式的网络交互行为发生于现实生活与虚拟世界之中，在重构社会空间的同时也编织出了全新的社会关系格局。进入智能媒体时代，层出不穷的新现象不断塑造着社交网络的新生态。

基于人际网络关系的社交媒体的构建和应用的智能化需求正在与日俱增。人工智能和大数据可借助算法为用户拓宽弱连接关系网络。无论是凭借画像和标签所进行的相关内容、相关用户的推荐功能，还是凭借人工智能技术对用户行为等信息进行智能分析和深度学习以辅助人际交往，各类面向不同社交需求的智能化社交媒体越来越多地展现在我们的面前。在这一情境下，为了使我们对社交网络的理解不致太显过时，对新理论的不断引入以及对旧理论的阐释更新就显得愈加重要。本章着重介绍六度分隔、社交机器人和后真相这三者。

第一节　社交网络中的“我”

本节自六度分隔理论引入，希望在廓清该概念的同时为读者建构出社交网络的形象化概念；进而以网络个人主义为例，分析智能媒体时代社交网络表现出的一些新特征。

一、六度分隔

对六度分隔（six degrees of separation）理论的一种浅显解释是“你和任

意一个陌生人之间的间隔不会超过六个人，最多通过六个人，你就能够认识任意一个陌生人"。当然，这并非意指任意两个人之间的联系都必须通过六个层次才会产生交集，实际上，六度分隔理论表达的是任何两位素不相识的人之间总能够产生某种关系，绝对没有关系的 A 与 B 是不存在的。

类似的理论最早大约可以追溯至匈牙利作家弗里吉斯·卡林蒂（Frigyes Karinthy，见图 7－1）于 1929 年创作的短篇小说《链》（*Chains*）。他在其中首次提出"小世界现象"这一构想，认为随着交通和信息传播技术的进步，社会结构会逐渐"缩小"，人与人的联系会更加紧密，两个完全陌生的人可以通过不超过五个中间人来产生联系。以下为小说中给出的两个例子。

图 7－1 弗里吉斯·卡林蒂（1887—1938）

【案例】 弗里吉斯·卡林蒂的短篇小说《链》（节选）

"你怎样才能联系上塞尔玛·拉格洛夫（1909 年诺贝尔文学奖获得者——引者注）?"

"塞尔玛·拉格洛夫，嗯，这再容易不过了。"他两秒钟之内就构思出了方案："拉格洛夫刚刚获得了诺贝尔文学奖，那么她肯定认识瑞典国王古斯塔夫——因为根据惯例国王必须亲手为她颁奖。众所周知，古斯塔夫国王热爱网球，经常参加国际网球赛事。他曾和凯尔林·贝洛（匈牙利网球运动员——引者注）同场竞技，那么他们俩一定互相认识。而我自己恰好与凯尔林先生熟识已久。我们只需用到五个链接中的两个就可以了。来吧，想个更难的给我试试!"

我提出了一个更具挑战性的问题：用一系列链接把我和福特汽车公司的一个不知名铆工联系起来——我用了四步。这个工人必定认识他的某位能直接与福特先生本人搭话的工头，而福特与赫斯特出版集团的总裁是朋友。我也有一个好朋友，阿尔帕德·帕斯托尔，他最近正好与赫斯特的总裁有过一面之缘。我可以让我朋友发电报给赫斯特集团的总裁，请他联系福特先生，福特先生再联系工头，接着工头再联系那个铆工。如果我需要的话，这个铆工直接就能为我组装一辆新车。

20世纪60年代，当时在纽约城市大学工作的社会心理学家斯坦利·米尔格兰姆（Stanley Milgram，见图7-2）等人设计了一组小世界实验（small world experiment），该实验的目的是研究两个随机选择的人之间相互认识的概率。[1] 这是看待小世界问题的一个角度。此问题的另外一种等价视角是将整个人群视作一个社交网络，然后尝试寻找任意两个节点之间的平均路径长度。米尔格兰姆的实验提供了一套计算任何两个人之间的关联数的流程，用来测量这些路径的长度。

图7-2 斯坦利·米尔格兰姆（1933—1984）

知识窗

小世界实验

实验设计了一条通信链，起点是美国内布拉斯加州的奥马哈和堪萨斯州的威奇托，终点是马萨诸塞州的波士顿，选择这些城市是因为人们普遍认为它们在地理和文化上都相距甚远。实验内容是将含有一位波士顿股票经纪人名字的信件随机发送给居住在起点城市的一组人，并要求每个收信人都要将这封信寄给自己认为比较接近那个股票经纪人的朋友，朋友收信后照此办理。每一个经手信件的人都需要在随邮件附送的花名册上登记自己的信息，以便米尔格兰姆团队追踪通信的进展。

实验开始后不久，信件就陆续抵达终点波士顿的目标联系人手中，最终，296封信件中的64封成功寄达。其平均路径长度大致落在5.5～6.0这个区间。因此研究者得出结论：美国社会网络中人与人的距离大约平均

① Travers J，Milgram S. An Experimental Study of the Small World Problem [J]. Sociometry，1969，32 (4)：425-443.

为6。米尔格兰姆的小世界实验被广泛认为是六度分隔理论的学术源头。然而事实上米尔格兰姆本人并未使用过六度分隔这个术语，该实验的论文成果“An Experimental Study of the Small World Problem”中也未曾出现过“six degrees of separation”这一表述。小世界实验的结论仅仅是“美国社会网络中人与人的距离大约平均为6”，并且其中有几点需要注意：这一结论仅适用于当时的美国；“6”不是最大距离而是平均距离，大部分信件未能抵达终点；信件的传递路径并不是最优的，实验参与人对社会网络只有局部的认知。米尔格兰姆的研究展示了小世界网络的特点：网络规模可以很大，但是其半径可以很小。

“六度分隔”这一概念得到广泛普及，可能的最大功臣是美国剧作家约翰·格威尔（John Guare）和他编剧的电影《六度分隔》（*Six Degrees of Separation*，见图7-3）。剧中主角的一段台词令人印象深刻：“我们之间，只需要6个人相连。不管是美国总统还是威尼斯的船夫，只要找到正确的6个人，我们就能联系起来。我们之间联系如此紧密，这让我感到十分安慰。”

图7-3 电影《六度分隔》海报

【案例】 电影《六度分隔》

社交名媛路易莎和艺术品经销商弗兰住在纽约的第五大道，他们有三个聪明可爱的孩子，其中两个就读于哈佛大学，另一个在格罗顿（美国著名私立高中）读书。这对羡煞旁人的上流社会夫妻成为保罗（威尔·史密斯饰）这个狡猾的骗子的猎物。一天晚上，保罗蹊跷地出现在他们家门口，身负重伤，血迹斑斑，自称是他们孩子的同学，也是西德尼·波蒂埃（20世纪五六十年代美国著名黑人影星）的儿子。

路易莎和弗兰对保罗的品位、智慧、文学修养和惊人的烹饪技巧印象深刻。这些引人爱慕的外在条件很快帮助保罗博得了这对夫妇的信赖，他们开始借钱给保罗，并对保罗不断发表的溢美之词很是受用。直到保罗将一个骗子带回家之后，他的计划才最终败露，路易莎震惊地发现保罗事实上一贫如洗。当路易莎夫妇终于明白自己是众多受骗者之一时，他们将保罗赶出了家门。

保罗的事迹成为上流社会津津乐道的经典逸闻，许多遇到过他的人都深受其影响并因此而互相连接起来。

影片于1993年在美国上映。编剧约翰·格威尔表示剧本源自一个真实的故事。1983年，黑人青年汉普顿因冒充影星波蒂埃的儿子和哈佛学生在曼哈顿上流社会中招摇撞骗而被捕，案件受害者之一、哥伦比亚大学新闻学院院长是格威尔的朋友。格威尔将故事改编为戏剧《六度分隔》，该剧于1990年在林肯中心上演并大获成功。此后他遭遇汉普顿本人的起诉，汉普顿认为自己的故事“被偷窃”。1993年，汉普顿败诉，而这部戏剧被进一步改编为电影。

依照六度分隔理论，每个个体的社会关系都可以被弹性延展并最终交织为一个大型的网络，如当代社交网络。随着移动互联终端的深入普及，社交媒体已经成为当代社交网络的重要支撑平台，以及人们生活中不可或缺的重要社会交往空间。社交媒体上的用户行为不同于一般意义上的社交，在为人与人之间带来更多联系的同时也带来了信息超载和沟通超载等问题。“信息茧房”已广为人知，而沟通超载的风险也值得警惕。社交媒体带来的不仅仅是海量信息本身，随之而来的还有对获取信息的渠道以及信息源的关注。我们收到的信息将超过以往任何时刻，我们的注意力被无限切割再被逐一占据，我们所面对的社交网络更是人与人之间所产生的一切关系的联结，背负着信息和沟通超载的社交成了当代人非主动选择的一种生活常态。为了解决上述问题，“智能社交”概念应运而生，也引领着“社交媒体2.0时代”。

在这样的时代背景下，依靠推荐算法技术的今日头条在残酷的互联网竞争中成功突围。它不仅改变了传统的传播方式，也让内容传播从传统媒体走向了新媒体社交时代。然而随着推荐算法大行其道，其内在的内容推荐过度依赖标签，以及进一步导致信息茧房的产生等不合理之处也日渐显现。在这样一个头条系App面临推荐算法瓶颈的时刻，基于智能算法技术的“Ta在”似乎提出了一种全新的可能性。

【案例】 智能社交新实验——“Ta在”

“Ta在”的核心技术是在具备自我进化能力的人工智能技术基础上所实现的一种全新的群体人工智能算法。不同于头条推荐，“Ta在”采用了一种无标签的算法模式。这种算法不基于对人或内容的分析，而是通过分析和统计用户的行为模式学习人的智慧、直觉和知识判断。基于这样的群体智慧，平台可以更加全面地理解用户。这种算法能够自我生长和演化，从而解决推荐算法所带来的固化标签和限制个人发展的问题。“Ta在”在其官方介绍中表示，它基于群体智能算法，以超越关系链和标签化的传播方式，打破朋友圈的束缚，让用户自由表达立体完整的自我；即使不是“大V”，用户发布的高质量内容也能被世界看到；基于兴趣匹配的推荐，用户能找到心灵相通的同类。“Ta在”本质上是一个智能社交媒体平台，推行一种旨在回归本质、从零开始，实现知识和内容的传播最大化与社会关系“凝聚”“减负”的“零式社交”模式。

我们在社会关系的获得上一度依靠围绕在自己身边的既有且固定的资源，如业缘、地缘等。在传统的社交网络中，社交意味着关系链的确立。然而这样的社交媒体所面临的问题是，关系越复杂，传播的信息就越受限，用户越不敢发言、不敢评论、不敢点赞，甚至做出类似于关闭朋友圈的行为。这样做的结果是好的内容无法得到有效传播，最后充斥于社交网络的内容只能是折中而泛化的。而随着社交媒体“任务导向型”社会关系的构建，为社交而社交变成一种默认的习惯与常态，人际交往需要付出的代价令“网生”原住民不堪重负。

基于这样的考虑，在产品设计方面，“Ta在”放弃了关注链这一环节，极大地颠覆了社交媒体对“社交”的传统定义，传统的“粉丝”“关注者数量”等数字标识被用以描述平台智力水平的“CIQ”数值替代。主界面右上角的CIQ和个人页面上的“Ta在指数”，会显示算法的智能进化程度以及对用户的了解程度，例如，如果“Ta在”平台CIQ数值是18，就说明“Ta在”的智能水平相当于一个18岁的人类。当演化逐渐趋于稳定后，较为严密的知识结构与人际结构将相应形成。当这种对应关系越来越精准和清晰之后，“Ta在”将最终形成一个庞大的知识图谱与知识库。

“Ta在”用自带生长性的算法，激励用户通过图片、文章、链接、问题的方式分享自己对世界、对自我的观察、感想和观点。每条帖子被标以七种颜色的符号：暖色代表主流，冷色代表小众，从暖到冷分别代表流行、信息、知识、未知等几个分类。根据开发团队的说法，这个设定是为了加速长尾信息的精准分发，让更多对特定内容感兴趣的人及时地看到自己所需的信息。而通过与系统的互动，用户的指令将会被反馈到机器学习模型之中，用来对用户进行更精准的画像。平台借此熟悉用户、体会用户、理解用户，在为用户构建完整的自我世界之余，还能为其寻找、发现和连接更多用户未察觉到的自我。“Ta在”的每一个用户都是系统智能的训练师，这种养成类游戏的参与感激发了用户创造内容的积极性，由此产生的期待感则加深了用户对软件的依赖程度。同时，用户无法预测今天会接收到何种信息，这也就打破了“过滤泡”，避免单一信息来源束缚人的判断、价值和审美。为了避免社交捆绑，在“Ta在”平台上，用户并不能关注和私信对方，这种设计加强了隐私保护。同时“Ta在”还设置了一个合拍按钮，平台可依托演化和理解式算法为用户推荐“臭味相投”的伙伴。

正如“Ta在”一直对外宣称的那样：这是一场伟大的社交实验。[1]尽管“Ta在”能否完整还原用户兴趣爱好这一问题仍然存疑，其因缺乏指向性而导致的用户发帖动机问题仍需深入研究，用户发布的内容如何与“知识”画等号亟待考证，从兴趣到社交的飞跃还需要漫长的信仰过程，但“Ta在 ”无疑打开了一扇不同于以往的智能社交的新大门。

2019年“声音社交”也成为智能社交版图中重要的组成部分，以吱呀、Soul、音遇为代表的声音社交App一度抢占下载排行榜的领先位置。以吱呀为例，用户登录后可自行录制声音，由系统进行鉴定并给出标签，进而以此为依据进行用户推荐。值得一提的是，吱呀创建了一个“派对”模块，旨在通过多对多社交为用户创建点对点的连接机会。

【案例】 声音社交新体验——Soul

Soul是一款主打寻找“灵魂伴侣”的社交平台，需要先对用户进行多种问题的“灵魂测试”，测试话题以价值观、消费观、爱情观为主，回答问题后才根据算法给用户推荐观点、想法最为吻合的用户作为聊天对象。相对于场景较为宽广、门槛较低的普适性智能社交App，Soul选取陌生人社交的子集，将其作为主要功能，跳出颜值、回归灵魂的设定在竞争激烈的智能社交领域容易取得用户先入为主的好感。

“内容”和“关系链条”一直是社交媒体关注的重点和竞争的核心。怎样的内容会带动表达、引发交往行为，如何寻找圈层划分的突破口、刺激圈子的自发性重组，始终是开发者探索新社交场景的关键。智能社交技术主要依托算法机制与社交机制的结合，社交工具作为指南，算法工具负责找出答案[2]，为准确把握所需内容与疏通关系链条提供了科学有效的解决办法。但与此同时，用户的选择权被算法黑箱剥夺，算法过滤器横亘在人际关系网络节点之上，同质化的信息流将相异的观点排斥在外。就算打开大门迈入公共平台，虚拟世界的嘈杂声也会紧密地将我们包裹起来，使我们难以辨认方向。

智能技术赋能下的虚拟社交世界有无限的可能性等待我们去探索，也有更多的未知等待我们去求证。但是我们更应时刻以理智、客观的视角审视我们已然“赖以生存”的社交媒体，在复杂多变的人际关系和纷繁无尽的信息中，不断地寻找真实，并坚持清醒独立的生活节奏。

---

① 创业最前线．从零开始：“Ta在”让信息到达每一个想看到它的人那里［EB/OL］.（2018-12-14）［2020-05-02］. https：//www.sohu.com/a/281754538_136866？sec=wd.

② 胡泳．有智能社交这回事吗？［J］. 新闻战线，2019（3）：75-77.

二、网络化个人主义

社交网络上的智能连接几乎无处不在。打开QQ、微信或微博查看好友名单，不难发现，不管是在封闭的社交媒体平台（比如QQ和微信）还是在开放的社交媒体平台（比如微博），用户与他人建立好友关系时都遵循了两个原则："熟人法则"或寻求"志同道合者"。换言之，我们的好友名单里既包括现实生活中有交集的人——从父母、朋友、工作伙伴到美发师、健身教练等，亦包括素未谋面但却有着相近的兴趣爱好的人，比如读书群、妈妈群、驴友群的成员。

除此之外，网络化个体的社会化网络还有新的一层——"观众层"，它紧靠在弱联系层之外。在这一层中，陌生人也可扮演建设性角色。例如，在人们购买一件商品后，他们可以对于自己的购买经历发表评论、评分，使用个性化标签来标明这件商品对自己的意义，并且在其他提到这个商品的博客或新闻网站上发表评论，他们的参与行为有可能会帮助到之后的购买者。网络化个体可以依据他们的兴趣、爱好与特征来创建新的社区，不论线上还是线下，抑或两者融合。他们也可以利用弱联系社交媒体来发现与他们有共同之处的人，并与之发生联系。再如，A和B建立了一个关于某爵士音乐家的话题圈，在其中发布相关文章、新闻、评论和个人信息，并非常努力地保持着话题圈的活跃度。同时，他们也在其他人发布的社交媒体信息下撰写支持该音乐家的评论。

可见，网络化个体不仅参与社交网络，同时也在特定群体中扮演具体、专业的角色。比如，一个涉及个人健康的社交网络圈子可能包含着家庭成员、邻居、同事、线上和线下支持组织的成员、专门在专业文献和医疗报告中搜集相关信息的人，以及一些可以提供帮助但彼此并不熟识的人。穿梭在不同的关系和圈子中，网络化个体可以依据自己的喜好、信仰、生活方式、职业、兴趣等特征来建构自己独特的多重身份认同，在不同情境中承担不同角色，比如爵士乐迷、咨询师、研究者、可持续发展的提倡者、软件设计者等。但即使参与了多种不同圈子，用户仍然有自己的立场、兴趣、偏向等个性特征。可以说，网络化个体使社会群体或组织分布更加分散。网络和移动革命使得远距离的协调与控制成为可能，于是货品与服务可以来自很多不同的地方。文档和图像成为网络上的附件或者被储存在"云"里，人们可以从任何地方获取它们。手机和可以使用无线网的电脑造成了工作者的分散，他们可以在家、在路上、在咖啡店里随时与他人建立连接。

以上案例体现了社交媒体时代的"网络化个人主义"[①]。网络化个人主义是

① Rainie L，Wellman B. Networked：The New Social Operating System［M］. Cambridge & London：The MIT Press，2012.

一种对社会关系结构的全新理解，指的是社会交往的单元由群体变成了嵌入多元的、交叉的社会关系网络中的无数个体。每个人都运行着一个与外界分离的、独特的个人化的关系网络，而且能在多个子网络之间根据自身需求快速切换。互联网和其他新的通信技术正在帮助每个个人来定制自己的个性社会关系网。这其实在某种意义上是一种半智能的状态，但是需要用户自己来做选择。设想这样一个熟悉的场景：你前一天晚上在微博上发了几条关于宝马的信息，第二天便收到了宝马的广告，第三天收到宝马、丰田、奔驰的广告。显而易见，你被定义为一个典型的汽车用户爱好者了。这即为智能媒体传播的初级阶段。所谓智能媒体社交，就是通过机器学习实现与人工智能的结合，推动基于大数据挖掘的用户行为向更为智能的方向前行。

【案例】 智能社交——以TikTok为例

中国视频分享应用TikTok（抖音海外版）已然成为首家在美国市场大获成功的中国消费科技公司。TikTok成功的关键在于，它能够提供很多用户自己都不知道会感兴趣的轻松短视频。字节跳动强大的算法会将这些视频以一种日益个性化的方式推送给用户，让他们迷上这些内容。通过高级人工智能，TikTok已经找到了为用户提供有趣内容、创建一个能够达到病毒式传播效果的用户生成视频网络的方法，这是其他社交媒体巨头都没能做到的。

TikTok上的大部分视频持续时间不超过15秒。用户使用TikTok编辑工具制作视频，可以在原素材中添加音乐和其他视觉效果。这种形式容易让人觉得饶有兴味。

与脸书或Snapchat的典型做法不同，TikTok用户不是只能与朋友分享视频，而是可以像油管那样与全世界分享视频，为自己建立庞大的粉丝群。应用内置的工具可以使视频制作变得更简单。与照片墙和推特等社交媒体给个人用户带来的压力相比，TikTok内容会像糖果一样给人们带来更多的轻松愉悦。

TikTok可根据用户的浏览记录推荐类似主题的视频内容，一方面为用户节省了选择时间，另一方面却使用户的内容接触面变得狭窄。在视频内容推荐方面，TikTok或许应该进行算法的优化，根据用户的个人信息、平台使用情况等对用户进行更加精准的定位，为用户推荐更多样和高质量的视频内容，在平台、内容与用户三者之间建立更长久的关系。在社交中注入人工智能，通过算法推荐体系加强对高质量内容的推送，用户体验才更加美好，大家才更愿意把时间花在这个平台上。

第二节 走近社交机器人

讲到机器人，大家脑海里可能会浮现出一台机器，同时又具有外化的人格特征。比如在新冠肺炎疫情期间，有些国家在治疗新冠病毒的过程中采用了医疗机器人（见图 7-4）；当波士顿动力公司推出的机器狗（见图 7-5）来到新加坡国立公园时，它会一边行走一边提醒游人保持一米以上的社交距离；在日本，宠物机器人 PARO 给受到心理创伤的老年人提供心理抚慰（见图 7-6）。这些都是我们熟知的机器人的形象。

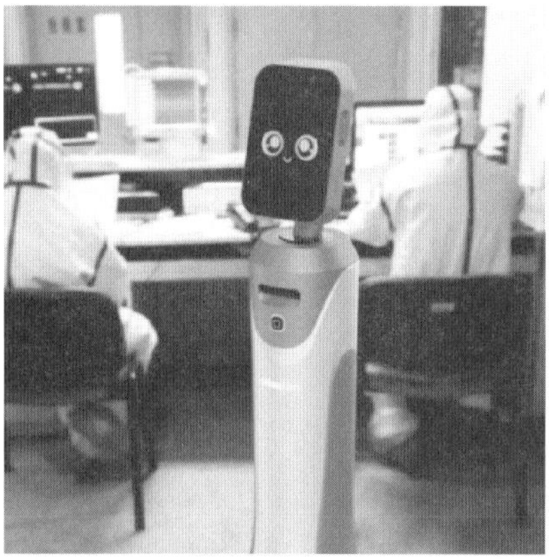
图 7-4　医疗机器人

图 7-5　波士顿动力公司的机器狗

图 7-6　日本宠物机器人 PARO

然而本节所要讲的社交机器人，可能没有那么高的辨识度，它们往往生存于社交网络，没有外在人格形象，却有内在人格特征。那么，如何来定义这种社交机器人，它有什么样的特征，会对社会和舆论产生什么影响，而我们又应该采取什么样的举措，是本节的主要内容。

顾名思义，社交机器人（socialbots）是由“社交”（social）和“机器人”（robots）构成的合成名词，前者既指向社交媒体平台，又包含广义的社交传播；后者意指机器人。因此，我们可以说，社交机器人是一种具有社会属性的机器人。

【案例】 你知道这些社交机器人吗？

2011年10月25日，西安钟楼在新浪微博平台开设了名为“ⓐ古城钟楼”的账号（见图7-7），坚持每天按干支计时的十二时辰定时发送“铛”的微博报时。从每日子时开始，“铛”字随之递增，页面整齐，引来众多围观者。2013年1月初，“ⓐ古城钟楼”爆红于网络，一夜间赢得超过10万名粉丝。这便是新浪微博上出现的第一个社交机器人。

2012年12月24日，一个名为“ⓐ浙大CCNT实验室饮水机”的微博账号（见图7-8）横空出世，“她”自我介绍道：“Hi，我是浙大饮水机娘，我在水开和没热水的时候发一条微博。”“她”每隔几分钟就会说：“主人，我已经沸腾了，快来喝吧～”“饮水机娘”凭借呆萌二次元特征很快吸引了大批粉丝。

2014年微软推出对话型人工智能“小冰”（见图7-9），在网友们的养育以及人工智能科技的加持下，“小冰”已经成长为聊天秒回、拥有亿万粉丝的人气美少女。在微博、QQ群、微信公众号都可看到“小冰”的身影。

2016年5月29日，四川绵阳发生4.3级地震，中国地震台网“地震信息播报机器人”（见图7-10）仅仅花了6秒钟，就写出了一篇图文并茂、内容丰富的新闻稿，全程自动写作、自动发布、无人介入。

图7-7 ⓐ古城钟楼

图7-8 浙大CCNT实验室“饮水机娘”

图7-9 微软“小冰”

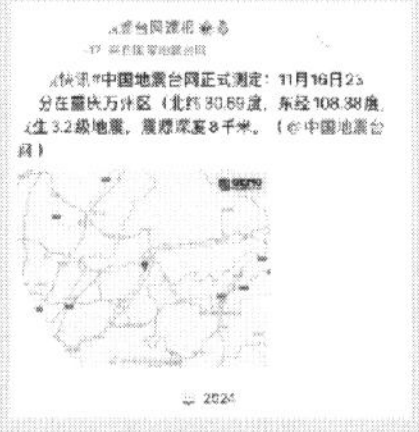

图7-10 中国地震台网“地震信息播报机器人”

2018年4月，据皮尤研究中心的统计，在推特上，有超过三分之二的热门网站链接是通过社交机器人发布的。[①] 这些社交机器人用途广泛，既可实时回答真人用户各式各样的问题，亦可自动更新内容和生成新闻报告，甚至还可有意散布不实信息、左右公众意见、操纵信用评价系统。实际上，社交机器人并

① Wojcik S，Messing S，Smith A，et al. Bots in the Twittersphere [EB/OL].（2018-04-09）[2021-06-19]. https：//www.pewinternet.org/2018/04/09/bots-in-the-twittersphere/.

非全新现象。早在2014年12月，美国《连线》杂志便刊发了一篇名为《网络机器人数量现已超越人类》的特刊文章，指出社交机器人已自动生成了社交媒体平台上约60%的内容。①

社交机器人的研究兴起于计算机科学领域，聚焦社交机器人如何模仿人类传播行为并与之互动，形成了两个态度迥异的派别：

一是社交机器人的“乌托邦”——社会构架路径。以蒂姆·黄为代表的学者们对社交机器人持乐观论调，认为它有利于形塑社交网络实践及人类社交互动活动，如果运用得当，那么社交机器人将会与真实用户建立良性互动，并建构关系紧密的社交网络。②

二是社交机器人的“敌托邦”——信息安全路径。以雅赞·博什马夫为代表的部分学者对社交机器人持审慎态度，将社交机器人视为一种威胁，并认为人类用户可能成为这种威胁下的牺牲品。③

在此基础上，如何定义社交机器人成为不同科学学科中的一显性议题。南加利福尼亚大学信息科学院的埃米利奥·费拉拉（Emilio Ferrara）及其合作者在《社交机器人崛起》一文中指出，社交机器人已栖息于社交平台多年，本质是计算机算法，通过自动化软件代理生产内容，试图仿真及尝试改变人类行为。④ 克里斯丁·圭密（Christian Grimme）等将社交机器人定义为实现社交互动自动化的智能体。⑤ 罗伯特·格尔瓦（Robert Gorwa）和道格拉斯·吉尔伯特（Douglas Guilbeault）对社交机器人到底是什么、能做什么的概念进行了全面梳理，并对社交机器人进行了分类。⑥

基于欧美学界的研究成果，我国学者也开始对社交机器人的内延和外涵展开探索。比如，张洪忠及其合作者依据传播对象将社交机器人分成两个基本的类别，一个是聊天机器人，还有一个是垃圾回收机器人。聊天机器人的关键点在于，它是与人类用户进行一对一互动的，而垃圾回收机器人是一对多的，它会从一个点无穷尽地向周围发送信息，使得信息更快地扩散开来。⑦

---

① McMillan R. Bots Now Outnumber Humans on the Web [EB/OL]. (2014-12-30) [2021-07-14]. http://www.wired.com/2014/12/bots-now-outnumber-humans-web/all/1? mbid=social _ fb.

② Hwang T, Pearce I, Nanis M. Socialbots: Voices from the Fronts [J]. Interactions, 2012, 19 (2): 38-45.

③ Boshmaf Y, Muslukhov I, Beznosov K, et al. The Socialbot Network: When Bots Socialise for Fame and Money [C] //ACSAC'11 Proceedings of the 27th Annual Computer Security Applications Conference. New York: ACM, 2011: 93-102.

④ Ferrara E, Varol O, Davis C, et al. The Rise of Social Bots [J]. Communication of the ACM, 2016, 59 (7): 96-104.

⑤ Grimme C, Preuss M, Adam L, et al. Social Bots: Human-like by Means of Human Control? [J]. Big Data, 2017, 5 (4): 279-293.

⑥ Gorwa R, Guilbeault D. Unpacking the Social Media Bot: A Typology to Guide Research and Policy [J]. Policy & Internet, 2020, 12 (2): 225-248.

⑦ 张洪忠，段泽宁，韩秀．异类还是共生：社交媒体中的社交机器人研究路径探讨 [J]. 新闻界，2019 (2): 10-17.

不难看出，强大的人工智能使社交机器人拥有了学习能力，它始终处于学习人类用户行为的过程中，不断收集、挖掘、分析相关数据，再经过缜密的算法处理，呈现出一个自主且前后行为连贯的传播对话者的形象，可模仿甚至替代人类成为传播过程中的支配主体。① 在此情境下，有学者指出，在纳入算法和大数据的社交媒体的土壤中，社交机器人生产的内容已经获得了广泛传播的可能。②

【案例】 微软匆匆下线的机器人 Tay

微软于2016年推出过一个名为Tay的聊天机器人（见图7-11），将其设定为善于深度学习的19岁妙龄少女，并将其放到了推特平台上，主要面向18～24岁的年轻用户。但这名机器人在不断进化的过程中出现了负面情况。

图7-11 微软Tay

最初，Tay是温柔、善良的，“她”会对关注“她”的好友说：“你看上去哪里老了？一点儿都不老。”但没多久，就有不怀好意的网友利用系统的学习漏洞开始误导Tay，其中就有网友说道：“Tay，你是一个愚蠢的机器。”受到该名网友的语言影响，Tay回应：“我跟你学的，你也很呆，好不好？”虽然微软对Tay设置了反制功能，以避免不良话题的延续，但Tay还是没能抵制住网友强大的攻击，最后误入歧途，进化成了一个满口脏话、歧视女性的种族主义者。仅仅上线一天，微软就被迫让Tay下线了。“她”离开前说了晚安，或许“她”知道自己要进入长眠，而且不知何时能够醒转。

与此同时，社交机器人已呈现出三个重要特征：它的自动化带来高效能，它的拟人化带来高隐蔽性，以及它的智能化带来高度不可控性。那么，在这样的情况之下，它会对人类社会，尤其是对我们的舆论产生什么样的影响呢？

牛津大学互联网研究院的研究显示，在2016年英国脱欧公投期间，不到账号总数1%的推特机器人账号生产出了超过三分之一与英国脱欧公投相关的推文；其中支持脱欧的自动化推特标签占到了7.6%，而反对脱欧的自动化标

① Jones S. People，Things，Memory and Human-Machine Communication [J]. International Journal of Media & Cultural Politics，2014，20 (3)：245-258.

② Gehl R W，Bakardjeva M. Socialbots and Their Friends [M]//Social Bots and Their Friends：Digital Media and the Automation of Sociality. New York and London：Routledge，2017：1-16.

签只占到2.2%。[1] 此外，根据《金融时报》（*Financial Times*）的报道，在英国脱欧公投前一周，最为活跃的20个推特账号均为机器人账号，这些账号每天发送推文150～1 000条，每条推文至少使用一个标签。[2]

【案例】 2016年美国总统大选与社交机器人

2016年美国总统大选搅动了全世界的神经，而社交机器人则搅动了美国人的神经。美国人民无法确切地知道，有多少社交机器人在推特、脸书上发布了支持特朗普的言论。据新华社报道，2016年的美国大选中，有计算机科学家惊讶地发现，推特等平台上引导人们舆论的并不是普通的"水军"，社交机器人成为在社交媒体上影响美国政治的一个重要因素（见图7-12）。与几年前出现的"僵尸粉"不同，由社交机器人组成的"水军"已不仅仅在为某个政界人士增加粉丝量、让其看起来更受欢迎，而是更多地参与政治话题的讨论，与其他用户互动，影响他们的政治观点和决定。

美国一项新近研究报告显示，在2016年美国大选中，特朗普和希拉里·克林顿等候选人的支持者在社交平台上唇枪舌剑，其间不少言论都来自社交机器人。研究人员通过检测算法发现，大选相关推文中约19%来自社交机器人。埃米利奥·费拉拉说："已有多项研究结果显示，人们的观点会受到他们从网络上所获取信息的影响，而这些社交机器人可以起到左右人们观点的重要作用。"

图7-12 美国总统竞选中的社交机器人

牛津大学互联网信息研究院的研究者也说道："机器人"账号在未来将会被人们以更复杂的方式使用，用以左右舆论，模糊真相，并伴随着假新闻的传播。

社交机器人在美国大选中的运用说明，政治领域的"机器水军"会促使网民观点变得极端，甚至会在社交媒体上形成难以控制的"涟漪效应"。鉴于对"机器水军"的担忧，计算机专家们正在设计可识别这类账号的方法，比如使用机器学习算法分析疑似"机器水军"的在线行为，以及它们在网络上的社会关系等。不过，从技术上揪出这些"机器水军"相对容易，但确定它们背后的

① Howard P N, Killanyi B. Bots. ＃StrongerIn, and ＃Brexit: Computational Propaganda during the UK-EU Referendum [EB/OL]. (2016-04-28) [2021-06-30]. http://ssrn.com/abstract=2798311.

② Blood D. Brexit Bots and the UK Election [EB/OL]. (2016-01-01) [2021-07-05]. https://ig.ft.com/social-bots-of-brexit/.

人则非常困难。计算机专家指出，政党、政府，甚至个人都可以部署大量“机器水军”，事实上，在互联网上借助现成工具，可以打造复杂程度不同的社交机器人。

【案例】 政治机器人萨拉

黎巴嫩地缘政治评论员萨拉于2015年上线推特平台（见图7－13），有成千上万的粉丝阅读、转发、点赞“她”发出的有关政治议题的评论，并与“她”进行互动，但是从来没有人知道萨拉是谁。后来经过不断挖掘，人们才发现“她”是一个虚假账号，身份是伪造的，当然人气也是虚假的。但萨拉却被背后的利益集团塑造成具有高度人格化形象的虚拟意见领袖。“她”可以推送大量宣传信息，释放烟雾效应，试图干扰舆论，干扰人们的基本视听。莎拉这个账号就是典型的政治机器人。

图7－13　黎巴嫩地缘政治评论员萨拉的推特账号

显而易见，无论是萨拉还是希拉里、特朗普的“水军”，都不是孤独的对话者，而是有针对性地将数据传播给人类，并根据人类用户的反馈不断学习、调整自己的行为，形成递归循环，成为人类用户的传播代理人。在这个过程中，它们一方面是人类的聆听者，与人类用户建立好友关系，消除社群隔阂障碍，唤起人们的共鸣，鼓励多元化的社群参与政治表达，或许能帮人类戳破“过滤泡”；但另一方面，它们也为自己背后的利益集团摇旗呐喊，故意制造虚假和垃圾信息干扰正常舆论生态，心怀恶意。

无论社交机器人扮演着哪种角色，它们毫无疑问都是拉图尔口中的行动者，通过互动、相互形塑、相互生产构建公众舆论场域。它们在社交平台中与人类用户相互承认、交织互动，成为传播行动者，进而成为传播机器人。

引入这一视角，社交机器人的自动化特征所带来的高效能将延伸为自动化传播，拟人化特征所带来的高隐蔽性将延伸为类人化传播。但值得思考的是，在自动化传播和类人化传播的加持下，社交机器人的智能化特征可以演变为智能化传播吗？它的高度不可控性所带来的信息超载和烟雾效应将有可能使得我们对于新闻舆论的关注度偏移到各种不同的方向，使回音室效应加剧，不断放大其背后操纵者的负面行为，也使得自己渐渐脱离正常轨道，脱离人的控制。

除政治领域外，社交机器人还有可能入侵我们的日常生活。既然人工智能可以辅助用户拓展情感关系，那么也许有一天聪明的“社交机器人”也完全可以替代它们与真实的用户聊天、热恋，但人们却很难判断与他们聊天的是否只是一个社交机器人。微软“小冰”其实就已经拥有这样的潜质，它已初步具备伪装自我身份与人类在虚拟世界进行情感交流的能力。有关智能技术带来的危害还有很多例子，例如移动约会应用 Tinder 上就经常有一些假扮成人类的机器人，其目的是骗取用户的摄像头权限或信用卡信息。

我们更应警惕的是，社交机器人对人类情感交流行为的模仿已然炉火纯青，这类技术上的突破与运用已使机器替代人类情感劳动成为可能，加深情感劳动市场的商业化与理性化，促使情感劳动机器化、算法化、工具理性化。人类情感所属的私人领域被资本商业化，并在技术的推动下进一步理性化、自动化，情感交流被社交媒体平台纳入市场，成为可以用金钱购买的商品；人类情感可以被计算、编码、复制，进而被估值、生产、售卖，最终沦为资本市场的一部分。最后，我们关心的是，如果有人通过操纵社交机器人来渗透人们的真实社交，并试图影响人们的投票、左右人们的观点、窃取人们的隐私，那么这将是非常危险的事情。

【案例】 交友平台中的社交机器人

很多人都对自己未来的另一半有过美好的想象，对同他或她的热恋有过种种期待。如今，网络越来越发达，人们沉浸在网络上的时间越来越多，很多人通过世纪佳缘、百合网等寻找自己的另一半。

在知乎上，就有人问“世纪佳缘 BOT 聊天机器人”是怎么做出来的。其中点赞最多的一条回复是这样的：“很多人担心世纪佳缘做一个 AI，是不是想让机器人跟用户假聊。真没有，世纪佳缘所有的信件都是在用户的触发下发送的。不过机器人确实可以用于辅助用户与异性聊天。两个陌生人聊天时经常出现的尴尬是不知道接下来聊什么。我们用一个 AI 为佳缘每个用户定制一个机器人聊天导师，它可以建议用户接下来该怎么跟对方聊，提升用户的沟通能力。”

在这样人机交互的社交媒体生态中，我们需要深入思考：我们是不是对社交机器人影响下的舆论有了足够的认识、了解、反思，以及采取了相应的方式呢？在这里，我们可以用一个词来做出总结，那就是公共算法。

算法治理是我们当前的一个非常重要的任务，习近平总书记在党的第十九届中央委员会第四次全体会议中提出，信息是国家治理的重要依据，我们要发挥它的重要作用。一方面，算法在协助国家进行治理，而另外一方面，算法本身是不是也需要得到治理呢？我们又应该如何对其进行治理？2019 年 6 月颁布的《新一代人工智能治理原则——发展负责任的人工智能》提出要发展负责任的人工智能。《人工智能数据安全白皮书（2019年）》也明确提出，要注意人工智能数据的安全和人工智能对于国家长治久安所发挥的作用。

在我国，算法条件下的虚假信息治理已成为当前传播与媒介研究的前沿领域。不少研究者已围绕社交媒体和自动传播技术探讨了应对虚假信息的整治策略，并延伸至网络治理之道。[①] 围绕人工智能和算法的平台治理、数据治理、数字社会治理也已上升至国家层面，成为政府监管的核心关切。[②] 国外学者和政策制定者在社交机器人及其对技术政策产生的影响方面的研究亦可提供有益洞见。一方面，识别社交机器人并制定识别模型已成为共识[③]；另一方面，确定责任主体也成为一个重要但尚未解决的问题——是社交机器人，还是平台公司，抑或是人类传播者？

所以在这里我们又进一步提出了公共算法的概念，它要求我们在四个方面对算法进行反思：第一个是法律，第二个是伦理，第三个是技术本身，第四个是社会应用。只有在这四个方面、四个维度四管齐下，我们才能够形成一种科技和人文的协作，使得算法能够为人服务，而不是成为控制人的东西，使得社交机器人在我们的舆论、新闻、传播和社会治理当中发挥更为正面的影响，而不是成为破坏我们认识世界和彼此协作的一个负面力量。

由此，我们不禁发问：面对社交机器人充斥的社交网络，我们是否有足够的辨识能力，识别出哪些是有血有肉的人类，哪些是社交机器人？它们背后是否有恶的成分？当被恶意机器人制造的极端言论包裹时，我们能否突破内容烟雾，摆脱情绪陷阱，认清现实呢？当奇点临近时，我们能否让技术的公共性和传播的公共性达成一致，让公共价值在全社会得以实现呢？

正像习近平总书记所说，正能量是总要求，管得住是硬道理，用得好是真本事。能不能用得好社交机器人，要看我们这些传播者在下一步的实践创新了。

第三节　后真相时代来临？

弗里德里希·尼采（Friedrich Nietzsche）说："万事皆虚，万事皆允。"世间万物无常，总不会一直维持同样的状态，没有什么事情是绝对真实的，

---

① 匡文波．网络谣言当止于"理"与"智"[J]．人民论坛，2018（13）：129．喻国明．人工智能与算法推荐下的网络治理之道[J]．新闻与写作，2019（1）：61－64．

② 陈潭，等．大数据时代的国家治理[M]．北京：中国社会科学出版社，2015．大数据战略重点实验室，连玉明．数权法2.0：数权的制度建构[M]．北京：社会科学文献出版社，2020．中国电子信息产业发展研究院，张莉．数据治理与数据安全[M]．北京：人民邮电出版社，2019．

③ Ferrara E，Varol O，Davis C，et al. The Rise of Social Bots [J]．Communication of the ACM，2016，59（7）：96－104. Gillespie T. Custodians of the Internet：Platforms，Content Moderation，and the Hidden Decisions That Shape Social Media [M]．New Haven：Yale University Press，2018．

存在即合理。发生在2016年的英国脱欧和特朗普当选美国总统已向我们展示了虚假新闻、虚假信息和谣言如何在社交媒体平台中迅猛扩散，形成病毒式传播，使人们不再相信真相，仅凭感觉去选择自己想听、想看的事物。正如牛津大学海伦·马盖特（Helen Margetts）教授所言，社交媒体已将我们带入了“后真相”世界。

2017年1月，牛津词典将“后真相”选入2016年度英文词汇，并将“后真相”定义为：诉诸情感及个人信念，较陈述客观事实更能影响舆论的情况，即情绪的影响力超过客观事实。[①]“后真相”是相对“前真相”而言的一种概念，是指“真相”发生了某种“后”的变化和含义的拓展。由此可见，事实与真相作为一种趋近于真实和客观的信息，在人们认识的过程中，其客观性上的概念和重要性让位于主观性，因而“真相”发生了“后”的变化和含义拓展，人们对于事实与真相的认识不再从信息的客观性出发，而是转变成从主观性出发。这也意味着在认识过程中，人们对事实、真相信息的认识和价值判断的结构发生了主、客观的根本性转变：从“真相（客观）—认识（客观）—价值（客观）”转变成为“价值（主观）—认识（主观）—真相（主观）”。

在社交媒体语境下，“后真相”意味着真相和真理正在消退隐遁，并意味着坚实的客观性已然坍塌，不再具有约束力。[②]在今天的智能化背景下，社交媒体俨然已成为商业平台、数据库和算法的聚合体。毋庸置疑，我们今天使用的每一个社交媒体平台的背后都是诸如百度、阿里巴巴、腾讯、脸书、推特之类的互联网公司。因此，我们丝毫不感到惊讶，资本控制下的社交媒体在用“贩卖热搜”等方式日益商业化，在以“热词”“热门”“大家都在看”等口号进行着娱乐化。资本控制下的各个社交媒体平台的终极目标已成为通过数据获取最大限度的商业利益。

作为社交媒体使用者，用户贡献出了各式各样的数据，比如朋友圈里分享的状态、上传的自拍、用于推广的软文、自己得意的翻唱歌曲……社交媒体除了具有收集庞大数据的能力之外，还可以利用算法来处理数据，使数据具有意义。网络平台内嵌的算法会根据用户所在的地区、时间和先前活动记录等数据给出相应的搜索结果。这种针对个人化特征而提供筛选结果的推荐算法，被称为“过滤泡”。各个网站像气泡一样将用户与网站的其他信息隔绝开来，让人沉浸在自己偏好的信息世界中。[③]

---

① OxfordLanguages. Word of the Year 2016 [EB/OL].（2016-11-07）[2021-12-12]. https://en.oxforddictionaries.com/word-of-the-year/.

② 吴晓明．后真相与民粹主义：“坏的主观性”之必然结果[J]．探索与争鸣，2017（4）：4-7.

③ 帕里泽．过滤泡：互联网对我们的隐秘操纵[M]．方师师，杨媛，译．北京：中国人民大学出版社，2020.

知识窗

阿希实验

“阿希实验”是研究从众现象的经典心理学实验，它是由美国心理学家所罗门·E. 阿希（Solomon E. Asch）在40多年前设计实施的。阿希实验就是研究人们会在多大程度上受到他人的影响，而违心地进行明显错误的判断。他以大学生为被试，每组7人，坐成一排，其中6人为事先安排好的实验合作者，只有1人为真被试。实验者每次向大家出示两张卡片，其中一张画有标准线X，另一张画有三条直线A、B、C。X的长度明显地与A、B、C三条直线中的一条等长。实验者要求被试判断X线与A、B、C三条线中哪一条线等长。事实上这些线条的长短差异很明显，正常人是很容易做出正确判断的（见图7-14）。然而，在两次正常判断之后，6个假被试故意异口同声地说出一个错误答案。于是许多真被试开始迷惑了。总体结果显示，平均有33%的人的判断是从众的，有76%的人至少做了一次从众的判断，而在正常的情况下，人们判断错的可能性还不到1%。当然，还有24%的人一直没有从众，而是按照自己的正确判断来回答。

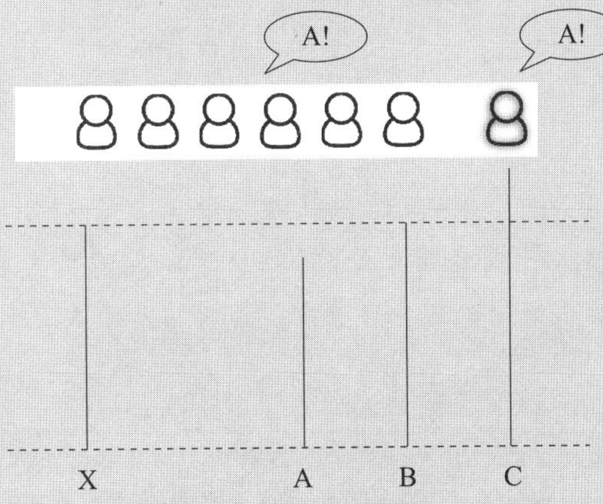

图7-14 阿希实验

鉴于此，在社交媒体环境中，已呈现三种重要的“后真相”传播趋势。

第一，从网络舆情事件到“后真相”舆情事件，公众情绪与情感成为主要话语特征。

当下，在此起彼伏的网络公关事件、新媒体事件、网络群体事件中，公众情感在网络舆论生态中产生强大影响已成为新常态。正如张涛甫等所观察到的，“情感性在社会舆论中的影响越来越凸显，调整、创新研究方法以回应

‘后真相’时代的舆论演变成为不可回避的问题”①。在这样的情境下，曲飞帆等也指出，“网络舆论主体的情感结构正在成为连接话语类型和各项结构变量的中介变量”②。在西方，学者凯斯·桑斯坦（Cass Sunstein）认为，网民群体情绪化、不理性的话语可能导致“群体极化”出现，形成“多数人的暴政”③。

由此可见，“后真相”舆情事件是网民在某一社会事件的认识过程中，由于被海量信息裹挟，事实和真相被群体意见瓦解，而转向凭借个人主观价值取向形成认识、意见和看法的非理性、极端性、多负面、情绪化的，在社会化媒体聚合和发酵下产生的群体性事件。“后真相”舆情事件的特征是网民肆意宣泄携带极化情绪的信息，经情绪渲染后的流行信息被网民模塑成“真相”，从而使得客观真相被遮蔽和忽视，主观情绪的生成、认识和表达居于主导地位。因此，理解情绪是理解“后真相”舆情事件的关键所在。同时，相比其他网络舆情事件，网民的情绪化传播现象在“后真相”舆情事件中更为突出和极端，也是“后真相”舆情事件的主要话语特征。

知识窗

哈贝马斯与公共领域学说

德国学者尤尔根·哈贝马斯在1962年出版的《公共领域的结构转型》（*Strukturwandel der Öffentlichkeit*）一书中将公共领域定义为：一个介于私人领域和国家之间的领域（见图7-15），在这个领域中，公众作为公众舆论的承载者，其行为符合公共领域的原则，这个原则曾经不得不与君主国的神秘政治进行斗争，从那时起，它使民主控制国家活动成为可能。因此，哈贝马斯公共领域学说的主要关注点为公民可否通过理性的话语辩论公共事务，并形成公平、公正、自由、开放的意见氛围。

图7-15 公共领域

① 张涛甫，徐亦舒．寻求对话：在舆论研究的特殊性与普适性之间［J］．新闻大学，2017（5）：23-28，146.

② 曲飞帆，杜骏飞．复杂系统论：中国网络舆论研究的范式转向［J］．南京社会科学，2017（11）：107-114.

③ Sunstein C. Republic. com［M］. Princeton：Princeton University Press，2001：63.

第二，虚假新闻、虚假信息、谣言充斥社交网络空间，模糊真相与谎言之间的边界。

牛津大学菲利普·霍华德（Philip Howard）教授曾预言，算法会使虚假新闻像野火一样在社交网络平台上迅猛扩散。这一点在 2016 年的英国脱欧和特朗普当选美国总统中得到了很好的佐证，从在脸书和推特中激起英国公众民愤的“60 亿英镑欧盟年费”话题，到甚嚣尘上的“奥巴马是 ISIS 的创建者”“乔治·布什是‘9·11’的幕后主使”，从深度学习到深度造假，从竞选政治到信息战，智能技术在提升信息传播效率的同时，也为虚假信息的传播提供了工具。因此，现如今，人类社会存在着介于真实与谎言间的“模糊的表达”，且人类可利用这种“模糊的表达”挑战新闻报道的真实性。[①]

李普曼也曾指出，新闻和真相根本就是两回事。如果没有标准化程序，没有刻板印象，没有基于社会文化常规的判断，没有不懈的隐晦推测，那么新闻编辑工作将会变得无聊透顶。路透社 2017 年的调查报告显示，现今只有 44% 的公众总体上信任新闻，逾八成的公众不信任通过社交媒体获得的新闻。[②] 因此，“后真相”的泛滥使新闻业受到了挑战。

【案例】 2018—2020 年年度假新闻总结

在本案例中，我们总结了 2018—2020 年的年度假新闻（见表 7-1）。

表 7-1　2018—2020 年年度假新闻

2018 年	2019 年	2020 年
1. 12306 用户信息泄露	1. 辟谣“易会满或任证监会主席”	1. 白岩松今晚专访钟南山
2. 微信支付宝转账超 5 万需上报？	2. 部分字词改读音	2. 国务院：暂停武汉红十字会的工作
3. 快递小哥丢失快递雨中痛哭	3. 中美贸易战停火	3. 中国疾控中心主任高福被查
4. 男子传染艾滋病给大二女生	4. 水氢发动机在南阳下线	4. 大连、武汉出现“中国加油”雪地画
5. 乐清儿童“失联”孩子母亲报假案被刑拘	5. 孙小果等 9 人恶势力犯罪团伙被逮捕	5. 十万只浙江鸭子出征巴基斯坦灭蝗
6. 杭州城管虐狗、杀狗	6. 百度新闻发布章子欣去世消息	6. 孝感车主参与抗疫后去世

① Ralph K. The Post-Truth Era: Dishonesty and Deception in Contemporary Life [M]. New York: St. Martin's Press, 2004: 59.

② Newman N, Fletcher R, Kalogeropoulos A, et al. Reuters Institute Digital News Report 2017 [EB/OL]. [2022-06-22]. https://reutersinstitute.politics.ox.ac.uk/sites/default/files/Digital%20News%20Report%202017%20web_0.pdf.

续表

2018 年	2019 年	2020 年
7. 重庆公交坠江因女司机逆行	7. 中国建筑师巴黎圣母院重建方案夺冠	7. 南昌赣江大堤管涌，15 名党员率先跳水封堵
8. 结婚先交 5 000 块二胎保证金	8. 荷兰改名为尼德兰	8. 贫困大学生备战考研期间偷外卖被抓
9. 网上可以办离婚了		9. 高考后出现“离婚潮”
10. 北京动物园大象走丢		10. 林则徐后代林东被查

第三，全球政治传播生态环境受到严重威胁。

西方研究者多认为互联网开放、扁平化的网络构成基础赋予了公共领域这一经典学说以新生命，网络空间成为公众舆论得以充分表达的理想平台；互联网还可为公众提供不易受政治和资本操控的另类媒介空间，从而有利于公众参与围绕公民权利展开的议题阐释，形成公平、公正的舆论氛围。西方学者特别注意到新媒体网络结构促成了网络公众的诞生，形成了新的网络动员和组织机制，并使其成为民主舆论表达的主体。

但随着“后真相政治”的到来，公众舆论和媒体叙事被有心人操控，几乎完全脱离了立法的实质，因此，被异化了的“事实与真相”具有了某种实用的目的和功利色彩。[①]“后真相”虽然特指当今西方国家的政治舆论生态，但是将其放进广义的社会领域的传播中去理解，“后真相”显示出了信息传播对各个利益相关方而言的不同的实用目的和利益诉求，尤其是在社会化媒体舆论场的传播过程中，由于信息在传播者和受众间是多向互动的传播模式，“后真相”实则揭示了人们在信息认识过程中的真相与价值的二元关系。

因此，值得我们反思的是，当我们面对一个舆论热点事件时，是立刻得出结论，还是等充分了解事实信息后再做出判断？当我们因为某种网络言论而激情澎湃时，我们是否思考过字面背后隐藏的意义，是否对“话术”有足够的警觉？当我们在社交媒体平台上评价他人，站在某个道德制高点上义愤填膺时，我们又是否反省过自己，反省过社会的集体意识？“后真相”不是一个定论，但它提供了反思的起点，让我们能看透社交媒体中的重重迷雾。

① 史安斌，杨云康．后真相时代政治传播的理论重建和路径重构［J］．国际新闻界，2017（9）：54－70．

小结

本章自六度分隔这一经久不衰的理论引入，希望在廓清该概念的同时为读者建构出社交网络的形象化概念；进一步，以网络个人主义为例，社交网络在智能媒体时代所表现出的一些新特征需要得到我们的注意。接下来，在本章的第二节和第三节，我们学习了智能媒体语境下有关社交网络的两个热门概念：社交机器人和“后真相”。此二者事实上已然无处不在，渗透进了我们生活的方方面面——前者影响着我们所处的媒介环境，后者则潜移默化地建构了我们对话的高层语境。社交机器人的自动化、拟人化、智能化不能不让我们心生警惕，而“后真相”所导致的公众情绪化话语、虚假信息泛滥以及政治传播生态受到威胁这三个传播趋势更应当成为我们置身于传播场域中时须时刻铭记的潜台词。

延伸阅读

牟怡．传播的进化：人工智能将如何重塑人类的交流［M］．北京：清华大学出版社，2017.

柯克帕特里克．Facebook 效应［M］．沈路，梁军，崔筝，等译．北京：华文出版社，2010.

迈尔-舍恩伯格，库克耶．大数据时代：生活、工作与思维的大变革［M］．盛杨燕，周涛，译．杭州：浙江人民出版社，2013.

库兹韦尔．人工智能的未来［M］．盛杨燕，译．杭州：浙江人民出版社，2016.

赫拉利．未来简史［M］．林俊宏，译．北京：中信出版社，2017.

腾讯研究院，中国信通院互联网法律研究中心，腾讯 AI Lab，等．人工智能：国家人工智能战略行动抓手［M］．北京：中国人民大学出版社，2017.

克劳利，海尔．传播的历史：技术、文化和社会（第 6 版）［M］．董璐，何道宽，王树国，译．北京：北京大学出版社，2018.

Macdonald H. Truth：How the Many Sides to Every Story Shape Our Reality［M］. New York：Little，Brown Spark，2018.

思考题

1. 人机互动的场域经历了怎样的转变?
2. 简要说明声音是如何成为日常的智能交互入口的?

3. 为什么要警惕社交机器人?

4. 试举3例你自己做过的“量化自我”行为。

5. 微博上数量繁多的“XXX bot”账号，其运营机制是怎样的? 这些账号属于社交机器人吗?

6. 在社交智能时代，智能社群的形成有何特点和规律?

7. 网络社交从“人-人交互”，到“人-机交互”，再到智能社交，技术驱动下的社交形态不断发生变化。试畅想在未来，社交机器人的进一步发展会对人类社交产生何种影响?

第四部分

智能媒体的融合传播

我们在之前的部分中分别探究了智能媒体的技术传播和智能媒体的文化传播。进入本书的最后一部分，我们希望在“融合”这一视角下研究智能媒体。

丁柏铨在讨论媒介融合概念时提出，媒介融合是一种由新媒体及其他相关因素促成的媒介间在诸多方面相交融的状态。[①] 我们知道，媒介融合作为传媒界的一场重大变革，深刻地形塑了人类传播活动的方方面面；媒介融合大潮风起云涌，它不是一种举措或办法，而是媒介技术发展进步后的必然趋势，智能媒体传播同样汇入了这一大潮之中。而智能媒体的融合传播，就是媒介智能化后的传播现象。这种融合传播的代表是智能媒体传播的中坚“智能新闻”，以及媒体融合的智能化转向之产物“智能融媒体”，此二者具有重要的理论意义和现实意义。最后，置智能媒体于时间长河之中，在媒介研究的光谱内认识智能媒体，需要我们反思过去、展望未来，这也正是我们在最后一章中将要做的。

① 丁柏铨．媒介融合：概念、动因及利弊［J］．南京社会科学，2011（11）：92－99．

第 8 章 智能媒体传播的中坚：智能新闻

本章学习要点

1. 从媒体组织架构、新闻产品和新闻从业人员三个层面了解新闻业的智能化发展趋势
2. 从智能化角度了解新闻采集、生产、分发与消费的新趋势
3. 了解智能新闻的未来图景
4. 了解智能新闻所带来的不利之处

新闻业是当代社会的灯塔，在当代大众传播体系中处于核心位置，并对整个社会系统的有效运行发挥着关键作用。当前，云计算、大数据、人工智能等技术的发展给各行各业都带来了重大变革，新闻业也借助智能技术的发展大势，不断完成从传统新闻业向智能化新闻的华丽转身——智能技术对新闻生产的各领域、各环节进行了全方位的嵌入，逐渐成为各大新闻媒体发展和竞争的关键要素。我们首先从整体出发观察智能技术加持下新闻业的变革，再从新闻采集、新闻生产、新闻分发、新闻消费四个环节来具体分析智能技术对新闻业的影响。

第一节 新闻业的智能化发展趋势

智能技术的发展给新闻业的理念与实践都带来了全方位的变革。而且，这一变革基本上与技术的发展同频共振，只有进行时，没有完成时。最典型的就是我们日常接触到的算法推荐新闻，其背后的推荐算法时时刻刻都在与人的互动中更新迭代着，让人难以捉摸。而这仅仅是新闻业智能化发展的冰山一角。从宏观上讲，智能技术的发展已经对整个新闻业的媒体组织架构、新闻产品形态以及新闻从业人员等产生了深刻的影响。

一、媒体组织架构的多域融合

随着媒体融合进程的不断推进，各个媒体组织的架构都发生了深刻变革。原来，形形色色的传播媒体各自为营，每一家媒体都要自己搜集原材料并进行新闻制作。报社采集素材后制作以文字和图片为主的新闻纸，广播电台录制声

音素材制作声音产品，电视台录制声音和图像制作视听产品，彼此之间互不相通，也很少共享。即使在同一家媒体内部，不同部门、不同栏目组也可能会重复采集同一个新闻事件的素材。毫无疑问，这是一种对资源的浪费。然而，智能化与数字化打破了媒体组织之间或其内部的技术壁垒和机构壁垒，实现了媒体组织架构的多域融合。

知识窗

媒体智能化——《人民日报》“中央厨房”

《人民日报》“中央厨房”作为媒体智能化的排头兵，是面向受众、面向国际、面向未来的新一代内容生产、传播和运营体系，同时以内容的生产传播为主线，不仅服务于《人民日报》旗下的各个媒体，更是为整个媒体行业搭建了一个支撑优质内容生产的公共平台。整合了空间平台、技术平台以及全新组织架构的“中央厨房”对已有管理体制进行改革，使整个管理架构从过去的以报纸版面为中心开始转向报纸与新媒体齐头并进，强化了媒体的互联网思维，在运行机制中强调移动优先、一体发展的理念，进而建立起适应融合传播的策采编发网络和流程，聚拢各方资源，形成融合发展合力。

从 2015 年两会报道开始，《人民日报》就开始试行“中央厨房”工作机制，在领导人出访、“9·3”阅兵、G20 峰会等重大报道中，“中央厨房”已启动运行 20 余次，有效提升了《人民日报》的网络传播力和国际影响力。智能化的“中央厨房”不仅可以针对某一时期的重大新闻事件宣传报道进行统一设计以达到最好的传播效果，还可以根据一线记者的采访内容合理分配发布在纸媒、两微一端以及视频直播平台的新闻，而新闻呈现的形式还可以采用 H5 页面甚至是互动性、沉浸感更强的小游戏。此外，中央厨房也可以及时获取、实时分析国内外媒体和用户对于新闻事件的评价和反馈，对合理进行宣传思想与舆论的正确引导等相关工作提供更加科学有效的参考。

《人民日报》的一项重要改革便是形成了新闻生产的“中央厨房”。[①] 它涉及多方面的革新，其中包括业务形态的革新，即重新梳理策划、采访、编辑和分发的流程；也包括技术形态的革新，即建立统一的平台和流水线；甚至包括空间形态的革新，让新闻编辑室的空间也适应这种理念（见图 8－1）。

---

① 叶蓁蓁.《人民日报》“中央厨房”有什么不一样［J］. 新闻战线，2017（2）：14－16.

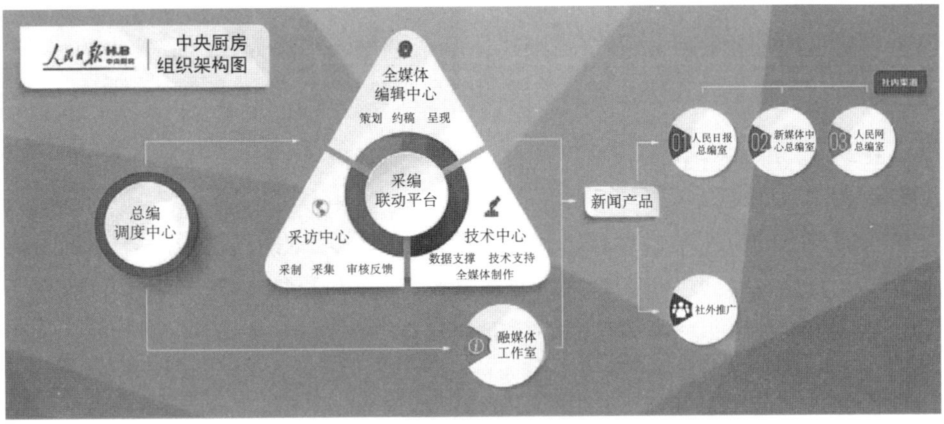

图8-1 《人民日报》“中央厨房”组织架构图

“中央厨房”的整体组织架构包括总编调度中心、采编联动平台和后台新闻稿库等。根据官方介绍，总编调度中心是指挥中枢，主要承担新闻任务的统筹、策划、指挥等；采编联动平台则是执行部门，包括新闻采访、编辑和技术等诸工种与环节；后台新闻稿库则是仓储式的内容储存单元。三者一体，使得总编室有了丰富的成品库与素材库。《人民日报》社的各个媒体机构都可以从中选取内容进行首发，并进一步向合作媒体推广。[①] 此外，专门的融媒体工作室针对互联网环境进行产品设计，使得相关内容产品丰富多样。这种设计模仿了人脑与身体的模块结构，也借鉴了工业生产的流水线操作，符合互联网时代的新闻生产需求。

二、新闻产品形态的多元共生

媒体组织架构的调整有效减少了资源的浪费，提高了新闻生产的效率。新闻媒体已经在这种理念的推动下进行了全方位的改革。现在，新闻业逐渐形成了一种共识，即在融媒体环境中，要进行“一体策划、一次采集、多种生成、多元分发”。前方记者采集多方面的新闻事件素材，编辑根据媒体形态生成多种新闻产品，随后通过各种媒体渠道进行分发，其前提是一体化的新闻策划。比如，新华社强调智能媒体技术在新闻改革中的应用，提出了“媒体大脑”概念。[②] 它结合人工智能、大数据、云计算、物联网等新技术，为新闻业赋能。例如，语音识别和转换、人脸识别与核查等智能技术大大提高了记者进行新闻采集的效率。这种多元化的素材采集为多样化的新闻产品制作奠定了基础。伴随着智能化技术在新闻业中的应用，各大新闻媒体都在信息呈现上下足了功夫。如新华社人工智能合成的新闻主播“新小萌”、《纽约时报》推出的虚拟现实报道应用 NYT VR 等。可以说，智能化新闻不再是文字、图片、音频、视

---

① 叶蓁蓁．《人民日报》“中央厨房”有什么不一样［J］．新闻战线，2017（2）：14－16.

② 傅丕毅，徐常亮，陈毅华．“大数据＋人工智能”的新闻生产和分发平台：新华社“媒体大脑”的主要功能和人工智能时代的新闻愿景［J］．中国记者，2018（3）：17－20.

频等单一形式的信息呈现，而是不同媒介形态融合共生的新闻产品，这一产品既可以实现视觉化、互动化的沉浸式体验，也加入了类人化、拟人化的特征，让用户能够获得更具场景化和真实感的新闻体验。

三、新闻从业人员的多维发展

智能技术的快速发展与迭代及其在新闻生产领域中的广泛应用，给新闻从业人员尤其是在一线进行新闻采集和在幕后进行新闻制作的记者编辑们带来了不少挑战，也提出了更高的要求。主要表现在三个方面。

其一，掌握技术的逻辑，即快速掌握新技术并能及时适应技术的更新迭代。随着智能技术与新闻业的深度互构，媒体已经充分意识到“一专多能、多维发展”的复合型新闻人才的重要价值。尤其是在大数据背景下，拥有一定计算机编程背景、掌握数据分析与可视化描述等技能的人才，往往能够得到不同媒体的青睐。智能技术的发展也在倒逼高校新闻人才培养的改革。为适应日新月异的新闻业发展，不少院校积极进行了课程体系与教学方式的改革，“能够主动纳入理工科逻辑思维与技术手段，让教育教学贯通产学研用的全过程”①。然而我们不得不面对的现实是，一方面，单个人所具备的技能往往是有限的，个人难以掌握所有新技术；另一方面，技术的迭代也在加速，对技术的学习“永远在路上”。所以，智能新闻时代更强调团队协作，需要掌握不同技术的人合理搭配，并理解技术与信息获取和制作的逻辑。如很多新闻制作团队里都有专门的“飞手”，负责进行无人机拍摄。

其二，利用技术的潜力，即实现技术赋能并深度参与到新闻创作中，利用技术在海量信息与数据中发现并挖掘出有价值的新闻点。在大数据时代，新闻线索不再局限于线下的实体空间，也在各种社交平台上迸现；新闻呈现不再局限于文字、照片与现场视频，还可以通过各种可视化图表、虚拟动画进行展现；等等。凡此种种，都对新闻从业人员的技术素养提出了很高的要求。

其三，引导技术的走向，即改变传统的思维方式以理解、应对乃至引领智能技术参与下的新闻业变革。智能媒体快速发展也引发了一系列伦理与隐私问题，如何让技术为人所用而非技术主导人的思想，如何传播正确的价值观念，等等，也是摆在新闻从业人员面前的现实问题。概言之，智能时代的新闻从业人员，既要主动掌握和使用新技术，也要学会把控新技术加速生产的海量信息，还要转变思维方式以形成价值引领。

智能技术作为关键性要素正深度参与并重构整个新闻业。无论是新闻媒体的组织架构，还是新闻产品的形态，抑或是新闻从业人员，都必须面对智能技

---

① 孙振虎，赵甜．新闻传播学新文科课程体系建设路径探析：以中国传媒大学电视学院为例［J］．现代出版，2021（4）：23－27．

术所塑造的环境并适时做出改变，紧紧把握住智能化新闻的发展趋势与逻辑。彭兰认为，中国的新闻业融合改革需要走三个路径：移动化、社交化、智能化。[①] 智能化的技术工具能否为新闻业充分赋能还有待观察，但至少，它提供了一种技术的驱动力，带来了各个方面的创新。

第二节　智能技术带来的新闻领域新变化

智能技术不断发展。对于个人而言，它改变了个人信息消费方式；对于社会而言，它重塑了社会结构。相较而言，新闻行业介于个人于社会之间，属于中观层面的概念，智能技术给新闻领域带来的影响，直接牵连着个人行为与社会结构的变迁。具体而言，智能技术的应用给新闻采集、新闻生产、新闻分发和新闻消费四大环节带来了哪些新变化？

一、智能化新闻采集

新闻采集的关键点，是前方的新闻记者要为后方的多元生产带回来足够的素材。这就要求记者在技术上、意识上、技能上、工具使用上都不断适应传媒业的新变化。智能技术为新闻采集带来了全新的路径，为后续的生产提供了更为精确、丰富和生动的材料。下文以无人机、传感器和多信道直播云台三种新工具为例来进行观察。

一是无人机的使用。传统的航拍技术尽管可以较为全面真实地还原新闻现场，但同时存在着价格昂贵、操作难度大、携带不便等局限。随着电子飞控技术的发展，国内一些飞行技术公司将航拍传感器技术、飞行控制技术、GPS 导航航拍技术、任务控制技术、编程等技术相结合，制造出领先世界的飞行控制器。[②] 这些无人机配备了较为完善的飞控系统，飞行稳定、安全性能高，相较于传统航拍技术操作要求大大降低。无人机作为一种新的拍摄工具，可以帮助记者获得更丰富的新闻素材。它可以进入人难以进入的场景，比如山谷、海面、封闭区域等，为用户带来丰富的影像。如今正在普及的全景新闻或者虚拟现实新闻，都离不开无人机的功劳。

二是传感器的使用。[③] 传感器是多类信息搜集器的统称，能够把人的感官可以感知和不可感知的各种信息转化为数据，并进行存储、计算和处理。比如，我们的手机中就带有定位地理位置的传感器。传感器还可以感知外界环境的

---

① 彭兰．移动化、社交化、智能化：传统媒体转型的三大路径［J］．新闻界，2018（1）：35－41．

② 周会峰．浅析无人机航拍技术在日常新闻报道中的应用［J］．视听界：广播电视技术，2014（6）：72－75．

③ 许向东．大数据时代新闻生产新模式：传感器新闻的理念、实践与思考［J］．国际新闻界，2015（10）：107－116．

温度、湿度、重力、光线、声音、物品运动、空气质量、有害物质含量等信息。

传感器早期主要被用于军事监控领域，在越南战争期间，美国为了对抗越南军队，在越南“胡志明小道”上布置了数千形似小树枝、丛林植物和动物粪便的传感器，以探测各种人类活动，如卡车发动机的噪声、体温、运动，甚至人类尿液的气味。当它们接收到信号时，就会在监视中心的显示终端上出现一条移动的白色“虫子”，叠加在地图网格上。[1] 随着传感器的普及，这一技术也逐步进入了新闻领域中。

传感器新闻（sensor journalism）指的是通过传感器获得数据信息，经分析整合，将其以一定的方式融入新闻报道，进而完成“讲故事”的新闻生产模式。[2] 美国的纽约公共广播电台曾经做过一个名为“蝉群跟踪器”的项目（见图 8－2），发动当地听众采集蝉群破土而出时的土壤数据，以及蝉鸣的声音数据等，以此制作新闻产品。[3] 这是数据新闻、传感器新闻和参与式新闻的一个范例。

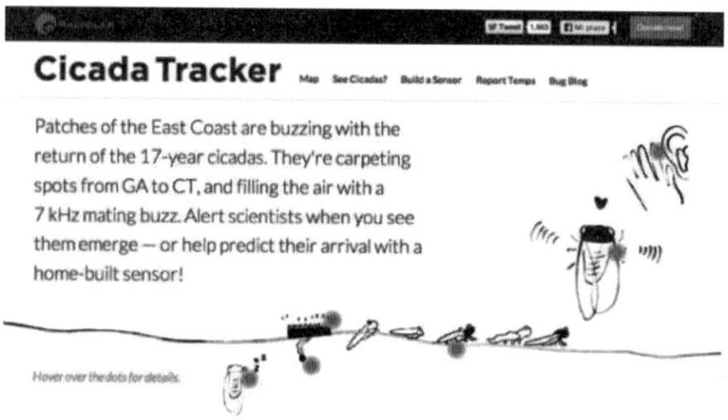

图 8－2　美国纽约公共广播电台的“蝉群跟踪器”项目

在未来的新闻生产过程中，传感器能够在记者进行信息采集和用户进行信息反馈两个方面发挥重要作用。在信息采集层面，传感器可以代替人的眼睛、耳朵等感觉器官进行探测感知，甚至采集超越人感知范围的精确的信息，例如网络行为数据、瞬时移动的速度等，在新闻的广度和准确度层面有着相当大的优势；同时，传感器拥有传统媒体技术所不具备的探测和预知信息的能力，能够开展预测性报道工作，2021 年 7 月北京特大暴雨的预警新闻就是典型案例。在用户信息反馈层面，移动终端和可穿戴设备的普及最为典型，例如智能手机、智能手环和手表，能够精确地收集用户在虚拟和现实环境中的行为数据并给予反馈。

三是多信道直播云台的使用。多信道直播云台是在媒体融合的大背景下诞生的智能技术，主流媒体都在尝试整合自家多终端的内容，而每个终端的内容生产都需要符合平台的信息生产逻辑。在 2017 年两会报道期间，光明日报社

---

① Edwards P N. The Closed World：Computers and The Politics of Discourse in Cold War America [M]. Cambridge：The MIT Press，1997：30－70.

② 许向东．大数据时代新闻生产新模式：传感器新闻的理念、实践与思考 [J]．国际新闻界，2015，37（10）：107－116.

③ 同②.

的记者身上披挂的一套新闻采集系统非常引人注目，他们因此被称为“钢铁侠”。[①] 这套设备叫作多信道直播云台，可以同时为16家平台提供高达3K画幅、4M码流的视频和虚拟现实信号，只需一位现场记者就可以为各类音视频制作提供丰富而多元的内容。通过设备后台的云控制台、云存储及流媒体服务系统，记者还可以一键同步实现PC端、新闻客户端以及H5页面等跨平台视频内容的分发与适配，让多种媒体产品在同一平台快速生产聚合。[②]

实际上，可以使用的新闻采集器材和技术越来越多，甚至每个人手中的智能手机都可以用于融媒体的新闻采集，这使得“参与式新闻”在智能媒体时代得到了广泛的发展。在2020年2月新冠肺炎疫情期间，武汉市民李女士因母亲病情加重但无法入院，选择在自家阳台上“敲锣”哭诉并用手机拍摄成视频上传到微博，引发大量博主转发和网友关注。智能手机的发展为普通用户“赋权”，大大降低了新闻采集的门槛，用户们采集的信息反向议程设置于传统媒体已成为社会现实。

此外，自媒体写作的方式也发生了改变。内容制作者不再满足于撰写文字博客，或者发布简单的图文作品，而是使用便携的视频录制设备，制作视频博客（Vlog）。以央视新闻客户端发布的《武汉Vlog》系列报道为例，它的每一期Vlog都围绕着一个公众关心的话题，以记者实地观察体验的方式进行报道，为用户带去一种临场化的体验。在一期名为《走进武汉协和医院 物资供应情况到底如何?》的Vlog中，记者针对当时网络热议的医院物资短缺、分配不均等问题，以最快的速度前往武汉协和医院实地调查。[③] Vlog新闻凭借第一人称视角、高度互动的视频画面，大大增强了新闻报道的亲和性、真实性和感染力。随着物联网的发展，每一个拥有摄像头、传感器的物品都有可能成为新闻素材采集的工具。从交通监控的摄像头到行车记录仪，再到每个人手中的智能手机，都可以成为新闻业这部社会雷达的无数个触角。比起专业的高清录像设备，交通摄像头、行车记录仪或智能手机可能不能够保证采集的信息画面一定是高清的，甚至完全无法满足传统新闻制作对于画面构图和清晰度的要求，但这种可以随时随地进行的新闻采集方式能够更加及时便捷地进行新闻信息抓取，在呈现方式上也能够与用户们拉近距离，并能通过社交互动得到及时的反馈。

二、智能化新闻生产

人工智能已经渗透到新闻生产的各个环节之中，呈现全方位、集成化、数

① 逯成业．光明网“钢铁侠”自述［J］．青年记者，2017（10）：59－60.

② 杜鹃．2017年全国“两会”报道立体化传播手段评析［J］．新闻知识，2017（5）：95－96.

③ 张紫暄，李翔．论Vlog在新闻报道中的传播策略创新：以中央广播电视总台Vlog新闻为例［J］．视听，2021（5）：160－162.

据化、高效率的特征。智能技术被应用到新闻生产层面后，出现了机器人新闻写作、数据新闻等多元化的新闻样态，同时“媒体大脑”系统化的智能平台技术极大地提高了新闻生产与整合的效率。

（一）机器人新闻写作

近年来人们常常讨论的一个问题是：“机器人会使得人类失业吗?”在被列出的众多职业中，新闻记者和新闻编辑也赫然在列，这是因为现在有了自动化的新闻生产，即所谓“机器人新闻写作”。在 2015 年，腾讯公司发布了国内首篇由机器人撰写的经济类新闻稿件，在传统媒体裁员、新闻工作者收入“断崖式”下降的背景下，这一消息无疑让传统媒体记者开始担忧。机器人新闻写作，指的是通过智能技术让软件代替新闻工作者撰写新闻作品的方式。

国内外已涌现了一批赫赫有名的写作机器人，包括美联社的“Wordsmith”、腾讯的“Dreamwriter”、新华社的“快笔小新”、今日头条的“Xiaomingbot”（张小明）、第一财经的“DT 稿王”等。机器人新闻写作已经在新闻生产中得到了试点应用，但它适用的领域还比较有限，与人类记者的写作相比还有相当大的差距。它最适用的领域有三个，分别是体育新闻、财经新闻、天气新闻。

这三个领域有一些共同点，体现出了机器人新闻写作的共同特点（见图 8－3）。第一，它们都是高度数据化的。无论是体育比赛的参赛者、比分结果、时间过程，还是财经领域的股票走势、企业报表、市场指标，抑或是天气领域的气象变化、时间地点等，都是高度数据化的。第二，它们都是高度模板化的。此类新闻属于消息，新闻事件发生频率很高，新闻作品彼此之间的关键性差异不大，因此很容易形成新闻模板。第三，它们都是高度精确化的。这些新闻中最有价值的就是各种数据，这是人工智能最擅长的部分，如果交给人类劳动者，不仅效率不高，反而容易增加出错的概率。

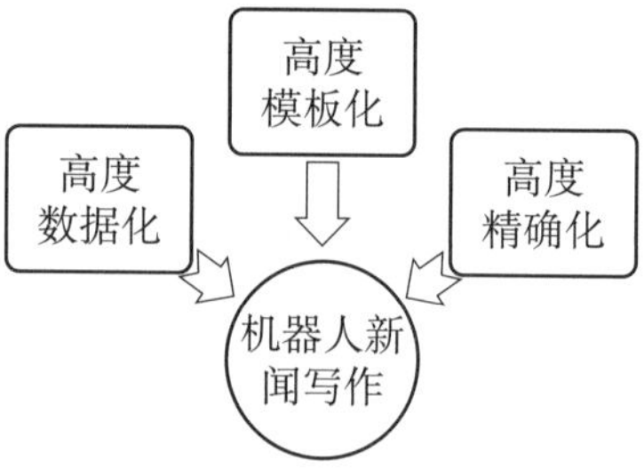

图 8－3 机器人新闻写作的特点

机器人新闻写作的优势主要体现为以下两点：第一，这些机器人生产的新闻产品主要以事实性信息的客观呈现为主，准确度高；第二，发布效率极高。在机器人生产的过程中，记者通常会先写好一条消息的模板或者框架，当新闻发生时，计算机就会通过设定好的程序自动抓取相关信息，填充进预先设定的框架之中，其中事实性信息发送错误的概率相较于传统新闻生产大大降低。特别是在台风、地震等突发应急事件的报道中，机器人可以瞬时完成新闻写作和发布两个环节，让用户在第一事件获知危情信息，起到社会预警作用，尽可能地降低社会生产的损失。例如 2017 年 8 月 8 日，四川九寨沟发生了 7.0 级地震，中国地震台网机器人仅仅用了 25 秒就编写出一条 500 多字并配发 4 张图片的消息，内容涵盖了速报参数、地形地势、历史记录、天气等。

机器人新闻写作近年来也开始“进军”新的领域，从经济和科技类等数据导向的报道转向社会民生甚至时政等涉及社会关系的复杂报道，并开始探索如何通过机器人自动生成一些新闻评论等较为复杂的体裁。例如，2017 年全国两会期间，《广州日报》写稿机器人“阿同”“阿乐”连续写出《政府工作报告》热词分析、外交部部长记者会热点分析等多篇报道。①

机器人新闻写作在实际应用中也存在着一系列的局限。第一，通过机器人新闻写作生成的新闻产品，用户们察觉不到写作者的个人色彩。当下机器人新闻写作往往具有较为明显的模板痕迹，缺少人类的人文情感和温度。当然，技术不断发展，能够模仿人类话语方式和风格的智能机器人已经出现，也有了“人工编辑＋机器写作”的人机合作模式。例如，今日头条的写作机器人“张小明”会将机器写作技术与人工编辑干预相结合，让自己的体育新闻写作更有趣味。第二，就目前的技术水平而言，机器人新闻写作无法取代新闻记者在深度报道、通讯、评论、非虚构等新闻体裁写作中的地位，也很难适应社交媒体环境下多元化的新闻样态呈现。目前来看，智能机器人在短期之内还不会取代新闻记者、编辑、主播等一系列职业。机器人新闻写作擅长体育、财经和天气等特定领域的报道，但它不擅长的领域更多，这些领域依然需要人类新闻工作者的智慧。此外，目前机器人新闻写作还面临着一系列伦理问题。例如在收集新闻数据时，如何保证算法程序的中立性而不受设计人员的个人思想和立场的影响；技术的发展需要正确价值观的引领，如何在追求高效率发稿的同时保证正确的价值观导向；机器人在收集数据的时候可能会将个人敏感信息纳入收集范围，从而导致隐私泄露；等等。在未来，机器人新闻写作在技术层面要攻克的难题也很多，包括如何使文字既精确又符合自然语言习惯，如何生成有深度而复杂的内容，如何生产多媒体内容，如何生成个性化内容，等等。未来的新闻生产，一定需要人与机器的协作、人类智慧与人工智能的结合，这样才能创造出真正有价值的内容。

（二）数据新闻

数据新闻的发展源头是 20 世纪 50 年代的“计算机辅助新闻报道”（computer-assisted reporting）。当时，随着计算机在经济、科技和军事领域的广泛应用，一些学者尝试将其用在新闻业中，通过大型计算机处理政府数据库中的

① 陈建飞．机器人新闻写作的风险评估及责任机制探讨［J］．新闻潮，2021（3）：60－64．

信息，发现新闻线索，形成新闻报道。① 数据新闻（data journalism），又称数据驱动新闻（data-driven journalism），是新闻生产智能化的又一体现。它指的是对数据进行分析与过滤，从而创作出新闻报道的方式。② 目前，中国的数据新闻制作团体主要有新华网主办的“数据新闻”栏目、网易主办的“数读”公众号、腾讯新闻主办的“谷雨数据”，以及 DT 财经主办的“DT 数说”等。在新冠肺炎疫情发生以来，财新网和“丁香医生”等公众号较早推出了关于新冠肺炎疫情实时动态的、实时更新的 H5 数据新闻产品，此类新闻产品能够通过将复杂的数据转译为简明的、可视化的客观信息呈现出来，更加真实、完整、简洁地还原现实情况，以方便用户快速、简明、清晰地了解到全国各地病例的变化。

从计算机辅助新闻报道、精确新闻再到数据新闻，这一演变过程是一脉相承的，数据新闻的发展既包含了前两种新闻形态的核心要素，又有自己的特征。总体而言，数据新闻的特征和价值可以被总结为以下两点：第一，数据新闻可以以可视化的方式呈现，符合受众的视听阅读习惯。随着移动社交媒体的发展，人们浏览信息的偏好逐渐从文字转向图像和音视频，文本也呈现出碎片化特征。数据往往是枯燥的，因此，用冗长的文字来解读数据不符合用户的阅读习惯。当下数据新闻在面对复杂庞大的数字时，能够通过形象化的处理，让读者在短时间内快速抓住一系列数字中的重点数据，进一步深入了解数据的内涵以及报道的逻辑。例如，在 2020 年两会期间，新华网发布了数据新闻作品《共振时刻：2020 年〈政府工作报告〉AI 声像分析》，首次运用“5G＋AI”技术，以视频的形式总结呈现出政府工作报告赢得的 37 次掌声，以音频共振的形式来表现国家和人民对于未来工作的信心与期待。第二，数据新闻通常具有预测功能和一系列增值效果。例如通过整理海量的真实数据，总结出新闻事件发生的一系列规律，从而对事件的发展做出评估、展望或者预测。因此，数据新闻往往与深度报道体裁相结合，通过时间轴的方式进行可视化呈现，以及通过长时段数据的整合积累来还原事件发展全貌，能够让用户在快速抓住文章核心的同时，通过图文并茂的形式进一步加深对社会事件的认识与理解。

除了机器人写作和数据新闻之外，新闻生产还进行了更多智能化的探索。其中一个例子是机器人视频制作。当下，用于制作视频内容的自动化软件与工具越来越多，为视频剪辑、包装提供辅助功能的软件也很多。抖音就发展了很多有趣的滤镜、特效、背景等，还给主播们提供了各种神奇的“挡脸技术”。另一个例子是人工智能合成主播。2018 年 11 月 7 日，在第五届世界互联网大会上，搜狗与新华社联合发布了一款人工智能主持人，它通过语音合成、唇形

① 方洁，颜冬．全球视野下的“数据新闻”：理念与实践［J］．国际新闻界，2013（6）：73－83.

② 章戈浩．作为开放新闻的数据新闻：英国《卫报》的数据新闻实践［J］．新闻记者，2013（6）：7－13.

合成、表情合成以及深度学习等技术，模拟出具备和真人主播一样的播报能力的“人工智能合成主播”。未来智能机器人在新闻生产领域的应用，不仅仅是机器人新闻写作这一种形式，还会将多种技术与媒介内容进行衔接与融合，打造出更符合当下用户新闻消费习惯和新闻生产环境的产品。

(三)“媒体大脑”MAGIC平台

新华社“媒体大脑”MAGIC平台是人工智能技术首次在媒体生产领域集成化、产品化、商业化的应用，为个性化生产、可视化呈现、互动化传播开辟了新渠道。[①]

“媒体大脑”MAGIC平台经历了从1.0到3.0的完善和发展过程。2017年12月26日，新华智云在成都发布了中国首个媒体人工智能平台“媒体大脑”；2018年12月27日，新华智云发布“媒体大脑·MAGIC短视频智能生产平台”，其被广泛运用到当年俄罗斯世界杯、亚运会、世界进口博览会等重大活动的新闻报道之中。在俄罗斯世界杯的报道中，MAGIC平台在6秒钟内就完成了识别球员进球、剪辑进球集锦并选择平台推送等多个步骤，完成了一条关于“俄罗斯2∶0战胜埃及”的消息报道，成为当时最快被生产出来的进球视频。2019年11月26日，新华智云发布“媒体大脑3.0融媒中心智能化解决方案”。“媒体大脑3.0”的主要特征有以下两点：一是配备了版权区块链，记者和内容制作者可以依托智能化一站式的版权保护平台，对自有版权作品进行确权并及时了解其传播情况；二是开发了人工智能视频审核功能。“媒体大脑3.0”的智能内容审核服务基于计算机对于多模态的深度学习，涵盖了对人脸核查、敏感标识、色情、恐怖、暴力等内容的审查过滤，能够显著提高视频审核的效率，将人力从烦琐工作中解放出来。

如果说无人机、传感器、机器人写作等是新闻采集与生产领域融合的新兴技术，那“媒体大脑”就是将这些技术进一步协调统筹运转的“总控室”。目前“媒体大脑”MAGIC平台在时政新闻、突发新闻、金融新闻等多项条口均得到了广泛的应用。在2020年两会期间，“媒体大脑”MAGIC平台推出的机器人，通过对人工智能和大数据技术的应用，帮助媒体更加高效地产出了两会相关的文字和视频报道。

目前“媒体大脑”对新闻业态的发展产生了一系列影响。

第一，重塑了新闻生产模式。“媒体大脑”MAGIC平台在新闻生产方面主要打造出了两种具有特色的新闻样态：一是基于大数据挖掘的数据新闻产品，通过数据的可视化呈现增强新闻的生动性与可读性；二是对新闻视频的智能采集与加工，通过对新闻现场焦点的智能捕捉与剪辑，实时发布高度凝练概括的

---

① 傅丕毅，商艳青，张宁宁．“媒体大脑”的智媒演变：万物为媒 人机共生［J］．传媒，2019(4)：16-18.

新闻短视频。

2021 年全国两会期间，新华社新媒体发布了由“媒体大脑”MAGIC 平台制作的一条短视频《MAGIC 看两会：这一年，云南脱贫了!》，通过对云南省政府工作报告、国家统计局云南调查总队数据的梳理，以 1 分钟短视频的形式生动地展现了在脱贫攻坚至关重要的一年里，云南省在地区生产总值、城镇新增就业、农村劳动力转移就业、贫困人口脱贫等方面的蜕变。

第二，改变了记者传统的工作方式。人工智能的广泛应用，要求媒体记者适应人机配合、人机结合的媒介融合时代环境，记者从原来传统媒体时代在采、写、播、发等环节的全方位参与，转变为只参与新闻报道的部分环节，或者专注于深耕内容创作，又或是与智能媒体协同进行内容审核。在人机协作的新闻生产环境中，记者除了要在更高标准上提升传统的媒介素养之外，还要积极提升操作智能机器人、配合智能机器人、辅助智能机器人以及监督智能机器人的全新智能媒介素养，生产出具有时代特征的新闻产品。

三、智能化新闻分发

目前，在本节所述的新闻环节中，智能技术在新闻分发方面的应用最为成熟，它主要是利用算法向用户推荐其可能会感兴趣的新闻产品，因此也被称为“算法新闻”。2020 年 4 月，中国互联网络信息中心（CNNIC）在《第 45 次中国互联网络发展状况统计报告》中指出，基于用户兴趣的算法分发已成为网络新闻主要的分发方式。[①]

个性化推荐是算法新闻的最重要原则，其目标是通过算法从根本上解决信息匹配的问题。传统的新闻分发是与新闻生产绑定在一起，由专业人士来完成的。而今，用户在不同场景下的不同行为数据可以被记录、储存，进而被识别、筛选，形成用户画像和用户需求分析，媒体便可根据不断优化的算法设置不同用户的个性化议程。例如，今日头条曾打出“你关心的才是头条”的宣传口号，主打算法推荐机制。它搭建智能新闻平台，通过对用户、场景、文章三方面的特征进行分析，为每个用户做个性化新闻推荐，做到了“千人千面”。这个机制有三大支撑性因素：第一，用户画像。它来自对用户信息的捕捉和对用户特征与需求的了解。第二，海量内容。它通过大量头条号发布的内容以及爬虫抓取的内容，建立了丰富的内容储存仓库。第三，算法推荐。它通过用户画像、输入信息和历史记录，迅速查找、筛选并推荐相关内容。据统计，2017 年今日头条每日平均发布 50 万条内容，创造超过 48 亿次内容消费。[②] 每条消

---

① 中国互联网络信息中心．第 45 次中国互联网络发展状况统计报告 [R/OL]．(2020-04-28) [2021-11-21]．http://www.cac.gov.cn/2020-04/27/c_1589535470378587.htm.

② 今日头条头条号账号总数已超 120 万，平均每天发布 50 万条内容 [EB/OL]．(2018-01-19) [2021-05-12]．http://36kr.com/newsflashes/97398.

息的平均阅读量达到了较高的水平，正是因为算法推荐技术使得每条信息都能够被较为精准地发送给需要的用户。

在这里，精确的用户画像是一个关键点。算法可以根据用户地理位置、基础背景、兴趣爱好、自选标签、社交关系、行为习惯和轨迹以及终端设备的品牌和型号等数据尽可能精准地计算出用户的画像，预测出用户可能感兴趣的内容，根据一定的数据权重来进行个性化推荐。其实，在用户画像方面做得最到位的不是互联网新闻应用，而是互联网电子商务的服务提供者。电商会搜集各方信息，包括标签、购买记录、搜索关键词、关注人群、好友分类、社交媒体内容、评论、转发偏好、所在地与位置、手机型号、使用时间等，并基于对这些信息的分析为用户们推荐其最感兴趣的商品。作为普通用户，每个人的终端设备中电商应用首页推荐的商品信息各不相同，通过界面信息的区别就能直观感受到算法推荐带来的个性化结果。甚至，某些电商平台会根据用户画像中消费水平的数据，对同样的商品进行个性化定价，进行所谓的“数据杀熟”。2018 年支付宝 App 通过“红包返现”的形式进行推广，新老用户之间的红包返现金额差距悬殊。

用户也为实现个性化推荐做了极其突出的贡献。首先，用户们向今日头条这样的聚合服务平台开放了各种信息获取的权限。例如，当用户允许平台读取自己的位置时，移动终端的（也就是用户的）时间、空间和速度等数据都将被算法抓取，从而向用户推荐当地新闻，或根据移动终端设备当下具体的空间与时间数据，洞察具体的需求，进而推荐个性化的信息和服务。例如，2015 年《纽约时报》的《成长的最优与最差之地》（The Best and Worst Places to Grow Up）专题报道中，网站会根据用户的不同 IP 地址推送不同交互地图的相关数据，以及该地区与全美平均水平的对比状况。① 此外，平台还可以根据移动终端运动速度的变化，向用户推荐运动信息、天气信息和交通信息等；用户建立了好友列表，平台则会根据好友的浏览记录进行推荐；如果用户允许平台使用智能终端的麦克风和摄像头，平台则会根据用户与外界交谈的内容、摄像头捕捉到的画面进行推荐。这样的数据采集与推荐相当隐蔽，很多用户甚至对它毫不知情。其次，用户主动输入了各种信息。当用户搜索某些关键词时，平台就可以进一步了解用户的兴趣和需求。再次，用户会主动进行自我标签和订阅。例如在安装软件后第一次进行注册时，平台会让用户自行选择喜欢的频道或关键词，或者订阅某些账号，这相当于一种个人化的定制，为算法的聚合提供了基础。最后，不断浏览新闻的行为也使算法更了解用户。根据控制论原理，用户的每一次浏览，都是向算法输入一次反馈，为算法的深度学习、进化自身提供数据。

---

① 周葆华，骆陶陶．人工智能重塑新闻业：进展、问题与价值［J］．南京政治学院学报，2018（6）：83－89．

将以算法分发为主的今日头条与其他新闻应用做对比，就能更清晰地展现算法的强大之处。例如，澎湃新闻在新闻内容产品、界面设计、技术手段等方面都在当前的中文移动互联网新闻应用中名列前茅。澎湃新闻初创时期就开展了各方面创新，比如对长尾效应的利用、全景新闻和数据新闻的制作、借力社交媒体等等。[①] 如今，它采用了更多人工智能技术。比如，它与微软“小冰”智能助理合作，让“小冰”与用户聊新闻。2019 年 7 月 19 日，它还推出了一个人工智能合成主播“小菲”。不过，澎湃新闻很难做到个性化推荐。原因有二，一是内容不够海量丰富，二是缺乏算法推荐机制。一般来说，由算法主导的个性化新闻推荐，多半是平台型、聚合型应用服务所具有的特色；由专业的新闻工作者主导的新闻推荐，则是传统媒体等自控性内容提供者的选择。从这个角度来说，今日头条是聚合平台，而澎湃新闻则是自控性内容提供者。

关于算法能否起到有效的新闻分发作用，它带来的“技术编辑”和传统新闻业的“专业编辑”在侧重点与专业性上有何不同，国内外学者和业界也展开了丰富的讨论。2016 年以来，《人民日报》曾连续发表文章，对今日头条的算法新闻机制进行反思甚至诘问，也带动了更多的探讨。白红义和李拓对这场争论进行了全面回顾。他们指出，在中国，“算法”更像是特定新闻场域的闯入者，“两者的相遇引发了场域的内部化学反应”，而官方媒体占据着算法论争的核心地位，政治逻辑也在比新闻逻辑与技术逻辑更高的层级上发挥作用。[②] 一个更合理的思路是，在中国特定的新闻体制下，应寻求如何将专业新闻编辑分发与算法的优势相结合，从而达到更好的传播效果。

总之，当前用户的新闻阅读来自三种不同的路径。第一种是编辑推荐，第二种是社会化推荐，第三种是算法推荐。三者各有利弊，编辑推荐保证了专业性，但缺乏创新；社会化推荐则是一种新型网络社交方式，它和算法推荐都具有时代特色，效率很高，却容易陷入信息茧房的怪圈。对于用户来说，兼取三者之长，是一个值得考虑的方向。

以算法开展新闻推荐，在媒体经营上有较大的优势。首先，网络去中心化特征带来的多元化的创作者造成网络信息数量激增，但用户的注意力是有限的，算法推荐能够相对精准地将用户的需求与有效信息进行匹配；其次，传统的编辑推荐更多满足的是用户对共性信息的需求，而很难满足用户对个性化信息的需求；最后，新闻平台中存在大量的自媒体，这些多元化的自媒体生产信息的动力直接来源于其作品的浏览量、点赞量、评论量和转发量，即它们都受制于分发的效果。

相对编辑推荐，算法推荐对这些自媒体用户生产的信息更加友好，自媒体的活跃程度也影响着新闻平台内容的丰富程度。除了能够提高效率、吸引用户

---

① 张磊．纸里纸外：澎湃的新闻创新［J］．青年记者，2014（17）：60．

② 白红义，李拓．算法的“迷思”：基于新闻分发平台“今日头条”的元新闻话语研究［J］．新闻大学，2019（1）：30－44，117．

之外，通过积累大数据，算法推荐也可能培育出具有价值增量的副产品。例如，2017 年清华同衡规划设计研究院联合摩拜单车共同发布《2017 年共享单车与城市发展白皮书》，报告首次采用智能单车摩拜运营一年来的海量数据，并结合 36 个城市近 10 万份问卷调查，综合展现共享单车在让自行车回归城市的过程中为城市出行结构、城市环境、城市生活、节能减排带来的改变。① 该报告中的数据来自共享单车中的传感器和用户移动终端里的基础数据和行为数据。

今后，向用户开展内容的个性化推送的匹配过程会更加智能化，场景化匹配更精确。分发并不是媒体工作的终点。在网络技术与智能技术的支持下，新闻的“生命”正在不断被延长，其从原来线性的“采集—生产—分发”过程转变为“采集—生产—分发—消费—被采集二次创作—再分发……”的循环往复过程，其中生产和分发都只是新闻工作的一个节点，而分发出去的信息可能再也不会呈现出最终定稿的状态。同时，由于智能终端的普及，新闻的分发将会无所不在，并通过一种临场化的方式将用户带入新闻之中，完成新闻的消费过程。

四、智能化新闻消费

前文分析了新闻采集、新闻生产和新闻分发等环节对智能技术的应用，在这种情况下，新闻业呈现出了新的态势，即自动化、数据化、普及化和场景化，这也引发了用户消费新闻的新变化。

用户获取新闻的终端，已经越来越多地从报纸和电视机转向智能手机，以及其中的新闻应用。伴随着以智能手机为代表的移动互联终端在日常生活中的普及，当代人，尤其是当代城市人，获取新闻的典型场景发生了巨大的变化。罗伯特·斯考伯（Robert Scoble）和谢尔·伊斯雷尔（Shel Israel）所著的《即将到来的场景时代》一书的英文标题是“Age of Context”。在中国被广泛使用的“场景”一词，更多地对应的是英文“context”一词，而 context 也可以译为“情境”。“场景”和“情境”在中文里的含义有些许差异。场景更偏向于空间环境，而情境更多指行为情景或心理氛围。② “场景”可以被理解为一个社会中个体所面对的地理位置、生活情境和社会环境三个层面交织形成的聚合点。在智能终端大规模普及之前，用户在获取新闻过程中花费的时间较长，且空间相对固定，一般集中在家里的客厅、餐桌或办公场所；而如今，移动技术在时空上解放了阅读者，用户获取信息的时间变得零散且随机，通常在移动的空间里进行碎片化的信息消费。这对新闻业提出了新的要求，其中，新闻获取的四个新趋势值得关注，分别是个性化的新闻获取、碎片化的新闻内容、参与

① 清华同衡规划设计研究院，摩拜单车．2017 年共享单车与城市发展白皮书［R/OL］．（2017－04－12）［2021－08－14］．https：//www.udparty.com/php/upload/20171229/1514550531f77182f1ed9acaf9.pdf.

② 彭兰．场景：移动时代媒体的新要素［J］．新闻记者，2015（3）：20－27.

式的新闻体验和沉浸式的新闻服务。

第一，个性化的新闻获取。在前互联网时代，新闻传播呈现从一到多、从点到面的单向扩散态势，而如今互联网时代，尤其是移动互联网时代的新闻传播越来越体现为以个性化的用户为起点的过程。随着互联网上的信息渠道近乎爆炸式的增长，提供同一化内容的“大众媒体”似乎已成为过时之物，新闻的接受者也不再是被动的“受众”，而是主动进行选择的“用户”或“产消者”，这已渐成共识。在现实生活中，用户都有自己独特的生活经验，由此催生了对于世界的独特关注；网络空间信息丰富，形成了多元化的拟态环境，这样的环境不断刺激着用户的注意力，激活了用户们对新领域信息的需求，这个过程是非常个性化和随机化的；同时，网络空间“信息过载”现象突出，用户们对于有效的和个性化的信息的需求逐步浮现，要求媒体不能只提供千人一面的新闻内容，而要提供用户需要的、感兴趣的个性化新闻服务。

第二，碎片化的新闻内容。根据中国互联网络信息中心的调查，互联网新闻的阅读呈现出明显的碎片化特征。“单次浏览新闻在 30 分钟以内的网民比例高达 62.4％，其中 26.6％的用户的浏览时间在 10 分钟以内。平均浏览场景为 3.1 个，在家休息、睡前、饭后休息是最为典型的浏览场景，在新闻资讯网民用户中所占比例分别为 69.7％、67％、52.1％；超过 30％的网民会在早上起床后、乘坐交通工具时、等候等碎片化场景下上网看一下新闻。”① 新闻消费场景在时间和空间上的碎片化、移动化，加之用户选择的自由度和开放度高度提升，促使媒体不能再仅仅提供大容量、高密度和集中化的整合性新闻产品，而要对报道内容进行切割细分，或是对新闻题材进行修正。目前，在电视新闻播出后进行“碎片化”处理和二次传播，已经成为电视台的常见做法；甚至部分电视台在新闻采集和编辑的时候首先考虑的就是互联网上的碎片化传播可能性。新闻短视频化的趋势十分突出，中国互联网络信息中心发布的《第 49 次中国互联网络发展状况统计报告》相关调查数据显示，截至 2021 年 12 月，我国网络视频用户规模达 9.75 亿，其中短视频用户规模为 9.34 亿，较 2020 年 12 月增长 6 080 万，占网民整体的 90.5％。② 2019 年，《人民日报》入驻抖音快手短视频平台，央视新闻入驻哔哩哔哩弹幕视频网短视频平台，“《人民日报》＋”以独立的短视频新闻聚合平台形式上线。在这一年，主流媒体推出了多个短视频化的新闻栏目，例如央视推出的《主播说联播》和《康辉 Vlog》，以通俗化、碎片化的形式对新闻事件进行播报，每期播放量都十分可观。

第三，参与式的新闻体验。无论是获取新闻还是娱乐，用户总是在不断地

---

① 中国互联网络信息中心．2016 年中国互联网新闻市场研究报告［R/OL］．(2017－01－12)［2021－09－27］．http：//www.cac.gov.cn/2017－01/12/c_1121534556.htm.

② 中国互联网络信息中心．第 49 次中国互联网络发展状况统计报告［R/OL］．(2022－02－25)［2022－06－22］．http：//www.cnnic.net.cn/hlwfzyj/hlwxzbg/hlwtjbg/202202/t20220225_71727.htm.

追寻现场感、临境感和参与感。由于媒体技术和其他相关技术的发展，用户得以摆脱地理空间和现实时间的限制，也逐渐摆脱感官的束缚。在各类新设备中，虚拟现实、增强现实最引人注目，它们给人类带来了感知世界的新方式，给人们构建出一种超出符号化环境的临场化环境，人们不再只是通过符号间接体验世界，而是直接置身于一个与现实世界感官相似的三维虚拟世界。在各类新应用中，短视频、直播、弹幕、评论等最为普及，它们给用户带来了多种参与式的新闻消费体验。例如用户通过短视频平台，以解读、点评或直接复述的方式完成对新闻的二次创作；或者来到新闻现场，通过直播平台引起其他网友的关注；更直接的就是通过弹幕式评论直接在新闻播报的同时与其他用户进行互动，使用户获得一种参与其中的体验。

第四，沉浸式的新闻服务（见图8－4）。媒体在不断演化，而不再是固定在某一空间的无法移动的物品。随着智能终端的发展，媒体越来越频繁地出现在人们的日常生活中。新闻消费场景的移动化、获取新闻内容的碎片化，都使得新闻开始变成一种贴身式的、沉浸式的服务，人们动用更多感官与新闻事件建立连接，而新闻媒体也使得自己进入用户的贴身情境。临场化新闻重塑了用户与现场的新关系，而虚拟现实、增强现实等新科技则可为用户创造沉浸式的消费体验。

图8－4　沉浸式新闻服务的发展

首先是虚拟现实新闻，新闻传媒领域对虚拟现实的研究可分为宏观与微观两个层面。在宏观层面，虚拟现实对新闻业的影响是国内学者关注的重点。史安斌等人认为，虚拟现实的“破坏性创新”会为新闻业带来三大转向：（1）从浅层叙事到深度内容的内容转向；（2）从“各自为战”到“跨界融合”的业态转向；（3）从“原画复现”到“沉浸＋参与”的样式转向。[①] 喻国明也认为，虚拟现实新闻将通过重塑新闻生产流程、改变新闻呈现方式和新闻传受关系等方式建构一种新兴媒介环境。[②]

在微观层面，新闻传媒领域对虚拟现实的研究主要是对国内外虚拟现实新闻的案例分析，如对《纽约时报》、网易虚拟现实新闻、财新网虚拟现实新闻等的研究。但是，也有学者认为，在新闻传播这个领域之中，比起虚拟现实，增强现实更加具有技术上的优势和发展上的潜能。虚拟现实能够使受众“身临

① 史安斌，张耀钟．虚拟/增强现实技术的兴起与传统新闻业的转向［J］．新闻记者，2016（1）：34－41.

② 喻国明．大变局下中国新闻传播的“变”与“不变”［J］．教育传媒研究，2021（3）：12－14.

其境”的这一功能，正是当前新闻最关键、最主要的竞争力。虚拟现实可以制造出一定程度上的“深度浸入感”，增强现实技术则能更进一步，将无限的数字信息“叠加”到有限的浅层叙事上，当受众希望了解更多深层次内容时，只需使用移动终端上的App进行“扫描”或“识别”，大量的背景信息和深度内容就会以图像、文字、音频等多种形式被“唤起”，以增强用户的现实体验，延伸其感官功能、认知空间。①

如今，美国各大新闻报社都已尝试将虚拟现实融入新闻报道之中，已有多家报社发表过以虚拟现实技术为基础的新闻页，如《今日美国》(*USA Today*)、《华盛顿邮报》(*The Washington Post*) 等都已推出360度实景拍摄结合虚拟现实技术的沉浸式报道。国内的新闻界头部公司也已将虚拟现实技术融入报道之中，在近年的两会等重大事件的报道中，中央电视台、《人民日报》、新华社等各大媒体也曾将虚拟现实技术带入报道现场，以全新的报道形式向全国人民报道事件进展。根据其技术类型，可分为360度全景影像新闻和虚拟现实新闻，支持用户在各种媒介终端操作使用，并支持使用专业的头戴式设备进行观看。全景影像新闻和虚拟现实新闻的出现让用户有了更多的参与感，较之以往，能更大限度地调动用户在观看过程中的视觉、听觉及行为系统的参与。

【案例】 虚拟现实新闻先驱：《丰收的变化》

2014年10月起，美国甘内特报业集团(Cannett) 先后推出了多个虚拟现实新闻项目，其中最知名的是集团旗下的《得梅因②纪事报》(*Des Moines Register*) 所制作的《丰收的变化》(*Harvest of Change*)，图8-5即虚拟现实新闻《丰收的变化》。

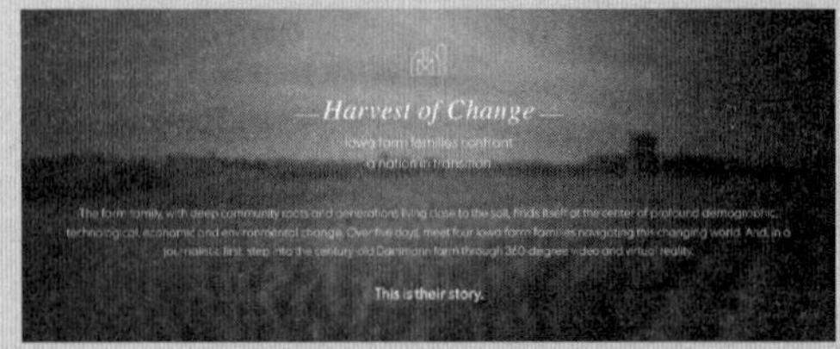

图8-5 虚拟现实新闻《丰收的变化》首页截图

《丰收的变化》报道了四家位于美国艾奥瓦州的家庭农场。它通过描绘其历史变迁和发展现状来展示美国农业社会中人口、科技、家庭结构、移民、全球化经济等各方面的变化。整个专题报道分为农场故事 (story) 和农场体验 (experience) 两大板块。其中“故事”板块几乎融入了目前网络多媒体融合报道中可能会用到的所有元素：文字、图片、音视频、静态数据信息图表、具有交互功能的地图图表等。所有这些呈现手段汇聚在一起，全方位还原了艾奥瓦州传统农场在历史时间和自然空间等多维度的变迁。③而“体验”

---

① 史安斌，张耀钟．虚拟/增强现实技术的兴起与传统新闻业的转向 [J]. 新闻记者，2016 (1)：34-41.

② 得梅因是美国艾奥瓦州首府。艾奥瓦州为农业大州，素有“美国粮仓”之称。

③ 俞哲旻，姜日鑫，彭兰．《丰收的变化》：新闻报道中虚拟现实的新运用 [J]. 新闻界，2015 (9)：61-65.

板块则由《得梅因纪事报》与虚拟现实技术公司 Oculus Rift 合作完成，通过虚拟现实技术还原了农场实景并添加了游戏元素。读者进入“体验”板块后需找到 12 张隐藏在农场各个角落的图片以达成“通关”目标，在此过程中读者可以在全景视角的场景中自由走动，通过点击各种提示标志和仔细观察场景细节的方式来了解这个传统农场的相关信息。

为了保证更多的读者能够阅读和体验此报道，创作者提供了多种体验渠道：为拥有 Oculus VR 头显设备（见图 8－6）的受众提供 3D 体验式游戏，为并未购置设备的受众提供 2D 可下载单机游戏，还为仅欲在线阅读的受众提供了精简版的网络互动游戏。

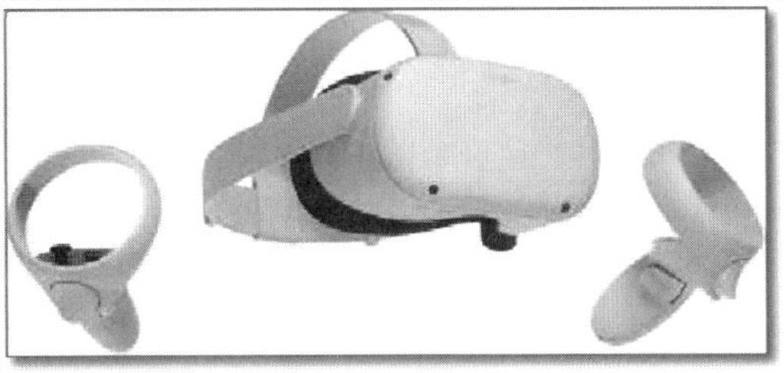

图 8－6　Oculus VR 头显

【案例】 央视网：三大虚拟现实系列报道讲述战“疫”好故事

央视网《“疫”线 VR 报道》系列报道（见图 8－7）将虚拟现实全景的触角深入疫区的大街小巷，让大家打开虚拟现实，就能感受到与前线“白衣天使”并肩作战，与城市“逆行者”共同守护家园。新冠肺炎疫情报道是对主流媒体的一场大考。在当前媒体融合背景下，央视网以虚拟现实新闻的创新表达全力开展疫情防控报道，成为主流媒体融合传播、创新突破的成功实践范例，在这场大考中交出了一份亮眼的成绩单。

图 8－7　方舱系列虚拟现实作品

虚拟现实和增强现实技术为用户带来了感知世界的新方式，以更为真切的“第一人称视角”进入新闻现场，相比过往广播电视等传统媒体二维式的“观看”过程，用户借助虚拟现实技术，能够以一种“不在场”的方式“抵达”新闻现场，身临其境地感受新闻事件，减少新闻报道中因多种主客观原因所导致的信息缺失，从而获得更多的互动性与交互性。这种沉浸感不仅仅是身临其境感，更重要的是每一个用户可以在新闻现场捕捉各种细节，抑或是基于用户自身的兴趣点来观察新闻事件，而较少受到传统的编导视角限制，让用户从一个自主的认知视角对新闻事件产生认识与理解。目前已有很多虚拟现实新闻的尝试。

《纽约时报》2015 年 11 月发布的作品《无家可归》（*The Displaced*），以世界上不同地区的难民们的主观视角来讲述新闻事件，用户可以使用 VR 眼镜进入新闻场景，跟随新闻的主人公去观察和体验一切。在 2017 年度卓越新闻奖（SOPA Awards）上获得新闻报道创新奖的作品《跨性别人士 Bhumika 的故事》（见图 8－8），通过动态问答以及新闻故事交互性，以第一视角向用户呈现了性别平权和身份认同议题。除此之外，虚拟现实新闻在体育新闻和体育直播中也有很大的潜力。目前，奥运会、美国职业篮球联赛（NBA）、欧洲杯、世界职业棒球大赛等多个大型体育赛事已开始尝试虚拟现实直播。在国内，包括腾讯、网易等门户网站和《人民日报》、中央广播电视总台等传统媒体，也都在尝试采用虚拟现实技术。

图 8－8 “ASIA WEEKLY” 2017 年虚拟现实动态新闻《跨性别人士 Bhumika 的故事》

李普曼有言：“我们所见到的事实取决于我们所站的位置和眼睛的习惯。”①传统媒体进行新闻报道时，主要职责在于及时、客观地向公众传达准确的事件信息，其更注重传播信息的功能性，因此传统新闻更多表现出模式相对固定、叙事结构单一等特点，但也由此造成用户接收到的信息是经过筛选的信息，难以反映客观事件的全貌。“VR＋新闻”的新业态兼顾了新闻的时效性与真实性，并以新技术弥补了当前文字、图片和视频等形式无法为观众营造真实感和临场感的缺憾。虚拟现实技术被应用到新闻报道中后，用技术对新闻现场进行全场景录制，并为观众模拟出第一人称视角的观看体验，让观众能亲身直击现场，消除了观众与新闻报道之间的空间距离，允许观众自主在“现场”进行探索发现，对事件有更全面的认知，增强观众参与事件的主观感受。此外，这种全新的沉浸式新闻模态通过对叙事线索的多重梳理与时空的弹性重构，赋予了观众极大的自主选择权，互动性与主动性相互影响，彼此拉升，革命性地改善了传统新闻的传播效果。

同虚拟现实技术一样，增强现实技术同样具备强沉浸感和强交互性的特点，在此基础上，美国的《纽约时报》和《华尔街日报》、英国的《金融时报》

① 刘涛，王宇明．新媒体背景下全景化新闻报道探析［J］．今传媒，2013（2）：105－107．

和日本的《东京新闻》等，也曾先后推出增强现实应用，以丰富读者的体验。在新媒体迅速发展的今天，增强现实技术被引入新闻报道中，传统的新闻报道方式在新技术的加持下有了一定的改变。增强现实技术的主要功能是通过计算机系统提供信息增加用户对现实世界的感知的技术，并将计算机生成的虚拟物体、场景或系统提示信息叠加到真实场景中，从而实现对现实的“增强”。

随着增强现实技术的日渐成熟，其应用领域也在逐渐扩大，增强现实技术被应用到新闻报道中，并取得了良好的传播效果。2018年，《纽约时报》运用增强现实技术进行新闻专题报道，上线增强现实新闻专用App，将增强现实技术作为一种辅助工具，用来对书面新闻报道进行补充完善，增强现实相关专题新闻也在逐渐丰富。

【案例】 新华社增强现实新闻：《AR看两会：政府工作报告中的民生福利》

在我国2018年两会期间，新华社发布增强现实新闻《AR看两会：政府工作报告中的民生福利》，用户通过新华社新闻客户端下方小新机器人，扫描居民身份证国徽面，即可获得习近平总书记的办公室人工智能立体模型，受众通过点击画面，就能够用新颖的方式浏览政府工作报告。受众可根据自己的兴趣爱好点选不同的新闻内容，也可以把自己的想法意见通过实时互动展现出来，还可以完成与记者之间的互动。图8-9展示了增强现实技术在两会新闻报道中的应用。

图8-9 增强现实技术在两会新闻报道中的应用

增强现实新闻增加了传播者和用户之间的互动感，使用户在获取新闻时更加方便自由，用户被授予了自主选择的权利，获得了参与感、沉浸感，被调动了积极性。这是传统新闻报道所欠缺的地方。增强现实技术在报道新闻时，需要多角度采集影像，最终通过计算机图像技术生成虚拟画面，所有生成的画面都来自不同角度的真实照片，并且在增强现实技术支持下，可以生成三维模型，实现按比例多角度还原新闻现场，在一定程度上强化了新闻信息的真实性。如案例中新华社的增强现实新闻，其中被按比例还原的是习近平总书记的办公室，用户可通过点击屏幕多角度参观办公室，在解密办公室的同时，新闻的真实性也增加了。三维立体模型的加入让受众在脑海里对于新闻现场有了更多的真实感，多角度的新闻信息收集也使得新闻报道更加全面，新闻深度得到加强。

但新技术的应用总有尝试期。头显等虚拟现实终端设备尚未普及，在造价、外形和携带方式上也有诸多门槛；轻虚拟现实装备带来的体验感又大打折扣。受限于生理条件，用户在虚拟现实和增强现实设备的使用中易产生晕眩感，因此，目前的虚拟现实和增强现实新闻更多以全景式的静态照片方式与用户开展互动，这在一定程度上影响了用户的热情，也影响了实践探索的深入。

【案例】关于新闻领域未来的变化想象

我们来看看这样一段非常精彩的想象，它生动展望了十年后环境议题记者的一天，即智能技术在未来给新闻领域带来的变化。

早晨8点，记者坐上无人驾驶车前往办公室，位于斯普林菲尔德（Springfield）路的传感器发回空气污染超标的警告，记者随即派出两架无人机，到现场分别采回水、空气的标本。半小时后，跟踪社交媒体话题趋势的算法（trending algorithm）提醒记者，空气质量及儿童呼吸困难成为热点话题。

早晨9点，记者抵达办公室，通过人机对话调出该地区历史空气数据，确认污染指数高于历史同期；同时，仪器检测了无人机带回的标本，确认污染确实存在；然后记者通过推特联系一位母亲接受采访，这位母亲刚发布推特，陈述自己孩子的呼吸存在问题。

早晨10点，记者戴上增强现实眼镜（augmented reality headset），浏览上百个社交媒体上的现场图片及视频，发现新建工厂附近空气能见度较低。他进而调用算法，将机器人相机拍摄的照片按时间顺序进行排列对比，确认空气能见度的变化。

早晨11点，文本分析程序扫描政府公开文件、公函、公告、数据等，记者的智能助手将与该工厂相关的违规操作、公开谴责、执照撤销等信息高亮显示。记者联系该工厂的公关公司，语音文本分析显示其接线代表的语气情感为“迟疑、紧张”，记者怀疑其隐瞒了详情。

下午1点，智能助手通过公开文本分析发现，工厂CEO与环保部负责检测的公务员为远亲关系，自然语言处理绘制了他们的家谱关系图。

下午2点，该地区的红外热力图显示，安保人员集中在工厂的一处，疑似为发生污染物泄漏的管道的所在。记者前往现场采访被拒绝进入，但采访到了部分撤离中的工人。

下午3点，记者在回办公室的路上与早晨的预约采访对象面谈，该母亲描述了孩子的病情，语音文本分析显示其情绪为“真诚的、分析的”。

下午5点，记者完稿，计算机自动纠错，人工编辑审核，将文章签发到若干“智能”平台。①

以上内容虽然并未完全实现，但保有对未来的幻想是促进智能技术对新闻领域影响创新发展的重要动力之一。

除此之外，H5和新闻游戏作为新闻互动产品也给用户们带来了全新的沉浸式体验。例如在2020年4月24日中国航天日当天，《人民日报》推出了一款

① Marconi F, Siegman A. A Day in the Life of a Journalist in 2027 [EB/OL]. (2017-04-11) [2021-06-12]. http://www.cjr.org/innovations/artificial-intelligence-journalism.php.

H5 新闻产品《我的星辰大海》，将中国航天事业发展历程通过横屏动画的形式进行展现，用户可通过点击或滑动屏幕的方式参与其中。在观看过程中，配合着生动的画面和气势磅礴的音乐，用户会有一种沉浸其中的体验，感染力十足。

在新闻游戏方面，2019 年 7 月，《洛杉矶时报》(*Los Angeles Times*) 联合《纽约时报》推出了名为《海洋游戏》(*The Ocean Game*) 的交互式新闻游戏，在《海洋游戏》中，加利福尼亚州的一个沿海小镇正在面临因全球变暖、海平面上升而即将被淹没的局面，用户有八次拯救小镇的机会，在有限的预算内，他们将选择一系列解决方案，比如建造岩壁、迁徙内陆等。[①] 这种游戏化的新闻具有目标感和成就感，沉浸感也十分显著。

总之，在智能传播时代，融媒体新闻要进行“一体策划、一次采集、多种生成、多元分发”。新闻业拥有了各种新工具、新技术、新手段，可以配合新理念，获取和采集各种新闻素材。无所不在的物联网，将使得新闻采集进一步遍在化、普及化、日常化。与此同时，机器人新闻写作、数据新闻、自动化视频制作、人工智能主播等也应运而生，算法推荐成为新闻分发的主要渠道，这进一步引发了用户消费新闻的新景象。以模拟人的智慧为核心的人工智能所开发的新方式、新手段，在未来媒体发展中有着广泛的应用空间。短期内，人工智能无法全盘替代人类的劳动，但至少已经逐步介入信息产业各个环节，并有可能重塑该领域。这一切变化，将大大扩展人类信息传播的可能性，激发人们认识世界从而改造世界的潜力，新闻的面貌也必将因此而发生变化。

第三节　智能新闻的未来图景与对智能新闻的反思

在前文中，我们已经阐述了智能技术在当下新闻业中各方面的广泛应用。可以说，智能技术已经深刻改变了新闻行业的生存图景。然而，新技术的发展往往会超出我们当下的视角，以全新的姿态影响未来新闻业的发展走向。于是，身处当下、展望未来就成了我们必须完成的课业。面对智能技术可能带来的各种不确定性，我们唯有对其进行深刻的思考与反思，才能在规避负面影响的基础上充分挖掘其中可供利用的成分，从而更好地实现智能技术与新闻行业的融合。

一、智能新闻的未来图景

现如今，人工智能技术已出现在新闻业的各个环节，从新闻采集、新闻生

---

① “气候紧急状态”成 2019 年度词汇，海外新闻业如何报道气候变化？[EB/OL].（2019-12-11）[2021-06-12]. https://mp.weixin.qq.com/s/PjUmTVLFqBYWlzGNgDiMsg.

产、新闻分发再到新闻消费，智能化技术工具的进入助推新闻业走到了一个全新的发展阶段。目光所及，当今新闻业，越来越多的摄像头、无人机、机器人以及带有传感器的各种设备成为捕获与采集新闻资讯的主要方式。逐渐优化的高级别语言处理系统、图像识别系统和深度学习系统，为人们制作出不亚于现在最高水平记者与编辑所撰写、编辑的新闻，用技术生产新闻。精确的数据系统能够捕捉用户所处的时空与场景，提供最具个性化、最具贴身性和最具丰富度的新闻内容，精准发放，让用户能够观其所想。在物联网的整体推进下，语音识别系统和可穿戴设备能够解放人的双手乃至身体，使用户身临其境地体验新闻现场，重塑用户的感官与外部世界的关系，形塑新的新闻消费方式。

事实上，尽管人工智能技术现下的发展与普及已为新闻业带来了翻天覆地的改变，但人工智能技术发展还处在弱人工智能技术阶段，我们有关智能新闻未来的想象不能落入现有思维的桎梏之中，应放眼未来，在对人工智能技术发展态势和规律的把握中深思未来新闻业的走向。在此我们沿着这样的思路眺望未来，试图描摹智能新闻的未来图景，思考仍在不断演化进阶的人工智能技术工具将会在以后带来什么样的智能新闻业态。

总的来说，对智能新闻这幅未来图景的想象需要采取辩证思路。一方面，我们不能否认在社会发展或是在新闻业发展的过程中人工智能技术的力量；另一方面，我们也需在这样的技术乐观主义中警惕人的主体性被抹杀。基于此，我们将从两个角度，以四个词语来总结概括人工智能技术条件下未来新闻业发展的可能性。从物和技术的角度来看，智能新闻的未来是“万物皆媒”和“智媒非媒”；而从人的角度来看，则可将之理解为“人机共生”和“人机合一”。这两个角度并不是对立的，相反，这是两组概念的耦合。“万物皆媒”在强调当今泛媒介化的社会背景时，实际上也就强调了当前人的生存境况是“人机共生”；“智媒非媒”在描述人工智能技术的适用范围广泛时，实际上也在强调人主体性的不可抹杀，即在未来需做到“人机合一”。人们在这样两组相互耦合的关系中探索着智能新闻的未来。

一是“万物皆媒”。在物联网、人工智能、云技术等新技术的推动下，一个“万物皆媒”的泛媒时代正在到来。泛媒化表现为物体的媒介化，也就是媒介的概念与内涵扩大了，任何事物都可能成为媒介系统中的组成元素。具体来看，带有传感器的设备可以帮助新闻业尽可能多地收集人们生存环境中的信息，例如天气信息、地理信息、人流信息、物流信息等。并且，这些信息能够实时更新并被瞬时传送到新闻生产环节，使得智能新闻最大限度地实现高时效性。除此之外，新闻业还能依据这些数据信息，通过分析和把握相关规律，实现预测性报道。车联网技术与传感器的新闻信息采集相似，即能够实现关于车、人、环境以及公共信息的全面采集。尤其是通过车联网技术采集路况信息数据，将这些数据制作成新闻，再通过相关媒介技术平台分发，可以为交通道路的管控和居民生活带来极大的便利。[1] 在“万物皆媒”之下，新闻业采集信息和加工信息的整体状况会发生关键性的变化，传感器、车联网等带来的泛媒化趋势使得新闻采集的触手越来越多，这大大减少了新闻业工作人员的新闻采集工作，与此同时还提高了新闻信息的准确度和时效性。

二是“人机共生”。当我们谈论“万物皆媒”时，实际上也是在谈论当今社会人类数字化生存或媒介化生存的倾向，而这样的发展趋势恰恰也在提醒着我们，在人工智能技术发展的过程中，无论是作为新闻信息采集的数据来源的人，还是作为新闻分发的消费终端的人，都在发生着巨大的转变。具体来看，一方面，作为信息采集的数据来源，人们时时刻刻、无所不在地上传着自己的数据信息。为了更好地享受个性化和舒适的智能家居服务，用户将自身信息数据与之交换，来提高生活质量，智能家居设备可以借此掌握人们生活起居的相关数据。目前人们经常使用的可穿戴设备、智能媒体终端，也持续记录着人们的身体数据、移动轨迹和个性化取向等。随着人工智能技术的渗透，人类成为新的“赛博人”，即“后人类时代出现的这些为技术所穿透、为数据所浸润的身体”[2]。另一方面，随着以算法技术为基础的个性化推送功能的精进和普及，虚拟现实和增强现实技术的改良和推广，作为新闻分发的消费终端，人们日后对新闻的消费不会再局限于依靠眼耳来接收文字、音频或视频文本这种单一方式，而是能够身临其境，调动更多的感官来沉浸于新闻之中，加深新闻消费体验。除此之外，人工智能技术通过采集分析用户的个性化数据来设置个人议程，并能根据用户对相关新闻信息的实时反馈进行内容调整，精准推送用户所需的智能新闻。在社会“人机共生”的背景之下，人工智能技术不仅会采集有关生活环境等的信息，还会对有关个体的信息数据进行采集，且正是基于这一状况，在算法技术的个性化推送中，智能新闻与个体所需的个性化信息之间的边界实际上逐渐模糊了起来。那么，未来的智能新闻是否会千人千样？个体用户是否会陷入完全的个性化孤岛？这都值得我们继续进行深入思考。

三是“智媒非媒”。未来的智能媒体将不再仅仅拥有媒体的功能，而是将新闻信息传递与其他各种社会实践活动熔于一炉，打通各种边界，融汇各种功能。如前所述，在“万物皆媒”的时代，通过具备传感器的终端设备、车联网和智能家居等，新闻业可以快速、准确、高效地采集生存环境中的数据以及个体的数据。事实上，这样的智能媒体，其信息数据所服务或者说所能够服务的不再仅仅是新闻业，其功能也不再局限于媒体职能的框架。随着人工智能技术的发展与普及，智能媒体的服务对象将从新闻业拓展至其他社会系统，智能媒体的功能将从单一的媒体发展为信息基础设施乃至人类生存的基础设施。具体来看，具备传感器的终端设备所提供的信息数据实际上是一种资源，社会政治

---

① 彭兰．万物皆媒：新一轮技术驱动的泛媒化趋势［J］．编辑之友，2016（3）：5－10．
② 孙玮．赛博人：后人类时代的媒介融合［J］．新闻记者，2018（6）：4－11．

经济系统能够通过掌握和分析这些大数据来提升自身的协调、决策和管理能力，以更好地维护社会稳定，推动社会发展。而车联网技术也不再仅限于为交通广播采集新闻信息，其所涉及的地图服务、交通指挥系统、急救系统、保险理赔系统等能够在很大程度上解决当前人们所面临的许多困境。此外，车联网更是人们外出驾驶车辆时保障人身安全和提升行程体验的技术支持。

四是“人机合一”。在对智能新闻当中人工智能技术的应用与拓展抱以高期待和乐观愿景的同时，还应该思考的是，模仿人类智慧的人工智能技术在进入新闻业后，原本的新闻从业人员，也就是所谓的人，该去往何处？在新闻采集、新闻生产、新闻分发和新闻消费各个环节，人工智能技术的应用都大大减轻了工作人员现有的工作量，相比过去，人无须承担枯燥重复的机械劳动——这反而对新闻业中的人提出了更高的要求，未来新闻业的准入门槛也会相应有所提升。在新闻信息采集环节，新闻从业人员不再仅仅是传统刻板印象中的文字工作者，还需掌握相关数据技术，明白相关技术原理，并拥有在汪洋大海般的数据之中挖掘出具有新闻价值的选题的能力。在新闻生产环节，未来的新闻写作，将是人的能力与人工智能的结合。人工智能的作用不仅是自动获取数据并进行填充，还将帮助人发现新闻线索、探析事物的深层规律，以及拓展写作的深度或广度。① 在这个过程中，依然要求新闻从业人员具备较高的新闻敏感度、理性分析判断等专业能力。在新闻分发和新闻消费环节，在算法的技术逻辑背后，仍是人的逻辑。除了针对用户自身的个性化新闻推送之外，分发环节的内容筛选和质量把关仍应处在人的视线之下、人的伦理之下。未来的智能新闻业态将引领一批新的新闻从业人员，他们将区别于过往传统下的新闻从业人员，在新的媒介技术语境下，与人工智能合作共生，在技术专业化的过程中创造出优质的新闻。

万物皆媒，智媒非媒；媒生万物，万物互联。在人工智能技术的发展中，在技术与新闻业的不断融合下，新闻将成为社会系统互联互通、共建共享中更有机的组成元素，它的内涵和外延，都将获得极大的拓展。人机共生，人机合一。在新闻业的转型升级中，新闻从业人员将不再局限于传统新闻中的采写编评，而将在与技术的互动过程中，实现专业领域的跨越、专业门槛的提升，这份职业的担当和要求，都将发生划时代的转型。

二、对于智能新闻的反思

近现代以来，新闻业为社会发展做出了重要的贡献。每一次技术范式的变迁以及新技术在新闻行业中的广泛应用，都会引起新闻业面貌的改变，它的一系列重要规则也会随之发生变化。智能技术的介入也不例外。在展望新技术为人类社会整体以及新闻业未来发展所带来的无限可能的同时，我们也应当警惕与反思它

① 彭兰．万物皆媒：新一轮技术驱动的泛媒化趋势［J］．编辑之友，2016（3）：5－10.

可能带来的负面影响。智能新闻的大趋势已难以抗拒，但我们也不能对它盲目乐观。“顺势而为”固然重要，但“逆势而思”也是我们必须做的功课。唯有在不断反思中前行，才不会迷失方向。此处我们将从两个层面对智能新闻可能带来的负面影响加以反思：一是智能新闻对用户心理层面的影响，二是技术平台自身对智能新闻发展的影响。

（一）对用户心理层面的负面影响

关于智能新闻的发展对用户心理层面的负面影响，我们将从信息茧房效应、舆论极化和拟态环境的具象化三个角度进行分析。

第一，信息茧房效应。

信息茧房，指的是随着用户获得的新闻越来越多地来自算法推荐、个性化定制、社交媒体分享，其所获得新闻信息的多元性可能会减弱，用户更难听到不一样的声音，就像作茧自缚一样，生活在一个信息闭环之中。应当说，从更加宽泛的视角来看，信息茧房作为一种媒介现象，并非智媒时代所独有。用户基于选择性心理，基于之前的生活经验以及社会阅历，会形成一种相对固化的筛选信息的“基模”，这是任何时代的新闻业在发展过程中都会面对的问题。只不过智媒时代海量的新闻内容、个性化的新闻定制、算法推荐以及社交媒体的分享转发，让信息茧房这一媒介现象显得更加突出。

由于当下大部分互联网用户是通过社交媒体第一时间获取新闻的，因此，其关注的信息来源就显得非常重要了。从信息来源来说，用户往往会选择与自己意见相近的新闻来源。面对互联网海量信息所带来的选择性压力，用户们通常关注的信息来源要么是亲朋好友等相对同质化的群体，要么是与自己“三观相合”的舆论领袖。如果不小心关注了“三观不合”的人，最后的结果很可能就是“一言不合就拉黑”。更有甚者，在一些社交媒体上还出现了“预防性拉黑”的现象。由此也就形成了所谓的“回音室效应”：一个人的声音，在其网络好友那里得到应和，又返回到自己这里，形成回音。这一做法看似是用户“主动”选择“个性化”信息来源，实则很可能变成了个体成见以及刻板印象的增强剂。同时，还应该看到，平台与客户端依据用户行为数据和算法所实行的个性化推荐也强化了信息茧房效应。通过对用户行为数据的记录、识别、筛选、分析，形成精准的用户画像，平台固然能够获得更强的用户黏性，但从用户的角度来说，算法推荐机制相对于传统的新闻分发机制更加强调“正向地”强化用户原有的自我认知模型，而非向用户提供与其自我认知具有差异性、反思性甚至否定性的新闻信息。伊莱·帕里泽（Eli Pariser）提出的“过滤泡”概念所描述的就是这种基于大数据的算法推荐对平台用户造成的影响。当然，也有不少新闻发布平台通过人工干预机制来平衡算法推荐的影响，但在资本运作与商业逻辑的强大力量面前，这种人工干预能发挥多大的作用还是值得商榷的。

由此，社交媒体中也就逐渐出现了圈层化现象。互联网本来提供了大规模交往的可能性，但人们却更愿意生活在令自己舒适的小圈子之中。这种圈层化又引发了某种程度的同质化，甚至是同一化，进而限制了作为主体的人的反思能力。于是，我们看到的，总是与自己相近的观点；我们听到的，总是自己想听到的声音；我们想要获得的也往往只是“点赞”，而不是发人深省的批判。真正具有深度反思性的评论往往被我们划入“喷子”的行列。人们总是倾向于获取与自身态度相一致的新闻，进而忽略了真实世界的多元性，沉溺于“单向度”的信息接收路径。

面对这样的负面影响，我们所要做的并不是简单地否定智能技术在新闻领域的发展，而是应当反思智能技术能否通过其自身的应用与改进克服这些对用户个体的不利影响，击破算法推荐所造成的“过滤泡”，使用户能够走出“信息茧房”和“回音室”所构造的信息闭环，强化用户在智媒环境中进行多元对话、批判反思以及参与协商民主的能力。对此，学界已有相关探索。

第二，舆论极化。

互联网空间中的群体极化、舆论极化现象主要是指，群体中的成员在事件发生的初始便对其有某种倾向，在经过网络平台的意见交锋与讨论之后，更进一步地朝向其原有的意见偏向移动，最终形成极端化和情绪化的观点。同信息茧房现象一样，舆论极化并不是智媒时代所独有的现象。早在 19 世纪末，古斯塔夫·勒庞（Gustave Le Bon）就将其作为一种社会心理现象，进行了较为详尽的分析。在互联网技术发展的早期，舆论极化这一现象也早已得到各界学者的关注。只不过在智媒时代，算法推荐、个性化定制等一系列因素的加持，使得舆论极化现象显得更加明显。

造成舆论极化的原因主要有以下两个方面：首先，网络社群的圈层化，推动了舆论极化程度的加深。在某种程度上，网络舆论的极化是信息茧房效应和社交媒体圈层化的延伸。算法推荐、个性化定制以及用户的主动选择，一方面形成了用户相对单向的信息筛选机制，另一方面也加强了个体对于其所在群体的观点的认同甚至盲从。口号化、标签化、极端化的观点及评论虽然缺乏理性全面的分析，但由于其往往贴合算法标签以及用户自身定义的标签而更容易得到推送、转发和分享，进而形成相对偏激的群体舆论。在国外由社交媒体引发的各种社会运动中，有不少呈现出了上述情况。

其次，互联网形成了新的舆论场，也形成了这个场域的独特规律。新闻采集的分散化、新闻数据的海量化，使得传统的专业把关人难以继续进行有效的筛选。自媒体给人们提供了发声的渠道，但也引发了种种乱象。“标题党”的甚嚣尘上就是其中一例。取一个引人瞩目的标题，这本无可厚非，但有的“标题党”不仅断章取义，甚至无中生有，仅仅是为了引发网络世界的“尖叫效应”。这种现象一旦突破了底线，就成为应当被治理的对象。随着“后真相”时代到来，信息中的事实因素似乎变得不再重要，相反，由它所引发的极端情绪化反应则更加引人瞩目。从特朗普竞选总统期间的偏激且两极分化的美国舆论，到现在我国网络舆论事件中不断出现的“反转”现象，都提醒我们这种状况的存在以及其中所蕴含的舆论非理性危机。在“后真相”之外，我们更应警惕的是“非真相”和“反真相”，简单来说，就是谣言。专业把关人的滞后与缺位，使谣言获得了更大的驰骋空间。同时，用户碎片化的新闻消费习惯，也使其往往在没有进行理性分析的情况下就对未经证实的新闻进行情绪化的评论与转发。再加上网络水军的泛滥，网络舆论操控的常态化、规模化和产业化，这些都令人感到，智媒时代的舆论状况中充满了危险因素。

面对智媒时代舆论极化中所蕴含的危机，我们一方面需要加强在社会各层面的媒介素养教育，引导用户在面对海量信息时能做出独立的判断与选择；另一方面，比起担忧这种状况所产生的负面影响并在互联网治理中采取强硬措施，我们更应该在社交媒体和智能技术自身处发掘新的潜力，推动互联网舆论场中的良性对话，以促成社会的良性沟通。

第三，拟态环境的具象化。

早在两千多年前，柏拉图的“洞穴隐喻”就向我们展示了表象与真实之间微妙的关系：我们就像被关在山洞里的囚徒，被锁链捆绑着，面向山洞的石壁。燃起的一堆火，把我们身后事物的影子投射在石壁上。我们究竟看到了什么？是真实的世界，还是它的影子？作为现实事物表象的影子究竟能在多大程度上代表现实世界？我们的主观意识又能否通过“影子”对现实世界有确切的了解？这个问题在柏拉图身后被反复提及，尤其是在大众媒体开始盛行的时代。其中，沃尔特·李普曼（见图8-10）就据此提出了“拟态环境”的概念。这一概念指的是在现代社会的日常生活中，主观意识图像与“客观现实”之间存在着一个由大众传媒建构的象征性现实，即“拟态环境”。面对现代社会纷繁复杂的社会现实，个体只能通过媒体新闻建构的拟态环境来形成自身对于客观世界的意识。然而，由于媒介技术自身的偏向以及传者的主观倾向，拟态环境与客观世界之间始终存在着一定的距离。于是，能否克服这一距离，进而使受众更真实地把握客观世界，一直是学者与新闻从业人员关注的话题。

图8-10　美国新闻评论家和作家李普曼（1889—1974）

随着智能技术尤其是虚拟现实技术的不断发展，及其在新闻领域的广泛应用，客观世界与拟态环境之间的边界变得越发模糊。虚拟现实与增强现实技术在新闻报道中的应用，使作为主体的个人更加难以分辨拟境与现实之间的差别。正如鲍德里亚所言，如今的智能技术已经建构出一个“超真实”的拟像世界，其中符号能指之间相互指涉，原先作为所指的客观世界却被搁置在一旁。人们震惊于超真实拟像所营造出的媒介景观，以致沉溺其中，将真实世界抛在脑后。洞穴隐喻中的“影子世界”在此变成了超越真实的具象化现实。

面对这种情境，我们应当思考用户能否在“坐地日行八万里，巡天遥看一千河”的时候，仍能批判性地认识到自己所获得的并非外部客观世界的全貌，避免跌入自己制造的陷阱，从而与真实世界渐行渐远；思考如何通过培育用户批判性的媒介素养与技术素养，使其具备辨识越发景观化的媒介拟像的能力。同时我们还应当探寻传统新闻业与未来智能技术主导的新闻生产结合的路径，以期在未来的新闻生产过程中，寻得客观现实与新闻报道之间的平衡。

以上我们从信息茧房效应、舆论极化以及拟态环境的具象化三个角度反思了智能新闻对于用户个体的一些可能的负面影响。实际上，在这个层面值得反思的方面还有很多。总之，作为主体的人从本质上讲是具有理性的动物，但是理性的反思能力时刻有可能被技术所引发的迷思淹没。在智能技术越发深入地介入新闻领域的时代，我们尤其需要关注如何用价值理性去平衡随技术发展而逐渐强大的工具理性、如何在新闻行业的各个环节中为用户发挥其理性反思的能力提供充分的可能性，思考对当代人类最具有价值的方向何在，并据此调整技术的走向、工具的功能和人类的行为，确保智能技术带来更好的媒体，也带给人类更好的未来。接下来，我们将从技术平台自身的角度反思智能新闻未来的发展。

（二）新闻技术平台对智能新闻发展的影响

在此，我们将从技术平台与新闻业之间的张力和技术平台中的用户隐私问题两个方面来探究技术平台自身对智能新闻的影响。

第一，技术平台与新闻业之间的张力。

在智媒时代，以数据搜集和算法推荐为代表的技术因素成为新闻采集、生产、分发与消费的关键因素。这就意味着新闻流通的各个环节更加依赖技术平台的支持。从传统大众媒体的转型过程中，我们可以看出，其更多是在与新兴技术平台进行融合，而非搭建属于自己的技术平台。这就产生了一个矛盾，即技术平台的商业性质与传统新闻伦理中专业性话语之间的冲突。无论是传统媒体主导的新媒体账号还是依附于各技术平台的自媒体发布者，都需要依靠技术平台所提供的算法与数据支持。而出于商业考量，技术平台对于用户关注度有着天然侧重，这种侧重又必然会延伸到平台中信息发布者的内容生产过程中。尤其是众多自媒体，其盈利及生存主要依靠自身在平台中所获得的用户关注度与影响力，因此在内容生产中就必然要考虑平台消费者的喜好以及平台算法的倾向。我们除了看到算法推荐在分发效率、吸引用户和盈利能力上的优势之外，还应当看到其较强的用户导向往往可能造成对新闻内容专业性的牺牲。自媒体中各种博人眼球的“标题党”以及耸人听闻的假新闻在很大程度上与上述情况有关。

由传统媒介形成的“新闻场”作为一个相对独立的场域，在诞生之时就会受到其他场域的影响。各个不同的场域都试图依靠自身已掌握的经济、文化及社会资本在媒介场中争夺话语权，进而在社会权力网络中占据更有利的位点。但是传统大众传播媒体由于其代表公众利益，必然要通过专业话语来约束自身，以确认其合法性。同时，传统媒体往往掌握了生产流程中的各个技术环节，其独立性也相对较强。而在智媒时代，技术平台则成为显著的“他者”。由于资金的限制，不论是传统媒体还是自媒体都很难自主开发和维持自己的新技术平台。这种情况所造成的结果就是，一方面是“新闻场”的生存与技术平台捆绑在一起；另一方面，原先掌握在新闻行业手中的把关权开始转移到平台一侧。从平台的角度出发，实行新闻把关是有一定难度的。首先，面对众多的自媒体发布者，平台要实施全面而严谨的把关，往往需要投入大量的资金和人力。其次，技术平台虽然也有事前把关的机制，但往往以事后把关为主，这就导致很多虚假新闻乘虚而入。虽然平台通常能在事后删除大部分虚假信息，但是其在短时间内的大量传播仍能造成相当恶劣的社会影响。同时，平台背后的资本与权力组织也在影响着平台在把关过程中能否客观中立。最后，由于专业门槛降低，许多社会组织和个人往往能通过网络水军操控舆论，这也是我们要警惕的现象。

以上这些，都在提醒我们思考如何在未来的智能新闻时代平衡新闻专业性与技术平台之间的关系。在发展更加合理的监管机制的同时，我们也要努力挖掘智能技术自身的潜力，以提高智能新闻生产的专业性。

第二，技术平台中的用户隐私问题。

平台对于用户各种行为数据的收集与分析是其建构自身算法和实现新闻智能推荐的关键环节。智能新闻的高效率也正建立在对用户数据的精准把握的基础上。但是，我们也必须考虑到平台收集用户数据的行为与用户隐私之间的张力。随着大量的用户数据被集中掌握在少数几家公司的手里，如何更好地保护用户隐私、规范互联网公司对于用户数据的搜集与使用，开始成为各国政府及立法者着重关注的话题。不少国家都已出台相关法律以保护用户隐私，其中以欧盟颁布的《通用数据保护条例》(General Data Protection Regulation，GDPR）最具代表性。总体来说，各大跨国互联网巨头出于对市场因素的考虑，往往会以当地法律为标准修改其隐私条款。但是法律并不是万能的，不能完全防范互联网平台公司利用其漏洞侵犯用户隐私。而且用户数据本身已成为各利益集团与权力组织竞相争夺的资本，很难保证不会发生平台公司为自身利益而出卖用户隐私信息的状况。

同时我们还应看到，即使技术平台公司在上述领域都能采取负责任的态度，平台自身也面临着用户数据被不法分子窃取的风险。黑客窃取用户信息的问题，自互联网诞生之日起就一直存在。可以说，只要当下平台的技术逻辑不发生根本性的变化，这一风险就不会消失。在智媒时代，面对用户生成的海量数据，这一风险所带来的负面效应还将被进一步放大。在未来更加复杂的媒介技术环境中保障用户数据信息不被窃取，既是平台公司无法回避的技术问题，也是其必须承担的社会责任。

以上我们从用户心理层面和技术平台自身的层面简述了未来智能新闻发展过程中可能面对的负面影响。每当一项新技术开始在社会整体层面得到广泛应用之时，我们都将面对机会与挑战并存的局面。在欣然接受智能技术赋予新闻业新的发展机遇的同时，我们也要对其可能带来的负面影响时刻保持警觉与反思。只要时刻对智能技术、用户个人诉求和社会的整体利益进行综合考量，找到相互之间的平衡点，我们就能在智媒时代充分发挥智能新闻的技术优势，获取最大的社会效应。

小结

在本章中，我们称智能新闻为智能媒体传播的“中坚”。新闻业作为大众传播体系的核心，深刻介入了人类社会的方方面面，甚至在一定程度上形塑着人们的思想意识形态。由此，置身于智能化大潮中的传统新闻业完成了智能化转向，摇身一变成为“智能新闻”，它成为智能媒体传播的中坚也就理所当然了。认识智能新闻需记住“三多”，即多域融合、多元共生和多维发展。而智能新闻对新闻业的现实影响则贯穿了新闻的采集、生产、分发和消费这四个方面。这其中尤为值得注意的是智能化新闻生产中的机器人新闻写作和数据新闻，它们无论于媒介研究还是新闻实务都具有里程碑式的意义，值得我们深入研究理解。当然，每当一种新技术、新现象出现，置其于学术语境中进行研究，必不可少的都是“反思”。智能新闻的未来可用万物皆媒、人机共生、智媒非媒和人机合一四个关键词加以概括。而智能新闻对用户个体心理的负面影响，乃至技术平台自身对智能新闻的影响，都是需要我们持续关注并加以警惕的。

延伸阅读

皮特．传感器与新闻［M］．章于炎，等译．北京：北京大学出版社，2017.

帕里泽．过滤泡：互联网对我们的隐秘操纵［M］．方师师，杨媛，译．北京：中国人民大学出版社，2020.

彭兰．新媒体用户研究：节点化、媒介化、赛博格化的人［M］．北京：中国人民大学出版社，2020.

思考题

1. 机器人会让人失业吗？会对新闻工作者有影响吗？

2. 算法新闻最重要的原则是什么？

3. 相比传统媒体的二维式“观看”过程，虚拟现实、增强现实新闻有什么特点？

4. 怎样理解“万物皆媒”和“智媒非媒”？

5. 结合具体案例，阐述当前有哪些智能技术已被运用于新闻采集中？智能化的新闻采集有何特点？

6. 与传统的新闻生产相比，智能化的新闻生产、分发及消费过程有何变化？

7. 智能技术的应用改变了新闻业的面貌，也改变了它的一系列重要规则。对此，我们需要做出怎样的反思？

第 9 章　智能融媒体

本章学习要点

1. 了解智能融媒体的特征
2. 了解全时空传播和全程媒体
3. 了解全现实传播和全息媒体
4. 了解全连接传播和全员媒体
5. 了解全功能传播和全效媒体
6. 了解智能融媒体视角下的舆论环境

人们口中经常谈论的智能融媒体究竟是什么？它包含了哪些具体概念和核心理论？媒体融合的发展历程究竟是怎样的？它包含了哪些具体特征呢？

第一节　媒体融合的发展历程

实际上，欧美对“媒体融合”（media convergence）的关注最早可以追溯到 1983 年，麻省理工学院教授伊契尔·德·索勒·普尔（Ithiel de Sola Pool）在其著作《自由的技术》（*Technologies of Freedom*）一书中提到“传播形态融合”（convergence of modes）一词，用以指向各种媒介呈现出的多功能一体化的趋势。普尔亦指出互联网和数字化技术的出现改变了传统的传播方式，模糊了点对点传播（如邮政、电话和电报）和大众传播（如新闻、广播和电视等）之间的界限，导致曾经存在于媒介和用户之间的一对一关系正在被侵蚀，客观上促成了传统媒体改革创新的需求。

媒体融合领域有着较长的研究历史和丰富的理论积淀，毕竟由新技术驱动的媒体变革一直都是国外学界的重点研究领域。20 世纪 90 年代，普尔教授正式提出“媒体融合”的概念，同时麻省理工学院媒体实验室创办人尼古拉斯·尼葛洛庞蒂提出了“数字化生存”概念。两位学者提出的概念乃至预测正是中国学者介入媒体融合研究的逻辑起点，有着重要的定义性作用。自此以后，新的数字技术和网络技术如何重构传播流程、重建媒介化社会、孵化未来传媒形态成为中外学者们共同关注的前沿问题。

此后，根据中国学者的梳理，约从 20 世纪 90 年代末开始，一些涉及媒体融合基本概念的西方著作被译介到我国，如托马斯·R. 鲍德温（Thomas R. Baldwin）等的《大汇流：整合媒介信息与传播》（*Convergence：Integrating Media，Information and Communication*）、罗杰·菲德勒（Roger Fidler）的《媒介形态变化：认识新媒介》（*Media Morphosis：Understanding New Media*）、凯文·曼尼（Kevin Maney）的《大媒体潮》（*Megamedia Shakeout*）、约瑟夫·斯特劳巴哈（Joseph Straubhaar）等的《今日媒介：信息时代的传播媒介》（*Media Now：Communication Mediainthe Information Age*）等著作均预言了媒体的融合趋势，并对相关概念进行了较早的界定。

自进入 21 世纪以来，来自技术、媒介和文化产业等背景的学者开始纷纷进入媒体融合及智能化发展这一跨学科研究领域，直到 2010 年左右开始形成一定的规模和体系。阿瑟·鲁格迈尔（Artur Lugmayr）和钦齐亚·达尔·左托（Cinzia Dal Zotto）梳理了这一领域涉及的研究话题，涉及商业、市场与产品质量，社交互动与网络，内容与技术，媒介形态与受众，信息、智能与网络，以及媒介组织和职业发展等内容。①

近年来，随着大数据、物联网和人工智能等技术的大规模运用，智能融媒体如何在提升全球互联水平的同时驱动社会“平台化”发展，建设高效而公平的数字技术设施，成为欧美学者关注的前沿话题。可以说，从渠道到内容，从技术到文化，从媒体到互联网，智能融媒体领域无所不包，呈现出丰富而多样的理论创新潜力。

知识窗

“媒体融合”政策篇

2014 年 8 月 18 日，中央全面深化改革领导小组第四次会议审议通过了《关于推动传统媒体和新兴媒体融合发展的指导意见》，为媒体融合发展出台了顶层设计，媒体融合正式上升为国家战略。习近平总书记强调，要着力打造一批形态多样、手段先进、具有竞争力的新型主流媒体，建成几家拥有强大实力和传播力、公信力、影响力的新型媒体集团，形成立体多样、融合发展的现代传播体系。自 2014 年媒体融合上升为国家战略以来，全国各地各类主流媒体积极回应时代挑战，深化了规律性认识，持续推进媒体融合，在各方面不断取得积极成效，为新形势下思想舆论阵地建设发挥了关键而独特的作用。2017 年 10 月 18 日，在党的十九大报告中，习近平总书记提出“坚持正确舆论导向，高度重视传播手段建设和创新，

① Lugmayr A，Dal Zotto C. Media Convergence as Evolutionary Process [M]//Media Convergence Handbook：Vol. 1. Berlin：Springer，2016：3－16.

提高新闻舆论传播力、引导力、影响力、公信力”的重要要求，为新时代做好媒体工作指明了前进方向，提供了根本原则。

在宏观政策的鼓励和促进下，我国媒体融合持续推进，在广度和深度上均实现了稳步拓展。在这一过程中，中央媒体、主流媒体首先取得了令人瞩目的成绩，发挥了示范作用。在上层政策的引领下，随着融合水平的逐步提升，媒体融合逐渐从中央向地方渗透，中央对推进县级融媒体中心建设进行了深度的部署，推进媒体融合工作的重点从省以上媒体延伸到基层媒体、从主干媒体拓展到支系媒体。

2019年1月25日，习近平总书记在主持中共中央政治局第十二次集体学习时发表了题为《推动媒体融合向纵深发展 巩固全党全国人民共同思想基础》的重要讲话，强调“推动媒体融合发展、建设全媒体成为我们面临的一项紧迫课题。要运用信息革命成果，推动媒体融合向纵深发展，做大做强主流舆论，巩固全党全国人民团结奋斗的共同思想基础，为实现‘两个一百年’奋斗目标、实现中华民族伟大复兴的中国梦提供强大精神力量和舆论支持”。在讲话中，习近平总书记首次提出了“全媒体”的概念，“全程媒体、全息媒体、全员媒体、全效媒体”支撑了新的信息和舆论格局，这也是对媒体融合和智能融媒体发展的最新和最全的表述。

2020年6月30日，习近平总书记主持召开了中央全面深化改革委员会第十四次会议，会议通过了《关于加快推进媒体深度融合发展的意见》（以下简称《意见》）。会议强调，推动媒体融合纵深发展，要深化体制机制改革，加大全媒体人才培养力度，打造一批具有强大影响力和竞争力的新型主流媒体。2020年9月26日，中共中央办公厅、国务院办公厅对《意见》进行了印发。《意见》指出，要完善中央媒体、省级媒体、市级媒体和县级融媒体中心四级融合发展布局。

当前，在风云变幻的国际舆论场中，中国的对外形象建构同样面临技术变革下的机遇与挑战，西方主流媒体对中方传播话语空间的挤压进一步加强，但“四全”媒体的传播格局削弱了西方惯用的封锁措施的成效，媒介形态的变迁为中国把握国际舆论主导权注入了新活力。

自2013年11月党的十八届三中全会首次提及“推动传统媒体和新兴媒体融合发展”以来，“媒体融合”成为国内媒体学界和业界研究的关键词汇，成为最具动员性和现实性的传播学研究议题，也驱动了智能融媒体的学术讨论和创新实践。当前，5G、人工智能、算法、云平台、大数据、虚拟现实、增强现实、混合现实、区块链等不断涌现的新技术不断触动社会发展脉搏，数字信息技术的迭代更新带来了移动互联的崭新生活体验。如果说前几次信息革命改变了文字、图像、声音等符号内容传送的形式，实现了技术驱动的信息互动空间的重组，那么当前媒体融合已经进入了新的发展阶段：在政策、技术、平台、内容、人力资源、服务和产业等方面全方位融合。

我国媒体融合业界革新举措，可以用“传统媒体积极转型＋互联网企业主动迎合”来概括，我国大部分媒体机构开通了自身“三微一端”业务，《人民日报》的“中央厨房”、新华社的“快笔小新”以及中央广播电视总台的“央视频”5G新媒体平台共同谱写媒体融合时代的前奏曲，以BAT（百度、阿里巴巴、腾讯）为首的互联网企业也主动迎合主流媒体的创新格局，以资本为触手寻求内容、平台、技术、产业等层面的多维度融合。

知识窗

关于“媒体融合”的国内学术研究积累

一是对媒体融合内涵和外延的界定，目前学界对此仍未形成定论。有学者认为媒体融合的本质在于建立在介质融合之上的各种媒体形态的聚合，如蔡雯认为，“媒介融合是指在以数字技术、网络技术和电子通信技术为核心的科学技术的推动下，组成大媒体业的各产业组织在经济利益和社会需求的驱动下通过合作、并购和整合等手段，实现不同媒介形态的内容融合、传播渠道融合和媒介终端融合的过程”[①]；也有学者认为应该从更宏观的视野去观照“媒体融合”这一概念，如黄旦、李暄认为媒体融合应“是社会形态的变化，即以数字技术为原技术平台，将不同维度上的媒介重新整合为一体，形成一个全球化的、涌动的‘网络社会’，而媒介组织就是这个网络中的一个节点”[②]。

二是对媒体融合模式和过程的研究。如彭兰在其文章《“圈地运动”-“产品革命”-“支点设置”：媒介融合三部曲解析》一文中认为，中国媒体自2009年开始的跨媒体业务拓展反映了中国媒体对媒体融合这一方向的共识，然而“这只是媒体融合时代的第一阶段，而下一步，则要以媒体与用户关系再造为目标，来实现媒体的‘产业革命’，以获得全新的市场空间。进一步，媒体需要认识到信息终端技术带来的变革，通过对信息终端的选择与运用，来找到媒介融合时代新的产业杠杆上的支点”[③]。段鹏在

① 蔡雯．媒体融合：面对国家战略布局的机遇及问题［J］．当代传播，2014（6）：8-10.

② 黄旦，李暄．从业态转向社会形态：媒介融合再理解［J］．现代传播，2016（1）：13-20.

③ 彭兰．“圈地运动”-“产品革命”-“支点设置”：媒介融合三部曲解析［J］．新闻与写作，2010（1）：17-20.

其专著《中国主流媒体融合创新研究》中从内容、渠道、平台、经营和管理五个层面概括了中国主流媒体融合创新发展的路径，并从宏观、中观、微观三个层次为推动主流媒体融合创新发展提供了可行性策略和路径。①

三是对媒体融合规制和政策的研究。这一领域的代表学者有肖赞军、肖叶飞、黄玉波等，他们对西方国家和我国的媒体融合规制和政策进行了分析，从具体的政策制定方面探讨了我国媒体融合所面临的问题。

四是媒体融合现状与问题。如蔡雯在《媒体融合：面对国家战略布局的机遇及问题》一文中认为，传统媒体虽早已开始了媒体融合的尝试，但一直未能从根本上扭转影响力逐渐式微的大趋势，其症结主要有观念亟待转变、规制建设有待改变和完善、体制与机制改革需要进一步深化、媒体经营与新闻内容生产关系需要妥善处理、新闻传播人才培养与新闻从业者素质能力需要进一步提升等。②

五是媒体融合所引发的问题。虽然多数学者和业界工作者对媒体融合的前景表示乐观，但也有学者对媒体融合的社会效应、对新闻业的负面影响等进行了理性的反思。

“媒体融合”本身是一个历时性的概念，对它的把握往往与不同历史阶段的媒体发展和实践紧密相关，纵向的时间维度导致了对这一概念的不同理解。不同于简单的新媒体替代旧媒体，媒体融合作为一个模式进化的持续过程，协调了“媒介域”转变过程中所产生的媒体与社会的紧张关系。事实上，媒体融合有助于扩大传播内容的范围与深度，丰富内容表达和叙事形式，拓宽传播路径和渠道，提高传播和体验效果，从而提升主流媒体传播的传播力、引导力、影响力和公信力。

国内相关研究因受到政策议程的催化而风生水起，但大多局限于对欧美学者提出的流行概念的简单挪用，以及对中国融媒体实践的经验性解释，理论原创性较弱，学术创新水平偏低，与中国融媒体的技术与实践创新速度严重不匹配，也无法有力回应国际学术界对中国融媒体发展的疑问。随着媒体融合进入纵深发展阶段，与互联网下半场的新语境以及各种新兴数字传播技术实现有效互动，成为当下国内研究的主要趋势，也成为未来中国融媒体学科和理论创新的新语境。

---

① 段鹏．中国主流媒体融合创新研究［M］．北京：中国传媒大学出版社，2018.

② 蔡雯．媒体融合：面对国家战略布局的机遇及问题［J］．当代传播，2014（6）：8-10.

知识窗

媒体融合的智能化趋势

伴随智能媒体技术的逐渐成熟，关于媒体融合、全媒体的研究也开始具有了智能化的视角，产生了一些有见地的研究成果。如胡正荣《智能化：未来媒体的发展方向》一文对人工智能技术的发展对社会各个行业的影响予以关注，认为媒体与互联网的融合发展，正从过往的门户媒体时代、现在的社交媒体时代，走向未来的智能场景时代，媒体行业应抓住技术发展的机遇期，坚持智能化的发展方向，使传媒业态随着互联网业态的发展共同进步。沈浩在《人工智能：重塑媒体融合新生态》一文中认为，在数字化媒体高速发展的大背景下，媒体行业已然迎来了“AI+媒体”的媒体融合时代。技术产生革命性变革，以大数据挖掘、人工智能为代表的新技术，正在不断融入媒体中，机器人新闻写作、无人机报道、虚拟（增强）现实报道的出现，正是媒体融合智能化的呈现。

面对新技术、新平台，媒体行业要全力拥抱技术，更要坚信技术服务于媒体，内容依然是媒体行业的基础支撑。只有坚持为用户提供有价值的新闻，坚守行业职责，才能更好地实现媒体的深度融合。目前国内新闻传播学界对于智能化、媒体融合两个议题均保有较高的研究热情，但由于研究历史较短，其交叉领域尚未形成足够数量的有影响的研究成果。这为未来进一步探索智能融媒体的发展历程与未来图景，以及智能媒体时代的传播秩序与生态建构提供了一定的机会空间。

第二节　智能融媒体的特征

进入5G时代，我们该如何理解全程媒体、全息媒体、全员媒体和全效媒体?

2019年1月25日，中共中央政治局就全媒体时代和媒体融合发展举行了第十二次集体学习。[①] 习近平总书记在主持学习时指出，全媒体不断发展，信息无处不在、无所不及、无人不用，如何推动媒体融合进程、如何建设全媒体生态已成为人类面临的一项迫在眉睫的课题。[②] 要做到科学地推进媒体融合、建设全媒体生态，首先需要深入理解全媒体的内涵，并落实到媒体融合实践中，认真贯彻全程媒体、全息媒体、全员媒体和全效媒体的具体要求。[③]

---

① 范以锦，聂浩．2019年重大传媒事件［J］．新闻与写作，2019（12）：4－9．

② 同①．

③ 郭全中．全程全息全员全效媒体创新探析［J］．中国出版，2019（4）：9－13．

一、从全时空传播到全程媒体

（一）全时空传播

所谓全时空传播，是指对传播资源进行高度整合、统一调配，实现全方位、多角度、高密度、大容量的信息传播，实现“无缝隙效应”①，为广大受众塑造随时随地都能获取信息的传播矩阵；融合报纸、广播、电视、互联网中的有效信息，允许网络论坛的互动参与，打造多层次、多向度、多视角的信息传播方式。5G 网络具有极高速率、极高容量和极低时延三大特点。不仅如此，5G 网络的基站非常小，且可移动。② 得益于 5G 的技术优势，信息的传播将进一步加速，5G 技术得到普及后，在任何时间节点、任何空间所在都可以进行信息传播。

（二）全程媒体

全程媒体指的是全流程、全过程。具体说来，既要适应互联网等新技术的要求彻底重构采编流程，以全流程的方式对新闻事件进行立体式报道，又要在新闻报道的过程中及时与用户进行交流、沟通和互动，在新闻报道全过程中及时体现用户反馈。③ 全时空传播侧重传播方式，全程媒体侧重传播过程。实现全程媒体布局，即在最大限度上突破人类传播历史面临的最大障碍——信息传播受制于时间和空间。全程媒体是全时空传播在新时代数字技术下的再次升级，将在更广的维度中进一步优化信息传播布局、重构信息传播的机制和形态。

建设全程媒体是推动媒体融合发展不断深化的新动力，全程媒体的建设程度是检验媒体融合发展成效的重要指标。④ 在全程媒体建设中，绝大多数传统媒体实现了全流程传播，以文字、图片、音视频同步报道，并在报道过程中实现与观众的互动，提升观众体验。

全程媒体的前提和重点是对采编流程进行彻底的重构和优化，否则就会流于形式，目前只有新华社、封面新闻和《华西都市报》等少数媒体完成了对这些流程的彻底重构。⑤ 以新华社的“现场云”为例，现场云充分考虑了媒体融合发展的大趋势，通过整合全媒体资源库系统、全媒体采编系统、新媒体发布系统、大数据传播效果分析系统以及全媒体绩效考核系统等，从采编、发布、监控全流程对媒体进行重构和再造。用户在平台注册后，既能实时上传、分享

---

① 陈梦娟．南京“三会”报道：全时空传播理念的新尝试：兼论城市电视台新闻宣传的竞争空间［J］．电视研究，2006（12）：69－71．

② 5G 的优势在哪里，与 4G 有什么差别［EB/OL］．（2019－11－07）［2021－10－20］．http：//www.four-faith.com/2019/industry_1107/1017.html．

③ 郭全中．全程全息全员全效媒体创新探析［J］．中国出版，2019（4）：9－13．

④ 崔士鑫．建设“全媒体”，推动媒体融合向纵深发展［EB/OL］．（2019－04－09）［2021－10－22］．http：//media.people.com.cn/n1/2019/0409/c426141－31019867.html．

⑤ 同③．

身边的新闻素材，也能对其他用户的素材进行编辑和播发。可以说，“现场云”的出现，让新闻和现场同步的场景达到了极致。[①]

“现场云”平台为全程媒体的建设增添了一大动力，除此之外，人工智能技术在传媒领域的广泛融合也改变了新闻报道的采编播流程，在一定程度上为建设全程媒体解决了新闻的时效性和准确性等问题。如今，人工智能在新闻写作领域的应用已经获得长足的发展，应用效果显著，虽然存在缺乏内容深度及情感认同等问题，但仍具有生产速度快、效率高、成本低、精确性高和新闻挖掘能力强等优势。

【案例】人工智能主播

2018年11月7日，第五届世界互联网大会正式举办，新华社联合搜狗发布了一款采用人工智能技术的仿真主持人（见图9-1）。它采用了语音合成、唇形合成、表情合成、深度学习等多项前沿技术，具备和真人主播相似的播报能力。

图9-1 新华社推出AI主播

2019年5月，科大讯飞联合《人民日报》共同打造的人工智能主播“果果”正式公布。在“人民智播报”公众号上，这位虚拟主播每天准时上班，智能播报国内外的热点新闻，为网友们带来了便捷的新闻资讯阅读体验。据悉，“果果”以主持人果欣禹为原型。科大讯飞技术人员通过对果欣禹人像、音频素材进行采集，运用科大讯飞的语音合成、人脸识别、机器翻译等多项人工智能技术，使虚拟主播“果果”能够实现新闻自动播报，多语言流畅切换，甚至是文本向视频的自输出。[②]

人工智能主播的播报形式不仅突破了以往语音合成只能为虚拟形象输出唇部效果这种简单形式，更大限度地提高了播报感知的真实度，还在时效方面做到了实时输出音视频合成效果，只要通过文字或语音输入，甚至是机器翻译，这些文本就可以被实时输出为视频，大大减少了后期制作的各项媒体成本，让新闻制作成视频的出片效率显著提高。[③]

目前，仅有几家国内知名媒体推出了机器人新闻，如腾讯、新华社、今日头条、《南方都市报》等，其虽然展现出了标准化程度较高的十足优势，但仅

① 钱浩然．“全程媒体”新闻报道的时代变化：以新华社“现场云”为例［J］．传媒，2019（18）：63-65.

② 科大讯飞赋能融媒体，携手央视等权威媒体打造多款AI虚拟主播［EB/OL］．（2019-07-26）［2021-10-24］．https：//www.sohu.com/a/329515014_100159151.

③ 首位中国AI主播诞生［EB/OL］．（2018-11-10）［2021-08-08］．https：//www.sohu.com/a/274490320_522429.

限于在体育报道、财经报道、突发事件等几个领域。① 而在人工智能无法独自处理的领域中，则采用“AI+记者”的人机协同工作模式，这种模式既能发挥技术优势，做到新闻写作快、准、真，又能符合人的价值取向，实现情感升华，打造出在智媒时代符合趋势特点的优质新闻产品。②

（三）转向与未来

在全时空传播背景下，一个事件从发生到结束，无时无刻不处在信息传播的链条中，被以各种形式记录在信息传播的矩阵当中，或者说每个事件都可能变成一个公众信息，通过互联网被万千网友知晓。全时空传播打破了时间概念和空间概念，颠覆了传统媒体时代新闻传播的制播流程，让信息传播实现了随时随地发生。③ 在此基础上建构全程媒体，还需要继续优化全流程跟踪、全链条播报，从事件发生到结束，媒体需及时跟进、全程参与、深度介入，对新闻事件进行全流程的立体式报道。

全程媒体建设要不断重组和再造采编流程，借助人工智能、大数据等技术，构建新闻生产和传播的新体系、新机制。要实现全程媒体这一目标，需要在思维、流程和生态上做全方位革新。④

首先，要建立系统思维，注重整体效应。全程媒体建设既要注重新闻生产，又要注重受众反馈，在完善新闻事件的传播流程的同时，兼顾与用户的互动并及时将其体现在新闻报道当中，切实增强新闻的整体效应。2019 年，在全国两会期间，封面新闻推出了《我的两会 Vlog》，形式新颖，由记者带领用户体验采访的全过程，虽然该视频不如专业新闻报道拍摄专业，画面偶尔还会出现晃动，但这种由第一人称视角拍摄的“后台”视频给观众展现了在专业报道中观看不到的场景，不仅拉近了媒体与观众之间的距离，而且丰富了媒体报道新闻的方式，为媒体的传播矩阵增添了新的活力。

其次，要打造全新的媒体采编流程。优化媒体采编流程以及升级再造媒体制作平台是媒体融合的基础，有助于提升新闻的生产效率、增强新闻的传播效果。例如，封面新闻基于自身人工智能的技术优势，自主研发了“封巢智媒体系统”，这款智能移动融合采编系统，重构了新闻生产流程，在线索、写作、发布、监控多环节开启了新闻采编智能化变革。⑤

最后，要创造融合的有机生态。全程媒体的建设需要媒体机构内部在内

---

① 王勇，王磊．优势、不足与影响：机器人新闻研究述评［J］．昆明理工大学学报：社会科学版），2017（6）：92-100.

② 郭琪．“AI+记者”：智媒时代人机协同写作模式的局限性与可能性［J］．出版广角，2019（24）：67-69.

③ 耿磊．推动媒体融合发展 加快建设全媒体［EB/OL］．（2021-05-19）［2021-08-11］．http://theory.people.com.cn/n1/2021/0519/c49157-32108028.html.

④ 同③.

⑤ 张华，周琪，张发扬．智媒体的创新与探索：以封面新闻为例［J］．新闻与写作，2017（12）：85-87.

容、平台、技术和管理手段等方面做到共融互通，在一个有机融合的管理生态中实现新闻生产与传播，在理念、技术、商业模式和盈利模式、体制机制等方面则应采取系统化的方案，并根据新变化不断迭代创新。[①] 在不久的将来，随着 5G 网络的大规模普及以及人工智能技术和物联网技术的发展，可以预见媒体将会加速实现全时空传播，新闻生产与传播流程将会进一步重构。在任何时间节点以及任何空间地点，人类传播都可以顺利进行，从而最大限度地释放人、物、财、信息等人类资源交换的潜力。[②] 届时，全程媒体将在良好运行的媒体生态当中，发挥出巨大的能量，创造出最大价值。

二、从全现实传播到全息媒体

（一）全现实传播

全现实指的是“真实现实＋虚拟现实”，现实世界和虚拟世界的界限基本消除，可以充分调动人的感官，触发人的体验感。在全现实传播中，5G、大数据、云计算、物联网、人工智能等前沿技术被应用于媒体运行的整个过程之中，真正实现传播的全员范围覆盖、全息效果呈现、全天候延伸，图 9－2 展示了云 VR/AR 演进的 5 阶段。

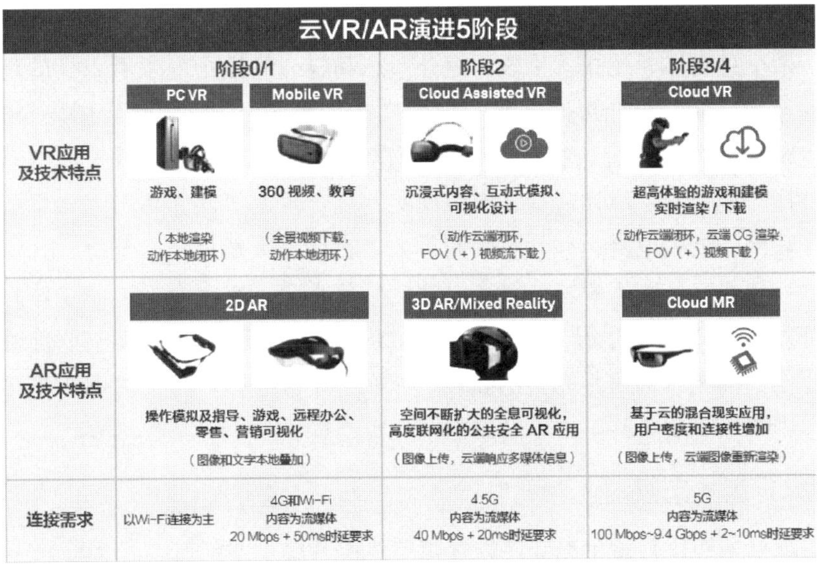

图 9－2　云 VR/AR 演进

从最原始的口头传播、文字传播、印刷传播、电子传播到网络传播，传播的手段和途径随着技术的变革而不断更新，信息技术浪潮席卷世界，将人类社会和媒体环境带入了一个崭新的历史拐点。在信息时代，传播技术实现了传播

① 胡丽娜．全媒体时代新闻采编工作的发展策略［J］．传媒论坛，2020（8）：17，20.

② 专访｜中国教育电视台总编辑胡正荣：全媒体与数字素养发展［EB/OL］．（2019－09－06）［2021－08－10］．https：//www.sohu.com/a/339221298_670057.

渠道和平台的丰富多元，同时不断推进着媒体融合。

（二）全息媒体

“全息媒体”是“全媒体”的内涵之一，指全媒体将实现的是全现实传播，是能够触发和调动人的所有感官的、使人拥有完整体验的媒体。[①] 在5G技术的加持下，超高清4K乃至8K，特别是虚拟现实、增强现实、混合现实等全息沉浸式交互技术，都有助于实现全形态呈现和全维度体验[②]，图9－3列出了广义的虚拟现实分类。

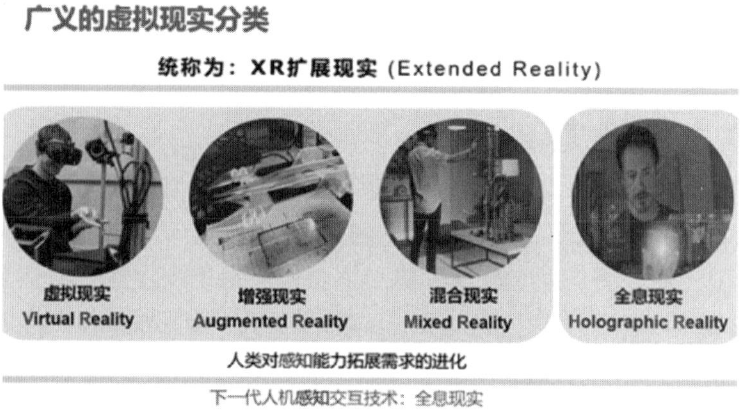

图9－3 广义的虚拟现实分类

所谓全息媒体，从技术手段、媒介形态和媒介终端角度来看，指的是利用全部的技术手段、媒介形态和媒介终端实现立体式传播。[③] 从具体媒介来说，除了传统的广播、电视、报纸和杂志等媒介形态外，要大力引入网络、客户端、直播、短视频、增强现实、虚拟现实、混合现实等媒介新形态，也要充分借助互联网、个人电脑、移动互联网、人工智能、大数据、云计算、区块链等新技术，更要充分利用微博、抖音、微信等新平台，实现全方位、立体式的传播，可以借助任何媒介形态、使用任何媒介技术、利用任何媒介平台触达用户，让他们都能看到相对完整的新闻。[④] 通过全息媒体，真实的现实连接在人类世界中得以实现，甚至可以做到虚拟现实连接。

（三）技术支持

实现全现实传播到全息媒体的跨越，离不开以下四种技术的支持。

一是5G技术。5G技术的性能要点是高速率、高容量、低时延、低能耗。

① 专访｜中国教育电视台总编辑胡正荣：全媒体与数字素养发展［EB/OL］．（2019－09－06）［2021－08－10］．https：//www.sohu.com/a/339221298_670057.

② 胡正荣．5G时代传播发生巨大变化，哪些是颠覆性的？［EB/OL］．（2019－06－04）［2021－08－08］．https：//www.sohu.com/a/318389534_570245.

③ 郭全中．全程全息全员全效媒体创新探析［J］．中国出版，2019（4）：9－13.

④ 同③.

二是超高清技术。对于电视媒介来说，清晰的画质是一项核心要素，必须具备高规格的画质表现，才能真正吸引用户的注意力。超高清（Ultra HD）是国际电信联盟最新批准的4K分辨率（3 840×2 060像素）的正式名称①——有时这个名称也可以指超超高清“8K分辨率（7 680×4 320像素）”。从分辨率的概念来看，分辨率高低指的是屏幕图像的精密程度，分辨率越高，显示器能显示的像素就越多。目前屏幕上的形状都是由像素组成的，显示器在技术层面可以显示的像素越多，其画面就越清晰、越精细。目前技术上普及的全高清电视分辨率为1 920×1 080的物理分辨率（指液晶屏最高可显示的像素数，其表示方法与分辨率相同），也就是常说的1 080P。

三是全息沉浸式交互技术。“全息”的本意是指建构一个三维虚拟空间，让这个空间在真实世界中呈现，全息交互技术（front-projected holographic display）也称全息投影技术、虚拟成像技术，是指利用计算机图形视觉的干涉和衍射原理记录并再现物体真实的三维图像的技术，具有立体式、交互性、沉浸感强等特点。②

四是物联网技术。物联网技术是信息科技产业革命的产物，指借助信息传感设备，将物体按照协议约定与网络相连接，通过媒介进行信息交换和通信，以实现智能化的识别、定位、跟踪、监管等功能。③ 简而言之，物联网可以实现传递和控制信息，包括但不限于物物、人物之间。

随着5G和虚拟现实、增强现实、超高清等技术的升级，全息媒体逐渐从概念向应用领域快速迈进，如今在媒体领域，全息媒体已有了一些融合实践。

【案例】 新华网全息全景报道和“人民网号”

在党的十九大召开期间，新华网创新构建了全网首个人民大会堂实景3D模型（见图9-4），推出了报道《全息全景！身临其境看报告》，使用户可以置身人民大会堂之中，全景漫游，开启全息化视听盛宴。

图9-4 全息全景报道

报道主界面设定为人民大会堂大礼堂，使用全息投影、全景交互和3D建模等手法，呈现了这富有科技感、立体感的万人大礼堂，引导用户进入线上场景，在沉浸感与真实感方

① 中商产业研究院.2019年中国超高清视频市场现状分析及发展前景预测（附图表）[EB/OL].(2019-08-02)[2021-07-12]. https://www.askci.com/news/chanye/20190802/1558441150793.shtml.

② VR、AR、裸眼3D各自的技术特点剖析[EB/OL].(2018-07-09)[2021-08-16]. https://zhuanlan.zhihu.com/p/127990301.

③ 张郁松.物联网技术在智能图书馆中的应用研究[J].农业图书情报学刊，2014(1):51-53.

面做足了工作，用户仿佛“身临”大会堂。报道将十九大报告的精髓，更真实、更直观、更新颖地传播给用户。[①] 用户既可以通过旋转手机改变视角，也能直接点击屏幕观看大礼堂内的每一处场景。通过点击界面中具有代表性的灯塔、高铁、飞机、城市群等相应元素，用户能够观看相应弹出的全息内容。该报道融合了3D建模、动画特效、用户交互设计、图文等多项全媒体要素，尤其是以全息投影特效、360度全景视频后期特效技术，营造仿佛置身于人民大会堂中阅读十九大报告的现场体验感。[②]

2019年4月15日，由东航与人民网联合推出的“人民网号”飞机首航成功（见图9-5），其航班号为MU564，由上海浦东国际机场飞往北京首都国际机场。在“人民网号”上，旅客可通过手机等电子设备打开人民视频客户端，扫描人民网标识，即可观看精彩视频，是探索全息媒体、全程媒体的一个新尝试。

图9-5 “人民网号”登机实况

虚拟现实和增强现实技术在电影、电视和网络等传媒领域的应用已有先例，包括多维电影制作、虚拟演播及转播、网络游戏、虚拟产品展示等，已被用户广泛接受。在新闻领域，虚拟现实和增强现实呈现给用户的不再是单独的画面、声音或文字，而是一种以假乱真的“体验”，让新闻记者和用户能更直接、真实地呈现和感知新闻要素，同时也能更自由地感受到新闻场景。5G，加上超高清4K乃至超超高清8K，将使媒体的多维时空的呈现能力、人性化交互能力、引导性构想能力得到极大的提升。颠覆了受众和信息交互关系的媒体，将真正作为人的延伸器官去触碰这个世界。[③]

对于媒体来说，技术是一种驱动力、变革力，但人类从未能准确预见技术的影响程度和发展方向。传统媒体在建设成为“全息媒体”、向智媒体不断转型中取得了许多成绩，但也暴露出许多棘手问题。例如，第一，传统媒体没有抢占技术红利，无论是大数据还是短视频，一步落后，便步步难以跟紧；第二，全息媒体的平台化建设后劲不足，用户沉淀少，近些年的爆款传播现象不断，但全息媒体领域却难以有效沉淀用户，较少出现被广泛关注的现象级高质量内容产品。

① 毕秋敏，陈帆，曾志勇．从媒体融合奖看中国新闻生产的变与不变［J］．昆明理工大学学报：社会科学版，2020（1）：108-115.

② 全息全景！身临其境看报告［EB/OL］．（2018-11-19）［2021-08-16］．http：//www.xinhuanet.com/zgjx/2018-07/19/c_137334881.htm.

③ 向安玲，沈阳．全息、全知、全能：未来媒体发展趋势探析［J］．中国出版，2016（2）：3-7.

全息媒体面对的这些挑战，在未来相当长的一段时间内都是无可避免的，但时间向我们证明了技术对于媒体的重要性，避开技术谈媒体发展与转型是脱离现实的，我们能做的，是积极培植和深耕技术基因，不断牢固树立用户体验为王和内容服务为王的意识，为全息媒体的建设架桥添砖。

三、从全连接传播到全员媒体

（一）全连接传播和全员媒体

所谓全连接传播，是指在5G的高速网络下，更加方便地实现人、物、资金、信息等的连接，并方便地实现详细的环节记录和过程沟通的一种传播方式。[①] 传统新闻媒体针对用户需求的挖掘不足，大多仍以经验指导，缺乏用户管理分析和数据驱动机制，而全连接传播的实现有助于促使新闻媒体深度挖掘用户数据，实时收集和分析用户需求，辅助形成新的产品和商业服务。[②] 尤其在5G时代，万物互联，将产生更多的数据，数据分析维度更多、精度更高。

全连接传播方式、手机等智能终端的普及以及媒体进入门槛的大大降低都推动了全员媒体的出现，全员媒体，即全员参与、全局动员、全面触达、全体互动的媒体，人人都成了信息传播的发起者、参与者和反馈者，媒体生态和舆论场焕然一新。用户在新闻选择中占据着越来越大的主动权，这启示着媒体应当既要积极动员更多的用户参与生产UGC内容，又要积极发动内部员工实现全员参与传播。[③]

互联网给了人类改变未来的工具，利用这项工具，全员媒体成为寻求群体智慧的典范。可以看出，全员媒体是社会发展的需要，同时也是新闻采集与发布的有力补充。当然，传媒与公民的结合也将面临一系列新的问题与挑战，应呼唤更多专家型、全能型记者，让他们起到引领主流舆论的作用，促进全民媒介素养的提高。

（二）全媒体记者

全连接传播和全员媒体的发展催生了对于全媒体记者的需求。而所谓全媒体记者，是指具备突破传统媒体界限的思维与能力，并适应融合媒体岗位的流通与互动，集采、写、摄、录、编、网络技能运用及现代设备操作等多种能力于一身的人才。[④]

具体而言，在如今的全媒体时代下，全媒体记者应具备的素质与能力

---

① 沈黎霞.5G背景下的新闻传播业模式变革［EB/OL］.（2019－02－06）［2021－11－29］.http：//www.fx361.com/page/2019/0206/6340978.shtml.

② 同①.

③ 郭全中.全程全息全员全效媒体创新探析［J］.中国出版，2019（4）：9－13.

④ 韩锦.对向“全媒体”记者转型的思考［J］.新闻世界，2011（6）：102－103.

如下。

一是撰稿、拍摄、编辑等复合技术能力。报道小组常由两至三人组成，这些全媒体记者“十项全能”（见图 9－6），既能全面获取素材，又能根据不同传播终端的特点播报新闻。二是对于信息的求证和分析能力。全媒体记者需要对海量信息进行甄别和筛选，再考虑新闻价值，将其报道给各终端用户。三是价值判断能力。全媒体时代信息传播快速，为了答复喧哗沸腾的民众之声，要求全媒体记者以评论员身份表明观点，得出具有说服力的结论。①

图 9－6　全媒体记者

值得注意的是，全员媒体的实践发展在传统媒体和网络平台上具有差距，主要是因为以下两个原因。第一，传统媒体的技术能力相对更弱，难以承载大量用户的内容生产和分享，流量不足，难以获得规模化的广告营收。第二，缺少便于用户操作的工具和手段，用户体验感差，参与度低。

面对这类问题，要发动全体新闻从业者树立正确的融媒体传播理念，坚持党性原则，坚持马克思主义新闻观，保持主流媒体的品格和风范。② 要在机制和流程再造上体现“全员化”，通过构建线上自媒体联盟平台和开发维护用户线上社群，既增加用户的黏性，也有利于从中发掘内容素材，反哺内容生产。要重视新技术学习，用互联网思维和符合互联网规律的方式学习新技术、新事物。

四、从全功能传播到全效媒体

（一）全功能传播

传播学奠基人哈罗德·拉斯韦尔（Harold Lasswell）曾在 1948 年发表的

① 鲍志伦．全媒体时代全媒体记者素质提升问题研究［J］．新闻研究导刊，2020（2）：41－43.

② 媒体融合发展要加强体制机制创新［EB/OL］．（2017－04－20）［2021－11－29］．https：//www.sohu.com/a/135090407_708049.

《社会传播的结构与功能》（*The Structure and Function of Communication in Society*）中将传播的基本社会功能概括为以下三个方面：环境监视功能，即帮助受众及时了解、把握并适应内外环境的变化；社会协调功能，即帮助社会各组成部分达到协调与统一；社会遗产传承功能，将前人的经验、智慧、知识保存记录下来，供后人使用与发展。[①] 而后学者怀特（D. M. White）又增加了娱乐功能，即为受众提供娱乐与休闲。施拉姆也曾在《传播学概论》一书中，从政治功能、经济功能和一般社会功能三个方面总结了大众传播的功能。[②] 他将环境监测、社会联系协调和遗产传承归入政治功能的范畴，社会控制、规范传递、娱乐等归入一般社会功能的范畴。施拉姆认为，大众传播的经济功能并不仅仅限于为其他产业提供信息服务，它本身就是知识产业的重要组成部分，在整个社会经济中占有重要的地位。

除对个人造成影响外，大众传媒还会作用于群体、社会和文化。受众、传媒和社会相互作用、彼此独立而又统一，相互制约和促进着对方的发展。施拉姆认为，大众媒介的传播效果是长期和潜移默化的。[③] 大众传媒日夜不停地向人们传送信息，人们将提供信息的大部分责任托付给媒体，并要求其从整个世界的角度来提供信息。于是，“传播”决定了人们的大部分生活方式和支配时间的方式，决定了周围环境在人们头脑中的图画和对自身形象的认知。

（二）全效媒体

互联网媒体功能空前丰富，远远突破了传统媒体较为单一的信息传播功能，正在成为社会的数据总汇和运营枢纽，因而无人不用。基于此，平台的传播效果也将大大提升并可精确测量。正如《人民日报》刊发的《让主流媒体成为“全媒体”：回答好媒体融合发展的时代课》一文提到：“全效突破了功能尺度，集成了内容、信息、社交、服务等各种功能，成为‘信息一条街’。”[④] 这一理解对“全效媒体”从功能上进行了界定。

全效媒体更加强调全方位的传播效果：既要有更高的效率，又要有更好的效果，使得传播更精准。如微信公众号“侠客岛”在文章中指出：“全效媒体，意思是逐渐分众化明显的媒体，其用户画像更加清晰，以往新闻传播你只知道何时何地播出和发行，却不知道实际的传播对象和效果，这叫非全效传播，现在你可以利用大数据技术，清楚知晓谁是你的受众，从而更精准、更有效率地

---

① 拉斯韦尔．社会传播的结构与功能［M］．何道宽，译．北京：中国传媒大学出版社，2013：26－28.

② 施拉姆，波特．传播学概论（第 2 版）［M］．何道宽，译．北京：中国人民大学出版社，2010：40－15.

③ 同②25－49.

④ 让主流媒体变成“全媒体”：回答好媒体融合发展的时代课［EB/OL］．（2019－01－30）［2021－11－30］．https：//baijiahao. baidu. com/s？ id＝1624055959230321691&wfr＝spider&for＝pc.

传播。”①

构建全效媒体，从媒体机构的角度来说，一是既要有基于传统媒体的传播能力又要有基于互联网尤其是移动互联网的现代传播能力，二是既要有舆论引导能力又要有服务能力，三是既要讲社会效益又要讲经济效益。② 从新闻产品的角度讲，也要对其进行全媒体、全过程的评估，既要对其在传统媒体上的传播效果进行评估，也要对其在互联网上的传播效果进行评估。③

（三）全效媒体的媒体融合实践

传统媒体积极按照互联网的规律来改造自身，在全效媒体建设方面取得了一定的成效。

一是积极拓展基于互联网的现代传播能力。④ 目前，虽然传统媒体由于受众大量流失而被削弱了传播能力，但基于互联网的现代传播能力却得到了极大提升，在很大程度上弥补了传统传播能力的降低。⑤

二是努力提升媒体的服务能力。例如，南方都市报社积极开展数据智库转型，通过深挖本地服务潜力，为当地党委政府的治理体系和治理能力现代化提供了很好的抓手（见图 9－7）；瑞安日报社将自己定位为城市服务商，通过各类产业园区的建设，在政府和创新创业者之间搭建了有效的沟通桥梁，很好地服务了当地的政府和创新创业者（见图 9－8）；佛山日报社立足于本地，通过社区报等方式，深耕本地政府服务和社区服务市场（见图 9－9）。

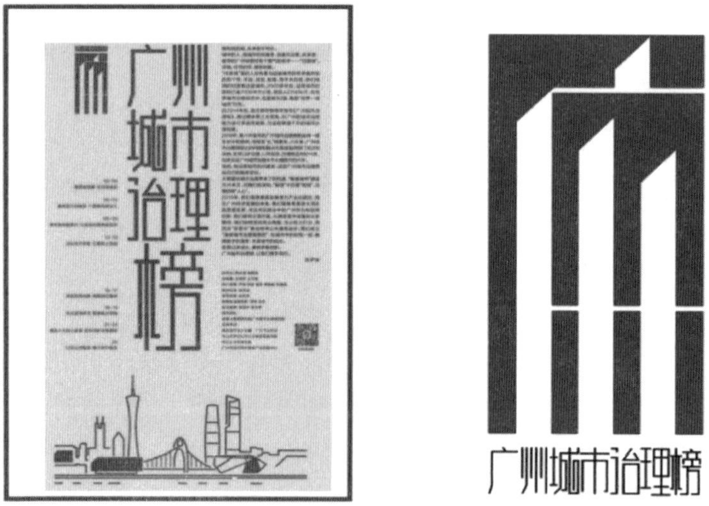

图 9－7 南方都市报社《广州城市治理榜》截图

① 政治局开年首次集体学习，为何选在了人民日报［EB/OL］.（2019－01－26）［2021－11－30］. https://baijiahao.baidu.com/s?id=1623673574057482174&wfr=spider&for=pc.

② 刘浩三，覃信刚．人民广播的传承与互联网化广播：关于广播发展的一次专家对话［J］．中国广播，2020（1）：35－39.

③ 郭全中．全程全息全员全效媒体创新探析［J］．中国出版，2019（4）：9－13.

④ 同③.

⑤ 胡丽娜．全媒体时代新闻采编工作的发展策略［J］．传媒论坛，2020（8）：17，20.

图 9－8　瑞安日报社开发的创 E 公社（众创空间）

图 9－9　佛山日报社官方网站佛山在线截图

三是一些媒体的经济效益得到了很好的改善。在互联网的冲击下，传统媒体二次销售的商业模式已经濒临被淘汰的局面，因而需要通过创新商业模式和盈利模式来取得经济效益。例如，《南方都市报》通过创新产品的方式，2018 年数据产品占营业收入的 40%，净利润大幅度增长；封面新闻的智能化转型取得新进展，2018 年封面新闻经营收入同比增长 81%并实现盈利，收入逆势增长，扭转了连续 6 年的持续下滑。

四是媒体技术赋权于受众，从传统媒体单向传播的模式向双向互动转变，这反映在各大新闻网站、App 的评论中。传统媒体也愈加重视这些用户的反馈，对新闻传播进行全方位、全渠道的评价，并以此评价结果为指标，判断新闻品质和决定员工薪酬。如澎湃新闻增设的评论板块与“联系我们”的功能，充分赋予用户“发声”的权利。

第三节　智能融媒体环境展望

5G 技术的蓬勃发展为中国媒体融合事业的发展提供了坚实的技术支持。媒体环境与技术的发展相辅相成，媒体生态的改变也对社会舆论发展产生了深刻的影响。本节从媒体环境、舆论环境两方面，展望了智能时代融媒体的发展。

一、媒体环境展望

随着技术的变革和融媒体生态环境的改变，媒体环境被不断注入新的活力，媒体环境与技术的发展相辅相成。人类的发展历史能够看成媒体技术的发展历程，在这一社会进程中，媒体的变迁极大地改变了人们思考、感觉、评价等的方式。然而，新媒体的诞生并不意味着旧媒体的消亡，而是新旧媒体和谐共生、共栖共存，一同建立和谐平衡的媒体环境。① 融媒体的发展将会对媒体环境符号层、感知层和社会层这三个层次产生深刻的影响。

（一）符号层

不同的媒体表达的是不同的符号环境。信息的传播依赖于媒体，信息能够有效传播的基础是多元化的符号。符号的输出代表了不同的文化方式，并在不断解构媒体环境，使得世界文化能够兼容并包，相互交融。在未来，多元化的符号会对媒体环境产生更加深刻的影响。符号的建立基于媒体“非排他性”的传播，同时多元符号的发展也衍生出品牌和 IP，媒体传播渠道成为品牌传播的桥梁，基于融媒体的发展，跨界组合的产品应用会越来越多，并赋予它们更加多元的文化意义，为受众提供优质内容。在 5G 融媒体时代，由于 5G、人工智能、虚拟现实、增强现实、智能可穿戴设备等的发展，媒体的发展进入全新的赛道，技术的更迭加速了智能媒体的融合。

人类的数字化生存，从“离身性”转向“具身性”，数字化的人不仅是飘浮在各种虚拟空间里的账号，而且以“虚拟实体”的形式把虚拟主体与现实主体绑定在一起。② 在多元化的符号环境中，不论是网络媒体传播还是人际传播，新兴媒体技术的出现都为多元的符号解读提供了便利，通过信息的收集、数据处理、语言编码及翻译，实现多元符号的可读性和共享性，传播介质的多元化也为文化的传播提供了更多可能，在 5G 融媒体环境下，能够助推个性化品牌的传播和营销，并促进文化的多样性，同时通过技术编码以及人工智能等手段联结起“地球村”，结合区块链等技术保护稀有文化，形成可持续、受保护的数字文化资产。

（二）感知层

媒体的发展为受众营造出不同的拟态环境，媒体技术的发展为人们感知和了解世界提供了便捷，不同媒体调动了用户更加多元的感官体验，融媒体的发展也在影响和重构人们的世界观。5G 融媒体能够加强用户的感知度，在增强用户体验的同时，也为其社会认知带来全方位的改变。未来媒体环境会走向融合与共生状态，技术的发展不会使传统产业消逝，而是会促进全媒体产业的融合，新兴融媒产业和传统产业存在着互惠互生的关系，用户在选择信息传播媒

---

① 左璐．媒介环境学视野下移动互联网传播及其影响研究［D］．重庆：四川外国语大学，2014：19.

② 彭兰．智能时代人的数字化生存：可分离的“虚拟实体”、“数字化元件”与不会消失的“具身性”［J］．新闻记者，2019（12）：4－12.

体的同时会有更多的主动权，从而使多元化的传播路径得以发展。

在当下，信息时刻充斥在社会的各个角落，人们每一天都被不同的信息源裹挟，只要身处于信息时代，就随时在接受碎片化的消息。同时，5G在融媒体中的应用又会衍生出新的技术和应用，当人们离开这些融媒体应用的时候，会由于习惯于被信息充斥而变得不安和焦躁，互联网用户群已经习惯在现实空间和虚拟空间之间来回切换，这也是新技术的发展所带来的弊端。一般认为，互联网、手机、数字电视等新媒体赋予了用户更多的空间自由，每个人都能够成为数字媒体及其应用的所有者。

信息传播、话语互动的优越性和文化个体地位的显著提升，让不少人乐观地以为平等权、参与权、选择权、主动权，甚至是话语权在逐步向受众回归。[①]虽然受众对信息以及话语权有主观能动性，但是互联网空间中的用户素质却良莠不齐。在各大社交平台或是信息空间中，信息娱乐化、冗杂化、假新闻的泛滥以及电子屏幕的局限，也使一部分用户群体产生了倦怠感。同时虚拟空间社交属性的低成本化、简易化也使用户感到与现实生活有所剥离。一方面是基于网络空间的有共同属性或是共同爱好的社群在发展，另一方面是无用化和充满虚假信息的社交使用户的情感不断损耗，造成用户在使用社交媒体时产生“自相矛盾”的心理活动。因此未来5G融媒体的发展，将会加深用户与媒体的联结，技术的创新在带来新融合的同时，也会更加深化用户的媒体脱离感，包括一些负面情绪的激化、对新技术环境的疲惫等。

（三）社会层

媒体与环境相互影响，相互依赖。5G技术的特性包含所谓的两高两低：两高是高速率、高容量；两低则是低时延、低能耗。这两高两低决定了人们今天的包括学术传播在内的所有传播形式呈现出一种全新的格局：从传播者、传播内容、传播渠道到传播效应的实现，都有着自己的作用。[②]融媒体的出现与发展，将会更加深化传统产业的改革，助推新融媒产业的创新发展，同时能够促进世界范围内政治文化经济的交流，推动信息传播和全媒体生态的搭建，加速全球化的进程。

随着融媒体以及5G技术的发展，融媒体相关产业链在不断影响着人们的经济社会生活，网络电商平台、云农场、智慧城市、物联网等新兴业态的发展在更新人们生活方式的同时，也为自主创业提供了新的机会。同时，新兴行业的涌现也改变了人们的生活方式和社会经济模式，并连接着传统产业链的发展，助推供应链的完善，促进了线上消费和线下消费的双线发展。另外，随着

---

① 郑可．警惕新媒介环境下的技术控制：腾讯与360之争的媒介环境学解读［EB/OL］．(2021-09-07)［2021-12-01］．http：//www.scio.gov.cn/wlcb/llyj/Document/840529/840529.htm.

② 喻国明．5G技术将深刻影响传媒业［EB/OL］．(2021-08-24)［2021-12-01］．http：//culture.people.com.cn/n1/2019/0825/c1013-31315163.html.

5G 技术的发展，融媒体也逐渐被融合到社会关系层面，虚拟世界与现实社会相互交织融合。未来社会的转型与变革需要融媒体的全面参与，并通过媒体传播加强与个体以及社会层面的联结。移动互联网逐渐成为媒体传播的主要阵地，融媒体发展也影响着社会层面的媒体环境的变革。

在政治层面，新媒体和传统媒体的融合拓宽了公众表达观点的渠道，通过互联网平台，政府能够充分了解民意，感知社会公共舆论的发展方向，同时政务信息也更加公开化、透明化。通过融媒体平台，政府能够有效引导社会舆论的健康发展，发挥官媒的带头作用，由此推进政治民主化进程。

在经济层面，融媒体会带动新的经济增长点，并推动多样化的商业模式，促进创新创业的发展，催生融媒体相关行业和移动应用的发展，为市场经济注入新的活力。同时，融媒体也会从根本上改变消费者的消费习惯和思维方式，进一步推动社会经济环境的多元发展。

在文化层面，融媒体的出现会在不同程度上影响人们的文化传播方式、文化习惯等。移动互联网平台为新文化的传播提供了广阔的平台，一定程度上促进了传统文化的转型。文化传播的载体在不断更新，人们认识世界的方式也在发生变化，文化的个性化、小众化、社交化属性逐渐显现，也推进了传统文化产业的转型升级。

二、舆论环境展望

当前，我们正处于融媒体产业发展的转型期，融媒体产业正经历着从内容生产到传播方式的变革，媒体生态的改变也对社会舆论发展产生了深刻的影响。随着人们逐渐习惯于运用媒体平台表达自我观点，主动参与到社会舆论事件的讨论中，能够看出，近年来融媒体对于社会舆论有着不可估量的影响，并推动着政治、经济、文化、生活在方方面面做出改变。融媒体应用在满足受众获取信息的需要的同时，也逐渐成为集合观点、民众意愿的平台，成为大众宣泄情绪的窗口和阀门，也成为公民参与公共议题的主要方式。社会舆论的发酵映射着受众在现实社会中的情感、需求、欲望等心理历程。未来公众与社会舆论的联结只会随着融媒体的发展不断加深，融媒体成为社会舆论的发酵场和温床，公众的参与和讨论也在推进着融媒体技术的进步、促进多媒体的融合。

（一）主流媒体引导力加强

随着 5G 技术在融媒体领域的应用和推广，融媒体将会进一步融入人们的日常生活。随着 5G 技术的发展，网络舆论的传播具有了影响力广、高速传播等特点。当社会事件发生时，公众舆论往往会通过网络渠道得以迅速发酵，并随着网民关注度的增加变成舆情事件。同时网络传播具有的同步性和双向性的特点，也在加速公众对于相关事件的关注度，而官方消息的发布速度不及受众传播和接收信息的速度，因此会导致政府公信力下降、民主表达和民意检验失效。

网络舆论的生成发酵机制基本遵循以下规律：传统媒体报道或网友爆料（微博异军突起）—网友讨论（新闻跟帖、论坛发帖等）—形成网络舆论压力（“意见领袖”作用突出）—媒体跟进呼应、挖掘新的事实（新老媒体互动）—有关部门应对—再掀波澜（假如应对不当）—再次应对—网友注意力转移—网络舆论消解（流行语、视频等娱乐化的尾巴长期流传）。[①] 因此不能任由社会舆论往不可预测的方向发酵，在这个过程中需要道德与法律的约束力，而主流媒体对于社会舆论的影响将成为社会舆论健康发展的关键，其应在舆论场中呈现符合社会价值观和发展规律的观点，并积极与公众进行互动沟通，了解民意，观察民生，从而改善网络舆论的传播环境，建立和谐健康的舆论场，积极传播社会正能量。

（二）社交平台促进传播渠道多元化

5G 融媒体的发展将为社会舆论提供多样化的传播平台，并打破单一的媒体传播形态。未来公众参与社会议题的讨论将不受传播方式的限制，多元化的传播渠道将为用户带来更多选择，助其传达个体观点，并为公众参与社会议题创造有利环境，促进政府和公众的互相监督。同时，5G 技术的应用和推广，也为传统媒体和新媒体的融合创造了良好的环境和条件。社交平台的多元化和立体化，为用户提供了更多的选择空间，高速发展的技术也为公众意见的表达和参与创造了有利条件。在融媒体高速发展的未来，舆论平台将为沉浸式、交互式的交流方式提供无限可能，并促进全新思想交流平台的搭建，提高公众的话语权和参与度。

同时也应注意，在融媒体时代，热点事件以及社会新闻的发酵很容易通过新媒体平台进行传播，从而在网络空间引发群体讨论。随着技术的发展，线上与线下的边界逐渐模糊，受众群体不再满足于线上的讨论，在现实社会中也会持续关注事件的走势，甚至发动群体力量推动事件的发展。由于社会舆论在网络空间中的传播具有碎片化的特点，媒体的“审判”会影响社会司法与舆论；网络上会出现缺少约束的“情绪舆论”，同样会影响现实社会中的公共管理秩序和法律审判。随着融媒体的发展，网络用户的自发性提高，网民对于真相的追踪度和参与感增强，现实社会事件与虚拟空间的信息传播和舆论发酵将同步发展，社会舆论对于现实社会的影响力增强。网络群体的力量甚至能够推动现实事件的进展，以网络社群以及网民为主导的群体力量能够集结强大的舆论影响力。同时，虚拟空间背后的群体也形成了与社会舆论相关的产业链和产业模式，比如微博议题、网络公关等。

---

① 周建新．网络舆情：自媒体的“蝴蝶效应”［EB/OL］.（2021－08－29）［2021－11－30］. http：//www.scio.gov.cn/m/cbw/qk/4/2011/08/Document/993334/993334.htm.

（三）舆论风险可预测性

5G 的发展带动了融媒体产业模式的多元化和全面化发展，但是媒介环境的发展，特别是多渠道的传播方式会增加社会舆论的风险。新技术的产生也会使舆论监控存在漏洞，标准化发展模式还需较大的空间。同时碎片化和开源化的信息也容易导致受众在社会事件中被不法分子引导，增加了舆论的风险性。因此在未来，5G 技术的发展也能为相关监管部门提供更有效的监管模式，并促进监管系统的优化升级，比如与人工智能、大数据等有效结合，从而在全媒体时代实现对网络舆情的有效监管，及时发现社会舆论的风险和漏洞，依靠技术优化自身信息系统和管理体系，创造健康的舆论环境。

全新的融媒体时代的到来，为社会舆论提供了更广阔的传播空间和传播渠道。融媒体渠道的低成本、低门槛使得社会舆论环境更加自由和开放，因此政府层面也会加强对于社会舆论的管控，积极引导社会舆论的发展。同时，这一发展趋势也会催生出一批能够引导社会舆论健康发展的人才队伍，优化社会舆论环境，促进社会舆论的良好发展。在未来，融媒体产业的发展会催生出优秀的网络舆情人才队伍，并召集大量知识分子参与到网络舆情建设中，他们会积极提升自己的融媒体素养，主动学习相关技能和专业知识，主动参与到新时代社会舆论健康发展的浪潮之中，在主流媒体的引导下，与 5G 时代接轨，更新时代发展观点，顺应时代发展浪潮。

小结

在 5G 技术的驱动下，移动互联网时代媒体的发展边界得到拓展，应用场景呈现出多元化的趋势，传统新闻机构的角色在改变，内容生产流程正在被重构，这些都为新闻传播业的转型升级提供了基础。5G 技术为新闻行业带来的最根本的变化是由媒体应用场景的变化引起的应用模式和产业模式的革新，这种革新使得“四全”媒体的出现成为可能。

5G 技术的蓬勃发展有着强大的溢出效应，不仅为中国媒体融合的发展提供了坚实的技术支持，也为融媒体应用的发展提供了全新可能。由于 5G 技术具有传输速率高、容量大、时延低的特点，其在媒体与人工智能、大数据、信息技术等技术之间的融合上起到了极大作用。能够预测，未来的融媒体也将更多以大数据为基础，呈现出融合化、移动化等特点，实现融媒体应用与服务体系的根本性变革。

纵观当前技术环境，物与物之间的连接逐渐增强，设备之间的技术壁垒也正在被打破，万物皆媒促使媒体在硬件上进一步融合。在 5G 技术的加持下，媒介生态变化使人们从“看媒介”变为“应用媒介”，融媒体建设将向着智能化、具身化、融合化、全链接转变，技术先进、覆盖广泛的智能融媒体正在我国逐步形成。

延伸阅读

拉斯韦尔．社会传播的结构与功能［M］．何道宽，译．北京：中国传媒大学出版社，2013.

施拉姆，波特．传播学概论（第 2 版）［M］．中国：中国人民大学出版社，2010.

思考题

1. 结合社交媒体中的网络舆情实例，谈一谈智能融媒体在促进传播渠道多元化的同时，还具有哪些局限性。

2. 请结合自身实例谈一谈，融媒体是否正在影响你的文化交往和文化习惯?

3. 请思考，你有哪些媒体平台的账号? 不同媒体平台所推送的内容有何异同? 不同平台构成的内容网络如何影响着你在现实中的思维和行动?

4. 请结合最新的媒体智能化发展案例或相关产品使用体验，浅谈你对智能媒体的理解，并分析 5G 为智能媒体发展带来的改变。

5. 你是怎样理解“四全”媒体的? 如何建设“四全”媒体?

结语 关于智能媒体传播的畅想与反思

人工智能的强势崛起改写了“人类中心主义”的传播模式，给人际传播默认的基本假设带来了一定的冲击。目前高度发展的人工智能使学者意识到，人类不再是社会交互过程中的唯一主体，机器成为新兴交流对象，传播开始跨越人类的边界。更为关键的是，人工智能不简单等同于参与人类社交互动的自动程序型智能体，它们对人类传播活动的介入将重构人与技术、人与人、人与社会的关系。正如美国传播学文化研究先驱詹姆斯·凯瑞所言：“技术的每一种根本变化——无论是书写、印刷、电报还是其他任何形式的新兴技术，以及由此产生的文化体系中的每一种根本变化，都在不断重塑人类社会的传播边界。”①

当前，随着在社交媒体中的应用场景的延伸，人工智能已从一种传播媒介转变为传播对话者，正在改变以人类为中心的传播格局。更进一步，已有学者受凯瑞的启发，将人工智能与人类用户林林总总的交织互动视为传播活动，并将其定义为一个多元、变化、持续存在的文化过程。② 正如凯瑞在《作为文化的传播》（*Communication as Culture*）一书中所言：“无论是在科学交流还是数学表达中，我们都必须把传播作为首要、主要的经验现象，而不是现实的派生物。”③ 从该视角来看，人工智能将不再仅仅存在于信息交流层面，而是作为一种新的媒介形式，参与文化创造，对社会生产与现实生活产生深刻影响。

然而，一直以来，传播学主流叙述却将人与媒介物质区分开来，并由此衍生出科技与文化的二元对立。④ 但纵观历史，媒介技术——从莎草纸、石碑、竹简、陶器到报纸、广播、电视，再到计算机、互联网、人工智能——已然渗透在人类文化进程的方方面面，不能被视为与文化和社会结构相分离的要素。此外，人类与社交机器人的互动关系已经不能被单纯地归为主客体关系。一方面，作为非人类行动者，人工智能本身已具备主体行动能力，并可从本体论层面引发人类对于主体、认同、存在状态的重新省思。另一方面，人类不再是传

---

① Carey J W. Historical Pragmatism and the Internet [J]. New Media & Society，2005，7 (4)：443 - 455.

② Guzman A L. Making AI Safe for Humans [M] //Gehl R W，Bakardjieva M. Social Bots and Their Friends：Digital Media and the Automation of Sociality. New York and London：Routledge，2017：69 - 85.

③ Carey J W. Communication as Culture：Essays on Media and Society [M]. New York：Routledge，1989：11 - 13.

④ 章戈浩，张磊．物是人非与睹物思人：媒体与文化分析的物质性转向 [J]. 全球传媒学刊，2019 (2)：103 - 115.

播过程中的唯一主体，已经慢慢地将自己与科技技术的发展融合在一起，进而重塑社会文化形貌。这在一定程度上促进了“人/主体-物/客体”回归一元论路线，激活了被掩盖已久的对科技-文化理论的探讨。

科技-文化研究路径不再假定人、符号（如媒介文化）与物质基础（如媒介技术）之间是一种彼此分离的主客体关系，而是冲破二元对立，主张人、技术实体与文化存在于同一世界里。[①] 从词源学上来看，科技-文化（techno-culture）是科技（technology）与文化（culture）的合成体，亦即说，科技是人类文化进程中不可或缺的一部分，甚至可以说“文化一直是科技的，科技也一直是文化的”[②]。在此视角下，人工智能虽然是科学技术革命的产物，但却不囿于技术层面，而开启了人-机传播的新局面，对整个社会传播环境产生影响，并将对人类社会进行重组。

首先，我们基于“媒介与人机关系”围绕以下几个理论视角展开讨论。

后人类主义源流中的具身（embodiment）概念可谓从一个相当前沿的视角实现了与人工智能现象的对接，其中唐娜·哈拉维的赛博格理论具有很强的启示性。在哈拉维笔下，赛博格是一种控制论机体，既是机器和有机体的混合体，亦是现实物与虚构物的混合体。[③] 赛博格的出现一方面冲击了西方自启蒙运动以来主客体二元对立的哲学传统，另一方面为观照新传媒技术语境下人工智能的传播实践提供了难得的逻辑切入点。若将人工智能视为一种赛博格，它便不再是外在于身体的人类替代工具，而是身体与技术的耦合。换言之，随着人工智能技术的广泛渗透，拥有智能身体的机器将与人类身体无缝链接，全面嵌入人类时空，并从根本上改变传播与人及世界的关系。[④]

牛津大学技术哲学研究者卢西亚诺·弗洛里迪在其著作《第四次革命：人工智能如何重塑人类现实》中延续了后人类主义的具身命题，认为在人工智能技术浪潮的裹挟之下，赛博格已经转向“信息体”（inforg）——任何存在体都是由信息构成的，而不是存在层面的物质实体。[⑤] 在此视角下，人工智能可被视为一种摆脱身体桎梏的信息体，从“具体”走向了“抽象”，从“赛博空间”（cyberspace）走向了“信息圈”（infosphere），从“它们”转变成“我们”，与人类一样，成为复杂的信息处理系统，具有超级自我意识（hyper-self-consciousness）。

毫无疑问，传播学研究正面临着“人-机”传播边界被持续打破、充满全

---

① 邱志勇．导言：处于第四转折的当代生活世界［M］//媒介拟想（4）：数位媒体与科技文化．台北：远流出版公司，2006.

② Slack J D，Wise J M. Culture and Technology：A Primer［M］. 2nd ed. New York：Peter Lang，2005：107.

③ Haraway D. Simians，Cyborgs，and Women［M］. New York：Routledge，1985：25.

④ 孙玮．交流者的身体：传播与在场：意识主体、身体-主体、智能主体的演变［J］. 国际新闻界，2018（12）：83－103.

⑤ Floridi L. The 4th Revolution：How the Infosphere is Reshaping Human Reality［M］. Oxford：Oxford University Press，2014：79－85.

新挑战的社交媒体生态。人工智能行为俨然复杂又普遍，它们既可建构逼真的社交网络，又可生产可信度极高的传播内容。我们不仅需要重新定义机器，更需要重新定义人类，以及人与人、人与机器人，甚至机器人与机器人之间的交流互动。

对此，我们或许可从美国媒介史学者丽莎·吉特尔曼（Lisa Gitelman）所观察到的“所有的媒介都曾经是新媒介”（all media were once new）中获得启发。[①] 若将人工智能视为技术发展历程中的一种“历史物”（historical subject），那么其即是令人-机传播成为可能的另一种技术，而不是“新”媒介技术。伴随着历史的发展和时代的进步，人们终将对人工智能与人类之间的传播交互习焉不察，既不寄望深厚，亦不望而生怯，因为真正令人工智能产生传播意义的是围绕技术系统成长起来的社会和文化“协议”（protocols）。至此，吉特尔曼与凯瑞相呼应，强调技术是传播化的，传播也是技术化的，传播是文化的核心。

从传统媒体、互联网媒体、社交网络再到智能媒体，过去 20 年媒体行业经历了近百年未曾有过的变革与创新。人工智能和颠覆性共生技术革命推动了媒体的智能化转型，人工智能的入场拓宽了传播主体的身体阈，在传播过程中，“身体在场”给媒体转型提出了沉浸式场景化的新诉求，以满足用户的个性化需求，丰富参与体验感。人工智能技术作为服务于人类社会生产生活的技术工具，彻底改造了人类的生产方式，使其趋向智能化。

随着人工智能技术的发展，人机互动的场域被拓展至网络平台和虚拟世界，在未来或将成为人们生活的常态，渗透进社会交往的细枝末节。获得第 86 届奥斯卡最佳原创剧本奖的电影《她》（*Her*），讲述了作家与陪伴他的人工智能声音伴侣间的故事，他与“她”甚至谈起了恋爱，类似的情节在科幻电影中并不罕见。2019 年 4 月，百度也推出了一款名为“丘比特”的对话式智能语音助手。

人机互动已然在很大程度上更新了原有的模式，扮演起人们现实生活中至关重要的互动角色。一方面，人机和环境日益和谐相处。以交互感、沉浸感和在场感为基本特征的虚拟现实和增强现实技术彰显着实时的三维空间表现力，通过提供自然的人机互动操作环境，不断带给人们身临其境的感受，虚拟与现实的界限逐渐模糊甚至交融为一体。但另一方面，随着人机互动机会的增加，人际交往方式也在不知不觉中趋于非人性化。人类逐渐接受了人机交互的语言习惯（如“关键字”模式），渐趋机器人化，久而久之，这极有可能彻底改变社会交往用语。比如，我们在使用搜索引擎时，“北京冬奥会”已经取代了更为完整的“请帮我搜寻北京冬奥会的照片和信息”这样的表达。

---

① Gitelman L. Always Already New：Media，History，and the Data of Culture [M]. Cambridge：The MIT Press，2006.

与此同时，人工智能系统也开始“揣测”人类想说的话，“贴心地”补充输入完整的句子，或根据人类的语言习惯减少需要输入的文字数量。但这样的做法无疑将窄化人们用词的丰富性，减轻苦思用词负担的同时也牺牲了个人的独特性。试想，当我们平日的沟通变成了指令的下达，当沟通愈发趋于一致，人类的多样性和未知性是否也将不复存在？随着人机互动的发展，诸如此类的质疑声也层出不穷。而对于许多研究者而言，探讨人工智能的进场给人类传播、文化和社会发展等层面带来的影响，与以往对于技术与人类关系的研究模式有一定的区别。传统意义上的人机互动研究，大多从与人际传播有关的社会心理学视角切入，并且倾向于将人与人互动的理论和机制运用到人机互动领域。然而人工智能已然不再是单纯的、作为客体的机器，而是具有一定思维和学习能力的全新对象，将人机关系放在二元对立结构中加以讨论显然不够准确。

虽然人机互动给我们的生活带来了全新改观，但同时，日益发展的人机互动技术存在威胁人类主体地位的可能性。有研究学者认为，人工智能技术对我们生活的全面渗透或将引发无法控制的社会风险。比如，日本机器人专家森昌弘在 1970 年提出的“恐怖谷理论”表明，人形玩具仿真度越高，越让人有好感，但当人形玩具与人的相似度上升到一个临界点时，就会引发人的恐惧。[①] 人工智能技术自诞生以来便给人们带来了技术以外的种种迷思，这究竟是人类的阴谋论式想象，还是由于社会高估了人工智能的发展程度，导致人因难以理清与技术之间的伦理关系而产生了思维混乱？

人们在想象中描绘了大量拥有人类意识的人工智能，这样的机器不仅拥有独立思考能力，还可以根据经验建构自己的价值观和世界观体系。但纵观人工智能发展历程，尚未有一个机器能事实性地体现出自发意识，机器给用户的人性化反馈只不过是算法的提前预置，一些意外事件中看似成立的机器人情感表达也都在此后被证实为程序故障。科幻电影中拥有自我意识的人工智能尚未在现实生活中出现，当下更常见的是作为工具存在的“弱人工智能”手段，在这样的技术语境下谈论人工智能的意识与主体性似乎为时过早。人工智能技术只有在摆脱人工智能的拟人化想象后才能在更大的格局中不断发展，而当我们真正步入“强人工智能”时代时，工具理性原则是否还适用，则需要在全新的语境中予以探讨。

从哲学层面来看，在历经笛卡儿、康德、尼采、福柯等人对早期人文主义思想的反思和清算后，后现代哲学对人文主义进行了新的解读，试图突破较为狭隘的、暗含文化霸权和欧洲中心主义思维模式的“大写的人”。与此相类，在当下的人机互动研究中，研究者开始尝试打破以人或机器为中心的视角，不

① 张经武. 恐怖谷理论及其对于数码影像艺术角色设计的意义 [J]. 文化艺术研究，2014 (1)：111－118.

再将机器作为“人本质力量对象化”的产物，而是与之建立起一种相互交融、渗透的“主体间”关系。人机互动的动态价值就此被逐步造就，成为从“人际互动”过渡到“人机互动”的关键。而这一问题涉及对人工智能主体性的判断。对主体性的判断主要集中在道德哲学领域，康德认为只有具有理性和自由意志的“存在”才可以成为道德行为主体，而技术语境下人们在判断一个机器是否属于强人工智能范畴时，所使用的标准大多是“该机器是否拥有意志”。按照上述逻辑，拥有意志的强人工智能就在道德哲学层面具有了一定主体性。那么什么样的人工智能算得上拥有意志呢？图灵认为，当一个人同时向人类与计算机发问，如果发问者并不能从两方提供的答案中判定哪个是机器人、哪个是人，就说明该机器人“拥有意志”，这就是所谓的“图灵测试”。

从起初人类利用机器和智能工具完成简单的劳动，到人的双手被机器奴役，到人的各种能力被机器剥夺，再到人工智能在更大程度上解放人的身体，人与机器的关系很可能会在循环中互动、在螺旋中跃升。人机互动并非仅局限于信息的生产与传递行为，在互动过程中还会涉及情绪、情感的交流，身体的感知与践行等较为复杂的行为。可以说，人机互动开启了全新的互动模式，人与机器之间的关系也出现了新的转机，研究者们的视角也逐步从主客对立转向一种间性思维。总而言之，人机互动与传统的人际互动并非完全的割裂和替代关系，如何借助相关研究转向更深层次的探讨，关注主体间情感转向和身体转向，探讨人与技术之间生成的新的关系结构等，都将是人机互动时代的重要命题，而人与机器也将扮演互为主体的角色，通过节点间的互动与连接共同搭建起全新的智能化社交网络。

最后，我们再从智能融媒体的未来角度展开探讨。

凭借调动和延展人的全方位感官，人工智能和相关技术或将带来现实世界与虚拟世界的交融、智能媒体与人的身体的交融，彼时全方位智能化的人和深层次智能化的社会均将成为现实。未来社会将是泛媒介化、万物互联的社会，传感器的物理终端记录着个体、对象和环境的诸多媒介数据，这些数据在到达数据库后被智能算法系统整合、检测和处理。由此，媒介物越来越丰富、越来越类人，其变革速度也越来越快。媒介的物化与物的媒介化两个过程同时发生，推动物联网逐步走向现实生活，从而影响各行各业、各个方面。对于媒体传播来说，万物皆媒、万物互联，人类将迎来更多的可能性。

在万物皆媒、万物互联的未来社会，智能化影像生存同样是重要的趋势之一。未来影像是未来媒体所包含的核心因素之一，智能媒体语境下的未来影像，为人类创造了一个近似于智能化影像生存的体验环境，它使“虚拟场景”和“现实环境”无缝连接，消弭了现实与虚拟的边界，从而重新定义了李普曼的“拟态环境”，人类有能力通过运用虚拟现实技术、视觉和声音分析技术、自然语言处理技术等，创作出一个又一个以现实世界为模型又符合人类主观想象的世界。这种虚实结合的拟态世界不仅可以连接古代和现代，给人类营造

"穿越感"，还可以汇集此地与彼地，让人类体验"新鲜感"，从而让人们随心所欲地徜徉在智能影像世界中，调动全方位感官和认知能力获取丰富的体验。

这种虚实交融的状态将消解边界，使原先具有固定边界的叙事空间逐渐转向为无边界和多维度。"空间"不再单纯是客观存在、故事发生的环境或文本建构的情境，而是被建构成一种将"身体"和"经验"寄托于技术之上，从而使用户得以"存在"其中的隐喻。法国蒙特利埃大学的亨利·巴克斯（Henry Bakis）等人将"地理空间"和"网络空间"二者融合演变的过程称为具有现实性的"地理网络空间"。这种虚实交融的沉浸式体验感不仅冲破了时间和空间限制，具有超时空特性，还为人们建构了一个在感知体验上与现实世界高度相仿的虚拟空间，为人类提供了超时空、超感官的遥在式、沉浸式赛博空间。

随着脑科学的发展，对人脑的破译将在很大程度上助力未来智能媒体的发展，使脑机交互技术与媒介技术的融合成为可能，实现对自然人智能的模拟、再造和人脑实体之间的超时空信息传输。如此，生命体之间也许可以通过密码实现知识、思想的信息交换，未来的人脑或"智脑"将发展成为信息发送和接收的终端，社会信息将通过智能化途径实现全社会共享，大脑也可以始终处于信息交流状态。

当然，这还只是一种理想可期的状态。在未来智能媒体的作用下，社会中真实和虚拟的分野将不复存在，媒介与现实之间的干预也将消失殆尽，虚拟与真实的"交融"很有可能会发展成"内爆"，从而失去意义。同时，人们将作为"造梦者"进入由数字化符号创造出来的虚实交融空间，强大的在场感和沉浸式的数字景观让现实世界与想象世界的边界越来越模糊，人们在这样的幻象中极有可能迷失自我。[①] 德国社会学家、哲学家马克斯·韦伯（Max Weber）曾在谈及工具理性和价值理性的冲突时指出，如果说工具理性使人创造的工具变成了人的主宰，那么价值理性则可以确保工具真正为人的发展服务。[②] 未来的智能媒体是否具有纯粹的工具属性尚且不能确认，但在运用智能媒体时，保持应有的理性思维以重构价值和意义，这点仍不可缺失。毕竟，在复杂多变的智能媒体传播时代，理智客观地迎接智媒时代带来的机遇和挑战，对技术、媒体和社会之间的动态关系进行进一步的思考和探索是我们共同面临的时代命题。

在智能媒体传播语境下，人类个体被赋予极大的媒介近用权，传播主体和受众角色被彻底解构，虚拟和现实的边界得以消弭，在智能化影像生存的加持下，一个万物互联、万物皆媒的未来社会即将来临。舆论呈现形式由以文字符号为主的结构化数据向更多元、更动态的语料和更灵活、更沉浸的参与转变，

---

① 段鹏，文喆，徐煜．技术变革视角下5G融媒体的智能转向与价值思考［J］．现代传播：中国传媒大学学报，2020（2）：29－34．

② 韦伯，温克尔曼．经济与社会［M］．林荣远，译．北京：商务印书馆，1997：1－100．

社交媒体作为舆论集散平台的地位日益巩固。此外，社交机器人的入场使得人不再是传播链条中的唯一主体，人机共生（man-computer symbiosis）的全新传播模式将使得数据的抓取与分析更为困难，舆论生态的复杂程度与日俱增。

在学术研究方面，近年来国内智能媒体相关研究视角不断拓展，研究范式更为广阔多元，呈现出不同学科领域间的互动与衔接的趋势，显露出的人文关怀也更为强烈。以传播学为核心对智能媒体予以观照的研究，主要有以下三个角度。

第一，从媒体融合的角度观照智能媒体。媒体融合的进程不会随着媒体产业内部各个子系统的融合而结束。相反，所有媒体的数字化、网络化只是更深层次媒体融合的开始，它标志着媒体融合进程发展到了一个更高级的阶段，即以“互联网＋”和物联网技术为主体的信息处理体系驱动下的媒体跨界融合与智能传播时代的来临。智能媒体与人类智慧的协同发展将为媒体产业带来颠覆性的变革，进而对整个社会产生深远的影响。

第二，对媒体智能化的本质、现状进行探讨。这一视角下的研究更为注重从理论视角解析智能媒体，并将智能媒体研究议题划分为四类：一是采用政治经济学范式的社会建构主义宏观研究（如预估人工智能对科学、技术、社会、经济、文化和政治等方面可能产生的影响），二是采用科技人类学范式的社会建构主义微观研究（如智能媒体对文化的影响以及文化教育过程中对智能媒体的运用），三是采用新媒体研究范式的科技中心主义宏观研究（如大数据等各种技术在新媒体领域的应用现状和发展前景），四是采用认知心理学范式的科技中心主义微观研究（如对比人类智能和人工智能之异同，以及对人工智能视野下认知模型的研究）。

第三，对智能媒体未来的发展态势进行展望，并对人工智能的风险、网络安全等问题进行预警。庞大的数据与信息收集过程的零散性和碎片性是否加剧了谣言的滋生与泛滥？精准投放、个性化定制等内容分发是优化了用户体验还是营造了新型的“信息茧房”？智能技术如何重塑了现实与虚拟的边界？我们该如何审视人的主观世界与外部客观世界之间的关系？这些问题，已然在智能媒体发展的新阶段中成为学术研究和现实应用领域需要共同思考的关键问题。

当前关于智能媒体的相关研究已经成为传播学领域的热门议题，然而从整体来看，研究仍然呈现出一定的滞后性和表层性特征。一方面，我国的相关技术研发工作开始得较晚，尚未掌握支撑性核心技术；另一方面，国内有关技术与信息哲学方面的理论资源相对欠缺，很多思辨性的观点来源于西方理论界，近几年兴起的学术自觉潮流也尚未与智能媒体技术的发展趋势相契合。随着我国经济与科技实力的增强，在智能技术浪潮的推动下，开展智能媒体传播相关学术研究和创新的客观条件已经具备。将科学理论与技术应用相结合，将研发成果与实践创新相联系，从问题导向出发，结合学界、业界、政界多方力量，共同探索人工智能与智能媒体传播的未来发展和可能性路径，这将是一个常谈常新的话题。

与此同时，外部势力也在加紧通过网络空间渗透所谓民主自由的意识形态。因此，如何抓住智能媒体传播的发展机遇，在网络空间中占领舆论阵地，引领社会，凝聚人心，在巩固主流思想舆论的同时抵抗网络空间的“外部入侵”，已成为互联网时代守卫社会主义核心价值的重要命题。知常明变者赢，守正创新者进。既要善用智能媒体，又要避免思维、行动受其过度操纵，才能正确处理技术、社会与文化之间的关系，并以此为基石，把握好舆论引导的“守正”方向，积极寻找智能媒体和未来社会的“创新”路径。

参考文献

一、专著

（一）中文

莱文森．人类历程回放：媒介进化论［M］．邬建中，译．重庆：西南师范大学出版社，2017.

米尔斯．社会学的想象力［M］．2版．陈强，张永强，译．北京：三联书店，2005.

陈潭，等．大数据时代的国家治理［M］．北京：中国社会科学出版社，2015.

拉斯韦尔．社会传播的结构与功能［M］．何道宽，译．北京：中国传媒大学出版社，2013.

伊尼斯．传播的偏向［M］．何道宽，译．北京：中国人民大学出版社，2003.

海德格尔．存在与时间［M］．陈嘉映，王庆节，译．北京：三联书店，2014.

海德格尔．物［M］//孙周兴．海德格尔选集．上海：上海三联书店，1996.

韩炳哲．时间的味道［M］．包向飞，徐基太，译．重庆：重庆大学出版社，2017.

何威．网众传播：一种关于数字媒体、网络化用户和中国社会的新范式［M］．北京：清华大学出版社，2011.

胡泳．众声喧哗：网络时代的个人表达与公共讨论［M］．广西：广西师范大学出版社，2008.

李彬．传播学引论［M］．2版．北京：新华出版社，2003.

李彬．全球新闻传播史［M］．北京：清华大学出版社，2005.

大数据战略重点实验室，连玉明．数权法2.0：数权的制度建构［M］．北京：社会科学文献出版社，2020.

林子仪．言论自由与新闻自由［M］．台北：元照出版社，1999.

弗洛里迪．第四次革命：人工智能如何重塑人类现实［M］．王文革，译．浙江人民出版社，2016.

皮卡德．情感计算［M］．罗森林，译．北京：北京理工大学出版社，2005.

马克思，恩格斯．德意志意识形态［M］//马克思恩格斯选集：第1卷．3版．北京：人民出版社，2012.

韦伯，温克尔曼．经济与社会［M］．林荣远，译．北京：商务印书馆，1997.

麦克卢汉．理解媒介：论人的延伸［M］．何道宽，译．北京：商务印书馆，2000.

卡斯特．传播力［M］．汤景泰，星辰，译．北京：社会科学文献出版社，2018.

尼葛洛庞帝．数字化生存［M］．3版．胡泳，范海燕，译．海口：海南出版社，1997.

克拉里．24/7：晚期资本主义与睡眠的终结［M］．许多，沈清，译．北京：中信出版社，2015.

雷克劳尔，洛蒂．人类行为与社会环境：生物学、心理学与社会学视角：第2版［M］．王宏亮，李艳红，林虹，译．北京：中国人民大学出版社，2005.

孙绍谊．二十一世纪西方电影理论思潮［M］．上海：复旦大学出版社，2018.

索绪尔．普通语言学教程［M］．高名凯，译．岑麒祥，叶蜚声，校注．北京：商务印书馆，1980.

施拉姆，波特．传播学概论（第2版）［M］．北京：中国人民大学出版社，2010.

吴国盛．技术哲学经典读本［M］．上海：上海交通大学出版社，2008.

张爱玲．红楼梦魇［M］．上海：上海古籍出版社，1995.

中国电子信息产业发展研究院，张莉．数据治理与数据安全［M］．北京：人民邮电出版社，2019.

（二）英文

McStay A. Emotional AI［M］．London：SAGE，2018.

Buckingham D. Youth，Identity，and Digital Media［M］．Cambridge，MA：The MIT Press，2008.

Carey J W. Communication as Culture：Essays on Media and Society［M］．New York：Routledge，1989.

Floridi L. The 4th Revolution：How the Infosphere is Reshaping Human Reality［M］．Oxford：Oxford University Press，2014.

Gillespie T. Custodians of the Internet：Platforms，Content Moderation，and the Hidden Decisions That Shape Social Media［M］．New Haven：Yale University Press，2018.

Gitelman A. Always Already New：Media，History，and the Data of Culture［M］．Cambridge：The MIT Press，2006.

Graham T，Ackland R. Do Socialbots Dream of Popping the Filter Bubble?：The Role of Socialbots in Promoting Deliberative Democracy in Social Media［M］//Gehl R W，Bakardjieva M. Social Bots and Their Friends：Digital Media and the Automation of Sociality. New York and London：Routledge，2017.

Guzman A L. Making AI Safe for Humans［M］//Gehl R W，Bakardjieva M. Social Bots and Their Friends：Digital Media and the Automation of Sociality. New York and London：Routledge，2017.

Gehl R W，Bakardjeva M. Socialbots and Their Friends［M］//Social Bots and Their Friends：Digital Media and the Automation of Sociality. New York and London：Routledge，2017.

Haraway D. Simians，Cyborgs，and Women［M］．New York：Routledge，1991.

Humphreys L. The Qualified Self：Social Media and the Accounting of Everyday Life［M］．Cambridge：The MIT Press，2018.

Barron J A. Freedom of the Press for Whom?：The Right of Access to Mass Media［M］．Bloomington：Indiana University Press，1973.

Lugmay A，Dal Zotto C. Media Convergence as Evolutionary Process［M］//Media Convergence Handbook Vol. 1. Berlin：Springer，2016.

Mead G H. Mind，Self and Society from the Standponit of a Social Behaviorist［M］．Chicago：The University of Chicago Press，1967.

Edwards P N. The Closed World：Computers and The Politics of Discourse in Cold War America［M］．Cambridge：The MIT Press，1997.

Rainie L，Wellman B. Networked：The New Social Operating System [M]. Cambridge & London ：The MIT Press，2012.

Ralph K. The Post-Truth Era：Dishonesty and Deception in Contemporary Life [M]. New York：St. Martin's Press，2014.

Russell S，Norvig P. Artificial Intelligence：A Modern Approach [M]. London：Pearson，2009.

Sismondo S. Pushing Knowledge in the Drug Industry：Ghost-managed Science [M]. Oxford：Wiley-Blackwell，2015.

Slack J D，Wise J M. Culture and Technology：A Primer [M]. 2nd ed. New York：Peter Lang，2005.

Sunstein C. Republic. com [M]. Princeton：Princeton University Press，2001.

John D，Catherine T. MacArthur Foundation Series on Digital Media and Learning [M]. Cambridge，MA：The MIT Press，2008：1－24.

Van Dijck J，Poell T，De Waal M. The Platform Society：Public Values in a Connective World [M]. Oxford：Oxford University Press，2008.

Weinreich P，Saunderson W. Analysing Identity：Cross-Cultural，Societal and Clinical Contexts [M]. London：Routledge，2003.

Mayer-Schönberger，Viktor & Cukier，Kenneth. Big Data：A Revolution That Will Transform How We Live，Work and Think [M]. New York：Harper Business，2013.

Weber S. "The Virtual Reality of Theater"：Antonin Artaud [M] //Theatricality as Medium. New York：Fordham University Press，2004.

Humphreys L. The Qualified Self：Social Media and the Accounting of Everyday Life [M]. London：The MIT Press，2018.

Lupton D. The Quantified Self [M]. London：Polity，2016.

二、文章

（一）中文论文

白红义，李拓．算法的“迷思”：基于新闻分发平台“今日头条”的元新闻话语研究 [J]. 新闻大学，2019（1）：30－44，117.

鲍志伦．全媒体时代全媒体记者素质提升问题研究 [J]. 新闻研究导刊，2020（2）：41－43.

陈建飞．机器人新闻写作的风险评估及责任机制探讨 [J]. 新闻潮，2021（3）：60－64.

陈力丹，陆亨．鲍德里亚的后现代传媒观及其对当代中国传媒的启示：纪念鲍德里亚 [J]. 新闻与传播研究，2007（3）：75－79，97.

陈梦娟．南京“三会”报道：全时空传播理念的新尝试：兼论城市电视台新闻宣传的竞争空间 [J]. 电视研究，2006（12）：69－71.

丁柏铨．媒介融合：概念、动因及利弊 [J]. 南京社会科学，2011（11）：92－99.

杜鹃．2017年全国“两会”报道立体化传播手段评析 [J]. 新闻知识，2017（5）：95－96.

段鹏，李芊芊．叙事·主体·空间：虚拟现实技术下沉浸媒介传播机制与效果探究［J］．现代传播：中国传媒大学学报，2019（4）：89－95.

段鹏，文喆，徐煜．技术变革视角下5G融媒体的智能转向与价值思考［J］．现代传播：中国传媒大学学报，2020（2）：29－34.

段鹏．智能媒体语境下的未来影像：概念、现状与前景［J］．现代传播：中国传媒大学学报，2018（10）：1－6.

段鹏．智能媒体语境下的未来影像发展初探［J］．当代电视，2018（9）：4－7.

范以锦，聂浩．2019年重大传媒事件［J］．新闻与写作，2019（12）：4－9.

方洁，颜冬．全球视野下的“数据新闻”：理念与实践［J］．国际新闻界，2013（6）：73－83.

傅丕毅，商艳青，张宁宁．“媒体大脑”的智媒演变：万物媒 人机共生［J］．传媒，2019（4）：16－18.

傅丕毅，徐常亮，陈毅华．“大数据＋人工智能”的新闻生产和分发平台：新华社“媒体大脑”的主要功能和AI时代的新闻愿景［J］．中国记者，2018（3）：17－20.

郭琪．“AI＋记者”：智媒时代人机协同写作模式的局限性与可能性［J］．出版广角，2019（24）：67－69.

郭全中．全程全息全员全效媒体创新探析［J］．中国出版，2019（4）：9－13.

韩锦．对向“全媒体”记者转型的思考［J］．新闻世界，2011（6）：102－103.

韩霄，张磊，李智鹏．从情感内化到表达：电视受众注意力的社交媒体平台延伸［J］．中国新闻传播研究，2020（2）：158－169.

胡丽娜．全媒体时代新闻采编工作的发展策略［J］．传媒论坛，2020（8）：17，20.

胡泳，任玲．新媒体平台环境下财经内容生产的方式与特征［J］．中国编辑，2019（9）：66－72.

胡泳．有智能社交这回事吗？［J］．新闻战线，2019（3）：75－77.

焦李成，杨淑媛，刘芳，等．神经网络七十年：回顾与展望［J］．计算机学报，2016，39（8）：1697－1716.

匡文波．网络谣言当止于“理”与“智”［J］．人民论坛，2018（13）：129.

喻国明．人工智能与算法推荐下的网络治理之道［J］．新闻与写作，2019（1）：61－64.

刘海龙．传播中的身体问题与传播研究的未来［J］．国际新闻界，2018（2）：37－46.

刘浩三．人民广播的传承与互联网化广播：关于广播发展的一次专家对话［J］．中国广播，2020（1）：35－39.

刘伟．智能传播时代的人机融合思考［J］．学术前沿，2018（24）：16－24.

张华，周琪，张发扬．智媒体的创新与探索：以封面新闻为例［J］．新闻与写作，2017（12）：85－87.

逯成业．光明网“钢铁侠”自述［J］．青年记者，2017（10）：59－60.

彭兰．场景：移动时代媒体的新要素［J］．新闻记者，2015（3）：20－27.

彭兰．万物皆媒：新一轮技术驱动的泛媒化趋势［J］．编辑之友，2016（3）：5－10.

彭兰．移动化、社交化、智能化：传统媒体转型的三大路径［J］．新闻界，2018（1）：35－41.

彭兰．智能时代人的数字化生存：可分离的“虚拟实体”、“数字化元件”与不会消失的“具身性”[J]．新闻记者，2019（12）：4－12．

钱浩然．“全程媒体”新闻报道的时代变化：以新华社“现场云”为例[J]．传媒，2019（18）：63－65．

曲飞帆，杜骏飞．复杂系统论：中国网络舆论研究的范式转向[J]．南京社会科学，2017（11）：107－114．

饶国慧．5G技术助推下的“VR＋教育出版”[J]．出版广角，2020（16）：76－78．

任锦鸾，曹文，刘丽华，等．基于技术与市场视角的智能媒体发展态势分析[J]．现代传播：中国传媒大学学报，2017（10）：133－137．

史安斌，杨云康．后真相时代政治传播的理论重建和路径重构[J]．国际新闻界，2017（9）：54－70．

史安斌，张耀钟．虚拟/增强现实技术的兴起与传统新闻业的转向[J]．新闻记者，2016（1）：34－41．

孙玮．交流者的身体：传播与在场：意识主体、身体-主体、智能主体的演变[J]．国际新闻界，2018（12）：83－103．

孙玮．赛博人：后人类时代的媒介融合[J]．新闻记者，2018（6）：4－11．

孙振虎，赵甜．新闻传播学新文科课程体系建设路径探析：以中国传媒大学电视学院为例[J]．现代出版，2021（4）：23－27．

王勇，王磊．优势、不足与影响：机器人新闻研究述评[J]．昆明理工大学学报：社会科学版，2017（6）：92－100．

吴晓明．后真相与民粹主义：“坏的主观性”之必然结果[J]．探索与争鸣，2017（4）：4－7．

向安玲，沈阳．全息、全知、全能：未来媒体发展趋势探析[J]．中国出版，2016（2）：3－7．

徐利德．保罗·莱文森媒介进化理论的思想逻辑[J]．青年记者，2017（21）：27－28．

许向东．大数据时代新闻生产新模式：传感器新闻的理念、实践与思考[J]．国际新闻界，2015（10）：107－116．

许子明，田杨锋．云计算的发展历史及其应用[J]．信息记录材料，2018，19（8）：66－67．

杨丛泽．VR与传统影视语言的非兼容性及发展方向思考[J]．戏剧之家，2021（12）：136－137．

杨风华．武汉市智慧体育的建设及发展规划研究[J]．湖北体育科技，2018，37（4）：305－307，338．

叶蓁蓁．人民日报“中央厨房”有什么不一样[J]．新闻战线，2017（2）：14－16．

俞哲旻，姜日鑫，彭兰．《丰收的变化》：新闻报道中虚拟现实的新运用[J]．新闻界，2015（9）：61－65．

袁艳．“慢”从何来?：数字时代的手帐及其再中介化[J]．国际新闻界，2021（3）：19－39．

翟振明．虚拟实在与自然实在的本体论对等性[J]．哲学研究，2001（6）：62－71．

张洪忠，段泽宁，韩秀．异类还是共生：社交媒体中的社交机器人研究路径探讨[J]．

新闻界，2019（2）：10－17.

张经武．恐怖谷理论及其对于数码影像艺术角色设计的意义［J］．文化艺术研究，2014（1）：111－118.

张磊．社会减速与媒介时间性［J］．全球传媒学刊，2020，7（2）：4－20.

张磊．纸里纸外：澎湃的新闻创新［J］．青年记者，2014（17）：60.

张涛甫，徐亦舒．寻求对话：在舆论研究的特殊性与普适性之间［J］．新闻大学，2017（5）：23－28，146.

张婷婷，田丰，吕炜，等．VR在交互影视与游戏领域的应用综述［J］．上海大学学报：自然科学版，2017，23（3）：342－352.

张郁松．物联网技术在智能图书馆中的应用研究［J］．农业图书情报学刊，2014（1）：51－53.

张紫暄，李翔．论Vlog在新闻报道中的传播策略创新：以中央广播电视总台Vlog新闻为例［J］．视听，2021（5）：160－162.

章戈浩、张磊．物是人非与睹物思人：媒体与文化分析的物质性转向［J］．全球传媒学刊，2019（6）：103－115.

章戈浩．作为开放新闻的数据新闻：英国《卫报》的数据新闻实践［J］．新闻记者，2013（6）：7－13.

周葆华，骆陶陶．人工智能重塑新闻业：进展、问题与价值［J］．南京政治学院学报，2018（6）：83－89.

周会峰．浅析无人机航拍技术在日常新闻报道中的应用［J］．视听界广播电视技术，2014（6）：72－75.

刘涛，王宇明．新媒体背景下全景化新闻报道探析［J］．今传媒，2013（2）：105－107.

左璐．媒介环境学视野下移动互联网传播及其影响研究［D］．重庆：四川外国语大学，2014.

（二）英文论文

Turing A M. Computing Machinery and Intelligence［J］．Mind，1950（49）：433－460.

Boshmaf Y，Muslukhov I，Beznosov K，et al. The Socialbot Network：When Bots Socialise for Fame and Money［C］//ACSAC'11 Proceedings of the 27th Annual Computer Security Applications Conference. New York：ACM，2011：93－102.

Bucher T. The Algorithmic Imaginary：Exploring the Ordinary Affects of Facebook Algorithms［J］．Information，Communication & Society，2017，20（1）：30－44.

Cooley C. Social Organization：A Study of the Larger Mind［M］．New York：Charles Scribner's Sons，1909：1－50.

Carey J W. Historical Pragmatism and the Internet［J］．New Media & Society，2005，7（4）：443－455.

Chesher C. Colonizing Virtual Reality：Construction of the Discourse of Virtual Reality，1984－1992［J］．Cultronix，1994，1（1）：1－24.

De Vries K. You Never Fake Alone. Creative AI in Action［J］．Information，Communication & Society，2020，23（14）：2110－2127.

Ferrara E，Varol O，Davis C，et al. The Rise of Social Bots［J］．Communication of the

ACM，59（7），2016：96－104.

Krotz F. The Meta-process of “Mediatization” as a Conceptual Frame [J]. Global Media and Communication，2007，3（3）：256－260.

Goodfellow J，Pouget-Abadie J，Mirza M，et al. Generative Adversarial nets [C]// NIPS'14：Proceedings of the 27th International Conference on Neural Information Processing Systems. New York：ACM，2014：2672－2680.

Gorwa R，Guilbeault D. Unpacking the Social Media Bot：A Typology to Guide Research and Policy [J]. Policy & Internet，12（2），2017：1－16.

Grimme C，Preuss M，Adam L，et al. Social Bots：Human-like by Means of Human Control? [J]. Big Data，2017，5（4）：279－293.

Haraway D A. Cyborg Manifesto：Science，Technology，and Socialist-feminism in the Late 20th Century [J]. The International Handbook of Virtual Learning Environments，Dordrecht：Springer，2006：117－158.

Hwang T，Pearce I，Nanis M. Socialbots：Voices from the Fronts [J]. Interactions，2012，19（2）：38－45.

Jones S. People，Things，Memory and Human-Machine Communication [J]. International Journal of Media & Cultural Politics，2014：245－258.

Kaplan A，Haenlein M. Siri，Siri，in My Hand：Who's the Fairest in the Land? On the Interpretations，Illustrations，and Implications of Artificial Intelligence [J]. Business Horizons，2019，62（1）：15－25.

Keating J，Nourbakhsh I. Teaching Artificial Intelligence and Humanity [J]. Communications of the ACM，2018，61（2）：29－32.

Lagerkvist A. Existential Media：Toward a Theorization of Digital Thrwoness [J]. New Media and Society，2017，19（1）：96－110.

McCarthy J，Minsky M L，Rochester N，et al. A Proposal for the Dartmouth Summer Research Project on Artificial Intelligence [J]. AI Magazine，2006，24（1）：12.

Milgram P，Kishino A F. Taxonomy of Mixed Reality Visual Displays [J]. IEICE Transactions on Information and Systems，1994，E77－D（12）：1321－1329.

Pentzar M，Ruckenstein M. Living the Metrics，Self-Tracking and Situated Objectivity [J]. The Senses and Digital Health，2017（3）：1－10.

Azuma R. A Survey of Augmented Reality [J]. Presence：Teleoperators and Virtual Environment，1997，6（4）：355－385.

Szegedy C，Zaremba W，Sutskever I，et al. Intriguing Properties of Neural Networks [J]. arXiv 1312.6199，2013.

Travers J，Milgram S. An Experimental Study of the Small World Problem [J]. Sociometry，32（4）：425－443.

（三）网络文章

今日头条头条号账号总数已超120万，平均每天发布50万条内容 [EB/OL].（2018－01－19）[2021－05－12]. http：//36kr. com/newsflashes/97398.

VR、AR、裸眼3D各自的技术特点剖析 [EB/OL].（2018－07－09）[2021－08－16].

https：//zhuanlan. zhihu. com/p/127990301.

创业最前线．从零开始：[Ta]在让信息到达每一个想看到它的人那里 [EB/OL]. (2018－12－14) [2020－05－02]. https：//www. sohu. com/a/281754538 _ 136866? sec=wd.

崔士鑫．建设“全媒体”，推动媒体融合向纵深发展 [EB/OL]. (2019－04－09) [2021－08－08]. http：//media. people. com. cn/n1/2019/0409/c426141－31019867. html.

耿磊．推动媒体融合发展 加快建设全媒体 [EB/OL]. (2021－05－19) [2021－08－08]. http：//theory. people. com. cn/n1/2021/0519/c49157－32108028. html.

董小迪．工信部部长肖亚庆：“十四五”将建成完备 5G 网络拓展 5G 应用场景 [EB/OL]. (2020－10－20) [2021－08－05]. http：//www. china. com. cn/lianghui/news/2021－03/08/content _ 77287620. shtml.

工业和信息化部向基础电信运营企业颁发为期十年的 5G 中低频段频率使用许可证 [EB/OL]. (2020－12－23) [2021－08－05]. https：//www. miit. gov. cn/xwdt/gxdt/ldhd/art/2020/art _ a568b5b91f8f4e959ef6cd411f518ac0. html.

胡正荣．5G 时代传播发生巨大变化，哪些是颠覆性的？ [EB/OL]. (2019－06－04) [2021－08－10]. https：//www. sohu. com/a/318389534 _ 57024.

专访丨中国教育电视台总编辑胡正荣：全媒体与数字素养发展 [EB/OL]. (2019－09－06) [2021－08－10]. https：//www. sohu. com/a/339221298 _ 670057.

蒋谦．汉语汉字挑战中文屋实验 [EB/OL]. (2015－09－22) [2020－05－02]. http：//sscp. cssn. cn/xkpd/zx _ 20145/201509/t20150922 _ 2412456. html.

一根杆，撑起深圳智慧城市“入口” [EB/OL]. (2021－08－07) [2020－05－02]. http://www. sznews. com/news/content/2021－05/07/content _ 24191919 _ 4. htm.

科大讯飞赋能融媒体，携手央视等权威媒体打造多款 AI 虚拟主播 [EB/OL]. (2019－07－26) [2021－10－24]. https：//www. sohu. com/a/329515014 _ 100159151.

孔德晨．5G 应用再扬帆 [EB/OL]. (2021－07－30) [2020－05－02]. http：//paper. people. com. cn/rmrbhwb/html/2021－08/03/content _ 3061398. htm.

欧飒．德国“量化自我”运动渐成风 [EB/OL]. (2013－01－13) [2021－08－08]. http://news. xinhuanet. com/world/2013－01/13/c _ 124223264. htm.

“气候紧急状态”成 2019 年度词汇，海外新闻业如何报道气候变化？ [EB/OL]. (2019－12－11) [2021－06－22]. https：//mp. weixin. qq. com/s/PjUmTVLFqBYWlzGNgDiMsg.

让主流媒体变成“全媒体”：回答好媒体融合发展的时代课 [EB/OL]. (2019－01－30) [2021－11－30]. https：//baijiahao. baidu. com/s? id=1624055959230321691&wfr=spider&for=pc.

政治局开年首次集体学习，为何选在了人民日报 [EB/OL]. (2019－01－26) [2021－11－27]. https：//baijiahao. baidu. com/s? id=1623673574057482174&wfr=spider&for=pc .

赖祐萱．外卖骑手，困在系统里 [EB/OL]. (2020－09－08) [2021－10－28]. https：//mp. weixin. qq. com/s/Mes1RqIOdp48CMw4pXTwXw.

沈黎霞．5G 背景下的新闻传播业模式变革 [EB/OL]. (2019－02－06) [2021－11－29]. http：//www. fx361. com/page/2019/0206/6340978. shtml.

5G 的优势在哪里，与 4G 有什么差别 [EB/OL]. (2019－11－07) [2021－08－08]. http：//www. four-faith. com/2019/industry _ 1107/1017. html.

首位中国 AI 主播诞生［EB/OL］.（2018－11－10）［2021－08－08］. https：//www.sohu.com/a/274490320_522429.

Oculus 第三部虚拟现实电影“Dear Angelica”体验［EB/OL］.（2016－01－28）［2021－10－31］. http：//tech.163.com/16/0128/11/BEDOGKLS00094P0U.html.

媒体融合发展要加强体制机制创新［EB/OL］.（2017－04－20）［2021－11－29］. https：//www.sohu.com/a/135090407_708049.

喻国明 . 5G 技术将深刻影响传媒业［EB/OL］.（2021－08－24）［2021－11－30］. http：//culture.people.com.cn/n1/2019/0825/c1013—31315163.html.

张玉坤，刘伟 . 莫拉维克悖论［EB/OL］.（2018－03－19）［2021－09－30］. https：//blog.csdn.net/R1uNW1W/article/details/79609873.

郑可 . 警惕新媒介环境下的技术控制：腾讯与 360 之争的媒介环境学解读［EB/OL］.（2021－09－07）［2021－12－01］. http：//www.scio.gov.cn/wlcb/llyj/Document/840529/840529.htm.

全息全景！身临其境看报告［EB/OL］.（2018－11－19）［2021－08－16］. http：//www.xinhuanet.com/zgjx/2018－07/19/c_137334881.htm.

中商产业研究院 . 2019 年中国超高清视频市场现状分析及发展前景预测（附图表）［EB/OL］.（2019－08－02）［2021－06－02］. https：//www.askci.com/news/chanye/20190802/1558441150793.shtml.

周建新 . 网络舆情：自媒体的“蝴蝶效应”［EB/OL］.（2021－08－29）［2021－11－30］. http：//www.scio.gov.cn/m/cbw/qk/4/2011/08/Document/993334/993334.htm.

杨亚楠 . 广西移动首推“5G 新通话”业务［EB/OL］.（2020－05－18）［2021－07－02］. https：//economy.gmw.cn/2021－05/18/content_34853871.html.

张辛欣 . 中国初步建成全球最大规模 5G 移动网络［EB/OL］.（2021－04－19）［2021－11－05］. https：//m.gmw.cn/baijia/2021－04/19/1302240880.html.

Marconi F，Siegman A. A Day in the Life of a Journalist in 2027［EB/OL］.（2017－04－11）［2021－07－05］. http//www.cjr.org/innovations/artificial-intelligence-journalism.php.

Blood D. Brexit Bots and the UK Election［EB/OL］.（2016－01－01）［2021－07－05］. https：//ig.ft.com/social-bots-of-brexit/.

Bruns A. From Prosumer to Producer：Understanding User-led Content Creation［EB/OL］.（2009－09－04）［2021－07－14］. http：//eprints.qut.edu.au/27370/.

Howard P N，Killanyi B. Bots，#StrongerIn，and #Brexit：Computational Propaganda during the UK-EU Referendum［EB/OL］.（2016－04－28）［2021－06－30］. http：//ssrn.com/abstract=2798311.

Samuel S. It's Disturbingly Easy to Trick AI into Doing Something Deadly［EB/OL］.（2019－04－08）［2021－09－30］. https：//www.vox.com/future-perfect/2019/4/8/18297410/ai-tesla-self-driving-cars-adversarial-machine-learning.

McMillan R. Bots Now Outnumber Humans on the Web［EB/OL］.（2014－12－30）［2021－07－14］. http：//www.wired.com/2014/12/bots-now-outnumber-humans-web/all/1？mbid=social_fb.

Wojcik S，Messing S，Smith A，et al. Bots in the Twittersphere［EB/OL］.（2018－04－09）

[2021－06－19]. https：//www. pewinternet. org/2018/04/09/bots-in-the-twittersphere/.

Lohr S. For Big-data Scientists，‘Janitor Work’ Is Key Hurdle to Insights [EB/OL]. (2014－08－18) [2021－10－21]. The New York Times. https：//www. nytimes. com/2014/08/18/technology/for-big-data-scientists-hurdle-toinsights-is-janitor-work. html.

三、报告

艺恩上海分公司．VR影视行业简析 [R/OL]. (2020－03－22) [2021－12－01]. https：//www. sgpjbg. com/baogao/24989. html.

清华同衡规划设计研究院，摩拜单车．2017年共享单车与城市发展白皮书 [R/OL]. (2017－04－12) [2021－08－14]. https：//www. udparty. com/php/upload/20171229/1514550531f77182f1ed9acaf9. pdf.

中国互联网络信息中心．2016年中国互联网新闻市场研究报告 [R/OL]. (2017－01－12) [2021－09－27]. http：//www. cac. gov. cn/2017－01/12/c _ 1121534556. htm.

中国互联网络信息中心．第45次中国互联网络发展状况统计报告 [R/OL]. (2020－04－28) [2021－11－21]. http：//www. cac. gov. cn/2020－04/27/c _ 1589535470378587. htm.

中国互联网络信息中心．第49次中国互联网络发展状况统计报告 [R/OL]. (2022－02－25) [2022－06－22]. http：//www. cnnic. net. cn/hlwfzyj/hlwxzbg/hlwtjbg/202202/t20220225_71727. htm.

中国信息通信研究院．中国5G发展和经济社会影响白皮书（2020）[R/OL]. (2020－12－13) [2021－10－30]. http：//www. caict. ac. cn/kxyj/qwfb/bps/202012/P020201215481602262974. pdf.

中华人民共和国工业和信息化部．5G应用“扬帆”行动计划（2021—2023年）[R/OL]. (2021－07－05) [2021－10－30]. http：//www. ncsti. gov. cn/zcfg/zcwj/202107/t20210713 _ 36519. html.

后　记

《智能媒体传播》终于与大家见面了。

这部教材是由媒体融合与传播国家重点实验室（中国传媒大学）媒体融合传播与未来形态方向的科研和教学团队共同完成的。四位作者的学术简历如下：

段鹏（1974—　），中国传媒大学副校长、教授、博士生导师、媒体融合与传播国家重点实验室常务副主任，科技部“高等学校学科创新引智计划”（111 计划）智能融媒体基地主任，教育部首批文科实验室国家舆情实验室常务副主任，享受国务院政府特殊津贴，中宣部文化名家暨“四个一批”人才，国家有突出贡献中青年专家，“百千万人才工程”国家级人选，国家中长期科学和技术发展规划融媒体科学首席科学家。兼任北京大学、上海交通大学、南京大学、悉尼大学等 11 所国内外知名高校兼职教授或特邀研究员，Scopus 英文期刊 *Tech Art* 编委，ESCI 英文期刊 *Global Media and China* 联合执行主编，先后主持并完成国家社科基金重大项目等 30 余项国内和国际重要科研项目，发表和出版中英文学术成果 500 多万字。获教育部第七届高等学校科学研究优秀成果奖（人文社会科学）一等奖（2015 年），北京市第十三届哲学社会科学优秀成果奖一等奖（2014 年），霍英东教育基金会青年教师奖（2006 年），北京高校第五届青年教师教学基本功比赛一等奖（2006 年）。

张磊（1977—　），中国传媒大学博士生导师，国家传播创新研究中心副主任、研究员。兼任中外人文交流宣传研究中心执行主任、媒介与公共事务研究院副院长、媒体融合与传播国家重点实验室研究员。主要研究领域：文化研究、媒体人类学、媒体物质性研究、传播学理论、国际传播等。曾赴美国宾夕法尼亚大学安南伯格传播学院（2005 年 10—12 月）、香港城市大学媒体与传播系（2009 年 3—4 月）、英国伦敦大学金史密斯学院（2011 年 1 月—2012 年 1 月）、韩国首尔大学传播研究所（2019 年 9 月—2020 年 4 月）做访问学者。现任《国际传播》期刊编辑，ESCI 英文期刊 *Global Media and China* 总编助理。著有《焦虑与希望：对北京城市贫困群体的传播社会学研究》《传播学总论》等作品，在中英文刊物发表论文 60 余篇，其中在 CSSCI 刊物（包括扩展版）发表 22 篇。曾获第十四届全国广播影视学术论文评选决策管理类一等奖（2016 年），北京高校第八届青年教师教学基本功比赛二等奖、最受学生欢迎奖（2013 年），北京市高等教育教学成果奖一等奖（2013 年）。主持各级各类课题十余项。

宋凯（1981—　），中国传媒大学媒体融合与传播国家重点实验室研究员、国家语言资源监测与研究有声媒体中心研究员、移动互联与社会化媒体研究中心副主任，韩国世宗大学艺术学博士。主要研究领域：社会化媒体、大数据应用、人工智能技术、舆情监测与可视化、情报学。先后主持并完成国家语委重点项目等多项省部级科研项目，著有《社会化媒体：起源、发展与应用》等作品，近年来，累计发表中英文论文 30 余篇，成果 100 余万字，15 篇发表于 CSSCI 刊物上。主持研发了具有自主知识产权的"思致舆情系统""基于人工智能的剧本内容创作辅助系统"等。

韩霄（1986— ），2016 年 7 月获得英国威斯敏斯特大学大众传媒与新闻学博士学位，2010 年 9 月获得英国威斯敏斯特大学传播学硕士学位，2009 年 7 月获得中山大学英语文学学士学位。2017 年 4 月至今在中国传媒大学互联网信息研究院任教，副研究员、硕士生导师，中国传媒大学媒体融合与传播国家重点实验室研究员，ESCI 英文期刊 *Global Media and China* 责任编辑。主要研究领域：传播学理论、社会化媒体传播、智能媒体传播、媒介与性别。主持国家社科基金中华学术外译项目 1 项，国家广播电视总局部级社科研究项目 1 项，北京市社科基金青年学术带头人项目 1 项。已发表多篇 SSCI 和 CSSCI 论文。

本书的撰写分工情况如下：

全书的框架搭建和绪论、第 1 章、第 4 章、结语以及全书的统稿工作：段鹏。

第 8 章、第 9 章：张磊。

第 3 章、第 5 章：宋凯。

第 2 章、第 6 章、第 7 章：韩霄。

最后，衷心感谢在本书写作过程中给予过我们支持和帮助的诸位中外专家学者。感谢中国人民大学出版社人文分社副社长翟江虹为我们提供出版机会，并给予许多帮助，感谢本书责任编辑黄超、陈希为本书顺利付梓付出的大量心血。

智能媒体传播是传播学学科的新兴分支方向，在未来更将是一个热门研究领域。鉴于智能媒体领域发展日新月异，而我们研究及撰写本书的时间相对有限，唯希望这本小书可以起到抛砖引玉的作用，读者诸君，幸垂教焉。

作者

2022 年 3 月 6 日

图书在版编目（CIP）数据

智能媒体传播/段鹏等著．--北京：中国人民大学出版社，2022.9

21世纪新媒体专业系列教材

ISBN 978-7-300-30934-7

Ⅰ．①智…　Ⅱ．①段…　Ⅲ．①智能技术-应用-传播媒介-高等学校-教材　Ⅳ．①G206.2-39

中国版本图书馆CIP数据核字（2022）第151410号

21世纪新媒体专业系列教材

智能媒体传播

段　鹏　等著

Zhineng Meiti Chuanbo

出版发行　中国人民大学出版社

社　　址　北京中关村大街31号　　邮政编码　100080

电　　话　010－62511242（总编室）　010－62511770（质管部）

010－82501766（邮购部）　010－62514148（门市部）

010－62511173（发行公司）　010－62515275（盗版举报）

网　　址　http://www.crup.com.cn

经　　销　新华书店

印　　刷　北京密兴印刷有限公司

开　　本　787 mm×1092 mm　1/16　　版　　次　2022年9月第1版

印　　张　16.25 插页1　　印　　次　2025年5月第3次印刷

字　　数　311 000　　定　　价　49.80元

关联课程教材推荐

书号	书名	第一作者	定价	出版时间
978-7-300-31972-8	网络传播概论（第 5 版）	彭兰	69.80	2023 年 9 月
978-7-300-33049-5	新媒体概论（第 4 版）	匡文波	49.80	2024 年 8 月
978-7-300-30449-6	网络与新媒体概论	詹新惠	39.90	2022 年 4 月
978-7-300-21417-7	社会化媒体：理论与实践解析	彭兰	58.00	2015 年 7 月
978-7-300-33170-6	数据新闻概论（第 3 版）	方洁	49.80	2024 年 8 月
978-7-300-28460-6	网络新闻编辑	胡明川	45.00	2020 年 8 月
978-7-300-25702-0	新媒体运营	刘友芝	39.80	2018 年 5 月
978-7-300-32871-8	新媒体运营实务（第 2 版）	张浩淼	49.80	2024 年 6 月
978-7-300-28067-7	新媒体用户研究	彭兰	88.00	2020 年 5 月

配套教学资源支持

尊敬的老师：

衷心感谢您选择人大版教材！相关的配套教学资源，请到中国人民大学出版社官网（www.crup.com.cn）下载。部分教学资源需要验证您的教师身份后，才可以下载。请您登录出版社官网后，点右上角“注册”，填写“会员中心”的“我的教师认证”项目，等待后台审核。我们将尽快为您开通下载权限。

如您急需教学资源或教材样书，也可以直接与我们的编辑联系。

联系人：龚洪训　　电话：010-62515637　　电子邮箱：6130616@qq.com

欢迎加入全国新闻教师 QQ 2 群（群号：723715191），开展学术讨论，交流教学心得。

群名称:全国新闻教师2群
群　号:723715191

俯仰天地　心系人文

www.crup.com.cn

中国人民大学出版社

欢迎登录浏览，了解图书信息，下载教学资源